イギリスの認知症国家戦略

小磯 明 著

同時代社

はしがき

　本書は、「イギリスの認知症国家戦略」について述べた著書です。
　イギリスは、他の先進国や日本と同様に、認知症の人への取り組みを、国家戦略としてはじめています。
　本書は、ロンドンでの認知症の人への取り組みの現場を視察しての、率直な感想からつけたタイトルです。日本でも、認知症国家戦略としての新オレンジプランが取り組まれています。イギリスと日本では制度の違いはありますが、相互に学ぶ点も多いと思います。
　本書で述べたことは、イギリスの認知症国家戦略に関する端緒的な研究によるものです。私の力不足から不十分なところが多々見受けられると思いますが、読者の皆様にはご寛恕を乞う次第です。
　本書の特徴は、第4章から9章までの各章の事例を、総説としてできるだけ詳細に紹介している点です。このことで、イギリスの認知症の人への取り組みが、国の政策や地域社会、コミュニティと関わりながら、地域から取り組まれていることを述べています。ただし、本書の内容は、イングランドにおける認知症の人への取り組みについて述べています。本書でイギリスまたは英国というとき、基本的にはイングランドのことを指しているとご理解ください。
　本書では、ところどころで、英語の略語や医療用語がでてきます。イギリスという国の制度や政策、機関などを扱っていることと、認知症という疾病を扱っているために、やむを得ませんでした。また、医薬品メーカーなどの企業名もでてきます。それらは、本書全体の中の文脈上でいえば細かいことですので、関心が無い人はあまり気にせず読み飛ばしてくださってかまいません。文脈上の大きな流れを捉えていただければ、幸いです。また、同じ理由から、略語や医薬品メーカーを詳しく解説しようとすると、電子情報からの注釈が多くなってしまいます。固有名詞や英語の略語のすべてを解説していないことにご留意ください。
　なお、本書で記述したすべての電子情報は、2016年8月にアクセスしています。そして、とくに断りがない限り、本書に掲載した写真は、私がイングランドを訪問した2012年9月および2015年9

〜11月に、視察先での了解のもとに、すべて私が撮影したものです。

　本書が、イギリスの高齢者介護や社会サービスに関心のある方、地域コミュニティに関心のある方、特に本書のテーマである認知症に関心のある多くの方々に読んでいだだけることを願うばかりです。

2016年10月1日　　著者

主な略語一覧

£（Pound, ポンド）
AA（Attendance Allowance, 高齢者向け手当）
ACE（Addenbrooke's Cognitive Examination, エース）
ADL（Activities of Daily Living, 日常生活動作）
ARUK（Alzheimer's Research UK, アルツハイマー・リサーチ UK）
BPRS（Brief Psychiatric Rating Scale, 簡易精神症状評価尺度）
BPSD（Behavioral and Psychological Symptoms of Dementia, 認知症に伴う行動・心理症状）
Brexit（Britain Exit の造語＝ブレグジット。EU 離脱の是非の意味）
BS（British Standards, 英国規格）
BSI（British Standards Institution, 英国規格協会）
CAG（Clinical Academic Group, 臨床学術グループ）
CCG（CCGs, Clinical commissioning groups, 臨床委託グループ）
CFAS（Cognitive Function Aging Staff, シーファス）
CoEN（Centers of Excellence Network in Neurodegeneration, 神経変性中核ネットワークセンター）
COPD（Chronic Obstructive Pulmonary Disease, 慢性閉塞性肺疾患）
CPA（Care Programme Approach, ケア・プログラム・アプローチ）
CQC（Care Quality Commission, ケアの質委員会）
CQUIN（Commissioning for Quality and Innovation, 質とイノベーションのためのコミシッショニング）
CVD（Cardio Vascular Disease, 心血管疾患）
DAA（Dementia Action Alliance, 認知症行動連合）
DeNDRoN（Neurodegenerative Diseases research Network, 神経変性疾患研究ネットワーク）
DH（Department Health, 保健省）
DPUK（Dementia Platform UK, 認知症研究プラットフォーム）
ECG（electrocardiograph, 心電図）
ENRICH（Enabling Research in Care Homes, ケアホームでの研究を可能にする）
ES（Enhanced Service Specification, サービス改善仕様書）
ESRC（Economic and Social Research Council, 経済社会研究会議）
EU（Europian Union, 欧州連合）
GP（General Practitioner, 一般家庭医）
HADS（Hospital Anxiety and Depression Scale, ホスピタル・アンクシャイティ・アンド・ディプレション・スケール）
IOP（Institute of Psycahiatry, インスティチュート・オブ・サイカトリー）
JPND（The EU Joint Programme Neurodegenerative Disease Research, 神経変性疾患研究 EU 共同プログラム）
LMB（Laboratory of Molecular Biology, 分子生物研究所）
LSE（The London School of Economics and Political Science, 一般に、「ロンドン・スクール・オブ・エコノミクス」と呼称）

MMSE（Mini-Mental State Examination, ミニメンタルステート検査 → SMMSE）
MRC（Medical Research Council, 医学研究会議）
MSNAP（Memory Service National Accreditation Program, メモリーサービス全国認証評価プログラム）
NAO（National Audit Office, 英独立政策監査機構）
NHS（National Health Service, 国民保健サービス）
NICE（National Institute for Health and Care Excellence, 国立医療技術評価機構。NICE という略語は変わらないが、2012 年以前は、National Institute for Health and Clinical Excellence と呼称されていた）
NIHR（National Institute for Health Research, 国立医療研究所）
NMC（The Nursing and Midwifery Council, 看護・助産審議会）
NSF（The National Service Framework for Mental Health, 国立研究開発法人国立精神・神経医療研究センター ）
NST（Nutrition Support Team, 栄養サポートチーム）
ONS（Office for National Statistics, 国家統計局）
OT（Occupational Therapist, 作業療法士）
PB（Personal Budget, 個人予算）
PCT（Primary Care Trust, プライマリ・ケア・トラスト）
PIRU（Policy innovation research unit, 政策改革研究ユニット）
POPPs（Partnership for Older People Project, 高齢者向け試験的プロジェクト）
PPP（Public-Private-Partnership, 産業界とアカデミアとの官民連携）
PT（Physical Therapy, 理学療法士）
QOL（Quality of Life, 生活の質）
SCIE（Social care Institute for Excellence, ソーシャルケア・インスティチュート・フォー・エクセレンス）
SCRG（Social Care Reform Grant, ソーシャルケア制度改革基金）
SLaM（South London and Maudsley, サウス・ロンドン・アンド・モーンズリー）
SMEs（Small and medium-sized enterprises, 中小企業）
SMMSE（Standardised Mini-Mental State Examination, 標準化されたミニメンタルステート検査）
SRO（Senior Responsible Owner, シニア・リスポンシブル・オーナー）
SSCIA（Strategic Society Center and Independent Age, 民間シンクタンク Strategy Society Center および民間高齢者支援団体 Independent Age）
ST（Speech-Language-Hearing Therapist, 言語聴覚士）
UCL（University College London, ユニヴァーシティ・カレッジ・ロンドン）
UK（United Kingdom, 連合王国）（イギリスの正式名称は、United Kingdom of Great Britain and Northern Ireland, グレート・ブリテンおよび北アイルランド連合王国）
UKIP（United kingdom Independent Party, 英国独立党）

もくじ

はしがき 3
主な略語一覧 5

序 章 本書の課題と構成 ……………………………………………… 13

1. イギリスという国 13
   イギリスの国土等 ／ イギリスの欧州連合離脱 ／ 経済・雇用状況
2. 視点と目的、アプローチ 17
   100人に1人が認知症を発症 ／ 認知症高齢者と新オレンジプラン ／ 認知症という疾患にどう対応するか ／ 目的とアプローチ
3. 本書の構成 20
   高齢者福祉と認知症国家戦略 ／ 認知症国家戦略の実践

第Ⅰ部　高齢者福祉と認知症国家戦略

第1章　英国の高齢者福祉 ……………………………………………… 26

1. 英国の高齢者 26
   人口高齢化の状況 ／ 高齢者の状況 ／ 認知症高齢者 ／ ソーシャルケア ／ ケア法（Care Act 2014）／ パーソナルソーシャルサービス費の割合 ／ パーソナライゼーション政策 ／ 高齢者を含む保健福祉サービス ／ 保健医療と福祉の連携 ／ 英国の高齢者介護制度 ／ 医療保険制度等
2. 英国の認知症高齢者の現状 41
   認知症の人の数 ／ 認知症国家戦略の策定を宣言 ／ チャリティ団体の活動、アルツハイマー協会 ／ 介護施設及びサービス ／ 介護費用負担と市場 ／ CQCの提起したソーシャルケアの問題

第2章　英国の認知症国家戦略 ………………………………………… 59

1. 認知症とともに良き生活（人生）を送る（認知症とともに快適に暮らす） 59
   A national Dementia Strategy ／ 認知症国家戦略の策定過程 ／ 認知症

国家戦略の内容と最重要課題の設定 ／ 国家戦略 5 つの柱：①初期の診断・支援のための体制整備 ／ ②総合病院における認知症ケアの改善 ／ ③ケアホームにおける認知症ケアの改善 ／ ④ケアラー支援の強化 ／ ⑤抗精神病薬の処方の制限

2. 首相の認知症への挑戦　70

首相のリーダーシップと 14 の約束 ／ より良い調査研究 ／ 8 つの目標

3. 首相の認知症への挑戦 2020　75

Prime Minister's Challenge on Dementia 2020 ／ 20 の意欲的な目標

4. 認知症対策にかかるコスト　79

認知症コストの現状 ／ 英国における認知症年間コスト ／ 認知症コスト削減のための試算 ／ ES と CQUIN

補論　認知症対策に関連する報告書　93

①国家戦略の基盤となった報告書 ／ ②具体的な政策の展開に関連した報告書

第 3 章　認知症国家戦略の評価と開発　99

1. 認知症国家戦略の評価　99

国家戦略の評価：9 つのアウトカムほか ／ 「首相の認知症への挑戦」の 1 年目の評価 ／ 認知症に関するナショナルレポート ／ 「首相の認知症への挑戦」の 2 年目の評価 ／ PIRU による 2009 年からの評価

2. 英国における認知症開発　107

研究開発予算 ／ 認知症の臨床研究数はがんの 50 分の 1

3. 2012 年以降の研究開発に関する主要な取り組み　110

NIHR の研究プロジェクト ／ G8 認知症サミット ／ 認知症コンソーシアム ／ 認知症研究プラットフォーム ／ 医薬品開発連合 ／ 認知症開発基金 ／ 研究への参加支援

第 II 部　認知症国家戦略の実践

第 4 章　サウス・ロンドン・アンド・モーンズリー NHS-FT
────キングス・ヘルス・パートナーズの取り組み────　…124

はじめに ／ キングスカレッジ病院周辺　124

1. サービスユーザーとしての体験談：アルツハイマーの夫の在

宅介護　127

介護は身体的にも精神的にもつらい　／　夫の病状進行　／　夫の病状の変化への支援　／　自分の体験を活かすボランティア活動

2. 高齢者に対応する活動の概要　131

キングス・ヘルス・パートナーズの4つの高パフォーミング　／　メンタルヘルス・オルダー・アダルツ＆ディメンション・チーム　／　モーンズリー・ケア・パスウェイ　／　担当地域と臨床サービス事業　／　教育活動　／　研究への協力のための患者へのアプローチ　／　ガバナンスの共有　／　5つのコミットメント　／　取り組み成果

3. コミュニティ・メンタルヘルス・チーム　143

複雑な人口と住人をかかえるランベス地区　／　出来る限り長く地域社会で自立した生活を続けるために　／　誰を対象とするか　／　患者・家族・介護人へのフィードバック　／　私たちができることは何か　／　ケア・プログラム・アプローチの4つの理念　／　まとめ

4. ホームトリートメントチーム　150

チームの使命は入院を回避するための支援　／　チームの中核をなす人材　／　対応する人としない人　／　紹介はどこから来るか　／　フローチャート　／　2交代制の勤務体制

5. メモリーサービス　155

メモリーサービスの活動の背景　／　メモリー・サービスは記憶アセスメントを提供　／　アセスメントを活用して診断　／　認知症とともにうまく生きるための助言　／　現在直面する課題

6. 日本への示唆　160

メモリーサービスの介入　／　どこに引き継いでいくか　／　IT管理は課題

第5章　継続的ケア・ユニット——グリーンベール・スペシャリスト・ケア・ユニット——　163

1. グリーンベール・スペシャリスト・ケア・ユニット　163

コンティニューイング・ケアという位置付け　／　施設とスタッフ　／　患者はどこから来てどこへ行くのか　／　ケア提供のプロセス　／　判定委員会　／　設立と体制　／　ナマステプログラム　／　ターミナルケア期の薬剤投与　／　スペースは男女別が国の方針　／　1対1の観察　／　入所者の部屋（男性）　／　中庭と食堂　／　入所者の部屋（女性）　／　バスルーム　／　ナマステルーム　／　栄養士とSTの役割分担　／　精神科医の勤務体制とGPの対応

2. 日本への示唆　180

自分の力で患者を持ち上げるのは許されない　／　どこまででもケアプランを作る　／　グリーンベールはNHSだから無料　／　人材不足への対応は課題

第6章　クロイドン・メモリー・サービス
　　── Croydon Integrated Mental Health of Older Adults, SLaM NHS-FT ── ……………………………… 183

1. クロイドン・メモリー・サービス　183

　自己紹介　／　2000年以前と以後の高齢者への対応　／　140万人の認知症と500億ポンドのコストの予測　／　メモリークリニックとメモリーサービスは違う　／　チーム構成の変化　／　活動の原点の哲学　／　診断目標は60％　／　メモリーサービスが提供するのは包括的なジェネリックなアセスメント　／　スクリーニング・メジャー　／　クリニカル・ミーティングと実際の過程　／　診断後のケア　／　フィードバックの仕方　／　具体的にどういった介入があるのか　／　グループの活動　／　メモリーサービスにおけるOTの活動　／　メモリーサービスにおける心理士の活動　／　チームは長期にわたってクライアントに対応しない

2. 日本への示唆　205

　地域における認知症有病率の推計値　／　診断を拒否する人へのアプローチ　／　ケアコーディネーター　／　メモリーサービスの社会への貢献　／　薬を減らす　／　施設内見学

第7章　サットン・ケアラーズ・センターとアドミラルナースの連携 ……………………………… 209

1. サットン・ケアラーズ・センターの活動　209

　サットン・ケアラーズは非営利慈善機関　／　どういった支援をしているのか　／　活動と目標　／　ローカルレベルでの活動の流れ　／　プロジェクトを通じた連携：ドロップイン　／　高いレベルの迅速な支援

2. Ann's story　215

　脳血管性認知症の母親の介護　／　アローン・ケアラー・サポートの支援グループをつくる　／　マンツーマンのカウンセリング

3. アドミラルナースの活動　218

　もともとメンタルヘルスナースの資格者　／　Why 'Admiral' Nurses ?　／　介護家族のパートナーの位置づけ

4. サットンという地区　219

　役所の上層管理職の理解　／　ディエイブルメント（できなくなったことをできるようにする）　／　あと3人雇用するヘルスサービス予算を確保

5. プロジェクトの評価とアドミラルナース付設の意義（エイミーさん）　222

　エイジェンシー間の連携が課題　／　プロジェクトの評価　／　QOLの向上とコストセイブへの貢献　／　アドミラルナースを地元に付設する意義　／

今後の展望

  6. ディスカッション　228

第8章　ディメンシアUK
──アドミラルナースの貢献── ……………………………… 231

  1. アドミラルナースとは何か　231
   年間介護費用は260億ポンド　/　予防・診断・対処　/　なぜ「アドミラルナース」なのか　/　アドミラルナースが実際何をするのか　/　英国における3つの間違った認識　/　サポート提供の仕方　/　どういった環境でアドミラルナースが活動するか　/　認知症とどのように生きて終末期をむかえるか　/　エビデンスとして活用できる3つのモデル　/　アドミラルナースはディメンシアUKのブランド　/　プラクティス・ディベロプメント

  2. 新たな可能性　245
   ヘルプライン　/　出張診療　/　ナショナル・ロードショウ

  3. ディスカッション　247
   アドミラルナースは資格ではなく認定　/　アドミラルナースになれる条件　/　誰もがアドミラルナースになれるわけではない　/　達成率65％のメカニズムと診断後何ができるのか　/　認知症の人の数値：母集団の確定方法？　/　GPは何ができるか

  補論　アドミラルナースの役割と活動　254
   はじめに　/　ディメンシアUKとメモリークリニック　/　アドミラルナースの創設　/　アドミラルナースの役割　/　なぜアドミラルナースが必要か　/　アセスメント計画　/　クリニカルスーパービジョンとピアスーパービジョン　/　8つの核となるコンピテンシー　/　Special Interest Group　/　変革への道

第9章　認知症診断率の改善 …………………………………………… 265

  1. 認知症診断率を改善する　265
   首相の認知症への挑戦2012　/　ロンドンプラン　/　ロンドンで認知症の診断率を6か月で12％引き上げる　/　取り組みの結果　/　ケアホームの認知症の診断率が低い　/　何によって改善が可能になったのか　/　ファイブイヤー・フォワード・ビュー　/　NHSイングランドの優先課題　/　将来的な認知症患者の対応　/　将来的なサービスはどういった方向にゆくのか　/　まとめ

  2. ディスカッション──日本への示唆　278
   診断率の計算式　/　診療報酬で誘導　/　薬物療法に関するインターベンション　/　非薬物療法　/　ディメンシア・フレンズ・イニシアティブ　/

ディメンシア・チャンピオン ／ ディメンシア・アドバイザー ／ ブリストルの社会実験 ／ メモリーサービスの地域格差 ／ メモリーサービスの質を評価 ／ ローカルレベルでの格差 ／ 認知症は GP にとって知るべきニーズ ／ 看護師先導型のサービス提供と顧問医 ／ 早期の段階で診断を下せるためのトレーニング ／ 医師も認知症になる

まとめ

終　章　英国の認知症国家戦略の日本への示唆 ………………292

はじめに　292

1. 日本とイギリスの認知症ケア　294

   キングスヘルスパートナーズ ／ ドミノ・トライアル ／ 認知症の患者さんとその家族を支える ／ A National Dementia Strategy ／ 認知症と発言することをイギリス社会が認めた ／ 小さなポジティブなことが積み重なることは大事 ／ 一番の問題は認知症の数が増大するのに財源が少ないこと

2. イギリスのアルツハイマー研究の最先端　302

   多施設共同二重盲検無作為割付試験：2008〜2010 年 ／ ドネペジル投与の経済効果は大きい ／ ナーシングホームへの移行が少ない＝ ADL が保たれる ／ Multi-Modal approach ／ 5 つのトライアル ／ 今のところはゼロパーセント、しかし成功したらすごいこと ／ 製薬会社はインディペンデントのトライアルを嫌う ／ 被験者のリクルートには時間がかかる ／ どのように被験者を募集するのか ／ プロトコルの遵守 ／ アルツハイマーになった人たちを救う ／ 自分のアプローチは 99％の人たちと違う

3. 日本への示唆　313

   国家戦略の枠組み ／ 政策の個別課題 ／ ケアの効率化 ／ 利用するサービスを当事者と家族の選択にまかせる ／ どのように医療と介護の連携をすすめるのか ／ 認知症への先行投資 ／ おわりに

年表　イギリスのコミュニティケアと認知症等に関する主な出来事　323

あとがき　332

初出一覧　334

索引　336

序章　本書の課題と構成

1. イギリスという国

イギリスの国土等

図序-1　イギリス地図

　イギリスの正式名称は、グレート・ブリテンおよび北アイルランド連合王国（United Kingdom of Great Britain and Northern Ireland）、省略して連合王国（United Kingdom, 略して UK）です。グレート・ブリテンはイングランド、スコットランドおよびウェールズから構成されます（図序 -1）。首都はロンドン（London）、北アイルランドの首都はベルファスト（Belfast）です。

　政体は立憲君主制で、議会は二院制です。庶民院（House of Commons：米国の下院に相当。両院制の議会における公選制の下院の名称のひとつ）は国民による選出議員（5年に一度の総選挙）です。貴族院（House of Lords）は、世襲や貴族等で構成される公

選制ではないため、非選出議員です。

　面積は24.3万㎢（グレート・ブリテン22.8万㎢）で、人口は6,349万人（2014年）です。

　高齢化率は17.8％（2014年）で、男性79.3歳、女性は83.0歳の平均寿命です。合計特殊出生率は1.9（2013年）です。

　宗教は、キリスト教が主流で約600万人がローマ・カトリック教会、約170万人が英国国教会に属しています。スコットランドでは長老派教会（スコットランドの国教会）、北アイルランドでは半数がプロテスタントで、その他はほとんどがローマ・カソリック教徒です。他の宗教としては、イスラム教、シーク教、ヒンズゥー教、ユダヤ教などがあり、信教の自由が保障されています。

　言語は英語です。通貨はポンド（£, Pound）で1ポンド＝174.23円（2014年中平均）、GDP（名目）をみると、いずれも2014年で、2万8,280億ドル、実質GDP伸び率11.5％、消費者物価上昇率1.64でした。

　産業は、農林水産業0.7％、鉱工業14.5％、建設業6.0％、卸売・小売業16.5％、運輸・通信業8.2％、サービス業54.1％の産業別構成（2012年）となっています。

　国家予算は歳入6,480億ポンド、歳出7,320億ポンド（2014年度）です。日本円に換算すると、歳入112兆9,010億円、歳出127兆5,363億円です。

イギリスの欧州連合離脱

　イギリスの欧州連合離脱是非を問う国民投票（United Kingdom European Union membership referendum）は、イギリスにおいて2016年6月23日に実施された、同国が欧州連合（Europian Union, EU）を離脱すべきかどうかを決めるための国民投票でした。結果として欧州連合からのイギリス脱退問題、いわゆるイギリス英語Brexit（ブレグジット）に発展する事態となりました。ブレグジットとは、Britain Exit の造語で、EU離脱の是非を意味します。

　投票権は、イギリスおよびジブラルタルの有権者およそ2万3,000人にもたらされました。開票の結果、残留支持が1,614万1,241票（約48％）、離脱支持が1,741万742票（約52％）であり、

離脱支持側の僅差での勝利となりました。投票率は約72%で、バーミンガムやシェフィールドといった都市でも離脱派が僅差で勝利しました。背景にはEU政策に対する不信、移民流入問題があるとされます。

　勝敗の決め手は英国に流入する移民のスケールの大きさでした。2004年以降EUがさらに拡大するに従い、英国に移住する移民の数が上昇し、労働市場では移民との競争が起き、公的サービスにも負荷がかかりました。そして政治家が移民問題をうまく対処出来なかったことが有権者の不満を増大させ、EU離脱に票を投じさせる要因となったといわれています。この問題に関し、「イギリスへの移民の財政的影響」（Dustmann, C & Frattini, T., 2014）という興味深い論文があります。これは、1995年から2011年までの17年間について、イギリスに居住した移民の財政影響を分析したものです。江口隆裕（2016）は、その要点を紹介していますので、参照してください。結論だけを述べると、「移民は、国家財政にとって負担どころか、むしろかなりプラスとなっている」ということでした。

　また、争点とされたのが国民保健サービス（National Health Service, NHS）と言われています。前ロンドン市長のボリス・ジョンソン、英国独立党（United kingdom Independent Party, UKIP）のナオジェル・ファラージュ党首[1]をはじめ「Vote Leave」運動を行った離脱派は、大量の移民が、イギリスのNHSを財政的に脅かすとし、「EUに毎週拠出する分担金3億5,000万ポンドをNHSに使おう」というスローガンを掲げていました。一方、国民投票時点での現役首相であったキャメロン前首相をはじめ、ジョージ・オズボーン前財務相、イングランド中央銀行総裁ほか、最大野党である労働党党首などのメンバーからなる残留派の主張は、EU離脱により経済規模が縮小し、税収縮小に陥れば、NHSのサービスの質が低下する恐れがあること、NHSの医療スタッフとして多くの移民が労働力となっていることから深刻な労働力不足となるというものでした。このNHSの最大の特徴は、支払い能力を問わずすべての国民に原則無料（医薬品等一部例外あり）で包括的な医療を提供するものですが、この特徴を変えようという動きは、これまで一度も生じていませんでした。ところが、今回のEU離脱問題でクローズアップされたように、

この無料の対象となる「すべての国民」の中に移民をいれるかどうかが問われているともいえます（堀真奈美 2016）。

　離脱派の勝利をうけ、フランスでは国民戦線の代表マリーヌ・ルペンが、オランダでは自由党の党首ヘルト・ウィルダースが、EUからの離脱の是非を問う国民投票の実施を求めました。

　2015年5月に行われた下院総選挙の結果、保守党と自民党が連立を組み、キャメロン政権が誕生しました。デイヴィッド・キャメロン（David Cameron）首相は、2015年欧州難民危機を受け、移民規制を求める保守層を取り込む戦略から、11月28日、EU加盟国からの移民に対する規制強化方針を表明し、EU離脱を支持する可能性を示していました。しかし今回の国民投票では、52％の国民がEU離脱に投票したため、EU残留を訴えていた首相は辞任しました。EU離脱を問う国民投票の結果を受けて、テリーザ・メイ（Theresa May）が史上2人目の女性首相となりました。EUからの脱退に関する事項を定めた欧州連合条約（リスボン条約）第50条の最終的な援用を取り扱う Department for Exiting the European Union を設置しました[2]。

　イギリスのEU離脱問題は、ひとりイギリスだけの問題にとどまらないことは誰もが承知しています。細谷雄一（2016）は、現代ヨーロッパ政治の複合的危機を、イギリスのEU離脱へ向かう道筋を辿ることで、歴史的な視点から考えています。「イギリス政治の変容、ヨーロッパ統合、そしてグローバル化の進行という、三つのレベルでの政治の潮流の変化が、相互作用を及ぼすことで現代のイギリスが抱える問題を生みだしている」（19頁）と述べています。

経済・雇用状況

　2013年末から雇用者数の増加、失業者数の減少、パートタイム比率の低下など、雇用状況は回復傾向がみられます。その一方で、長期失業者の失業者に占める割合は35％と依然として高い状況が続いています。2014年の雇用者数は3,062万人、失業者数208万人、2012年の26.5％よりわずかに減少しています。また、25歳未満の失業率は17.3％となり、2010年以降で初めて20％を下回りました（厚生労働省 2015）。

序　章　本書の課題と構成

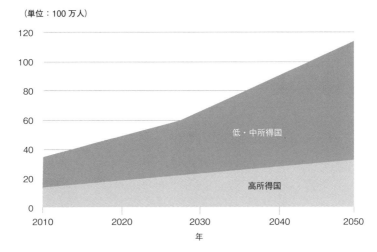

(出所) 世界保健機関「認知症：公衆衛生上の重要課題」30頁。
　　　図序-2　高所得国及び低・中所得国における認知症の増加

2. 視点と目的、アプローチ

100人に1人が認知症を発症

　世界保健機関 (WHO) が発表した報告書 Dementia : a public health priority「認知症：公衆衛生上の重要課題」によると、世界の認知症有病数は現在、およそ3,560万人に上るといいます。2030年までに2倍の6,570万人、2050年までに3倍の1億1,540万に増えると予測されています。認知症は世界中で増加していますが、半数以上 (58％) は低・中所得国に集中しており、この割合は2050年までに70％以上に上昇するといいます（図序-2）。

　認知症は毎年770万人ずつ増え続けています。国連推計の2050年の世界人口は約91億人（うち60歳以上が20億人）なので、患者の割合も約1.27％に上昇する計算です。もとより、高齢化に伴う認知症の人の増加への対応は、今や世界共通の課題となっています。

　世界の認知症の治療や社会的損失のコストの総計は、1年当たり50兆円（6,040億USドル）以上に上ります。一方で、全国規模で認知症対策を適切に処するプログラムを設けている国は、世界に8ヵ国しかないといいます。2013年12月に、G8認知症サミットが

17

ロンドンで開催されました。大きな視点でみると、認知症は世界的な「公衆衛生上の重要課題」だと理解できます。

認知症高齢者と新オレンジプラン

わが国における認知症の人の数はどれくらいでしょうか。2012年で約462万人、65歳以上高齢者の約7人に1人と推計されています。また、この数は高齢化の進展に伴いさらに増加が見込まれており、2025年には認知症の人は約700万人前後になり、65歳以上高齢者に対する割合は、現状の約7人に1人から約5人に1人に上昇すると想定されています。このように、認知症は、誰もが罹患する可能性があるということはもちろん、家族の誰かが罹患するということはごく一般的な状況となっており、今後、より一層国家的な課題として取り組んでいかなければならないものです。

そのような中でわが国では、いわゆる団塊の世代が75歳以上となる2025年を目ざし、認知症の人の意思が尊重され、できる限り住み慣れた地域のよい環境で自分らしく暮らし続けることができる社会を実現すべく、2015年1月27日に、初めての政府一体としての国家戦略である「認知症施策推進総合戦略〜認知症高齢者等にやさしい地域づくりに向けて〜」（新オレンジプラン）を策定しました。これは、2014年11月に行われた認知症サミット日本後継イベントにおいて、内閣総理大臣より厚生労働大臣に対して、認知症施策を加速させるための戦略の策定について指示があったためです。

他方、英国においても、2009年に初めて認知症の国家戦略を策定して以来、国家的プロジェクトとして認知症対策に取り組んできています。それ以前の英国では、認知症の人への対応を精神領域でうまくいっていないことなどが大きく影響して、認知症が体系的に政策として十分に扱われてこなかったということです。英国の認知症国家戦略では、認知症の経過段階、医療やソーシャルケアの対象者であるか否かに関わらず、認知症の人とその家族が地域で充実した生活を送れるようにすることを目的としています。

介護保険制度を有する日本と、税財源による医療とソーシャルケアによって高齢者介護が行われている英国とでは、その制度に大きく違いが存在します。しかしながら、両国とも認知症を国家的な重

要課題として捉え、同じような目的の国家戦略を有し、対策を行なうなど、対策面では同じ方向を向いていると言えます。そのような中で、世界でもっとも早いスピードで高齢化が進み、認知症ケアや予防に向けた取り組みについての好事例を多く有する日本と、2013年に行われたG8認知症サミットを主導するなど、認知症対策のグローバル化に積極的な英国は、認知症対策の国際連帯を進めるために、世界を主導していく立場にあるといえるでしょう。

認知症という疾患にどう対応するか

現在の認知症を取り巻くわが国の状況をみると、国の一般歳出のうち約55％を社会保障関係費が占めるなど、医療技術の進歩を主としながら急激な高齢化も影響して、一般歳出に占める社会保障関係費が急増しています。そして、2015年度の社会保障給付費の119.8兆円は、わが国のGDPの23.5％を占め、2025年度は148.9兆円（GDP比24.4％）へとさらに増加すると推計されています。その中でも、認知症対策を含む介護にかかる費用は、2015年度の10.5兆円から2025年度の19.8兆円へと倍増近い伸び（1.9倍）が予想されており、そのコスト増への対応は、今後わが国にとって課題となります。

また、認知症は疾患の1つですが、現在の科学技術のレベルをもってしても、症状の進行を多少遅らせることができるだけで、未だその病態解明が不十分であり、根本的治療薬や予防法は充分には確立されていません。医療及び介護におけるケアの改善は不断に努める必要がありますが、認知症の人の数が高齢化の進展に伴ってさらに増加することを考えると、ケアの効率化やケア対象者の数に歯止めをかける方策がなければ、ケアの改善だけでは財政的、マンパワー的にも限界がくる可能性があります。認知症という病気にどう対応するか、認知症の人の地域での生活をどのように支えるのか、国としての対応が求められています。

目的とアプローチ

本書の目的は、イギリスにおける認知症国家戦略の取り組みを紹介するとともに、日本における認知症の人への今後の取り組みへの

示唆を得ることです。そして、イギリスの活動現場から得られた示唆は、イギリスと日本の取り組みの背景や文化の違いはありますが、日本の地域とコミュニティが今後の認知症の取り組みの担い手となりうるのか、について検討することです。

そこで、本書では、イギリスの認知症の政策及び対策を理解するとともに、その中でも特に、有意な認知症対策を学びつつ、新たな開発も視野に入れながら検討することを目的としています。

研究アプローチは、本書では医療福祉政策的アプローチを採用しています。高齢者政策、医療政策、介護政策、まちづくり政策のすべてに関わると思われますが、それらを包括して医療福祉政策的アプローチとし、調査法は現地調査訪問、文献・資料調査と事例調査法を採用しています。事例の構築には、2012年9月、及び2015年9月から11月にロンドンを訪問しての知見と、視察先での録音記録のデータ化、現地で入手した資料などを利用しました。そして帰国後も、文献・資料調査を行なっています。したがって、本書の研究方法は、医療福祉政策的アプローチによる事例調査法です。なお、本書に記述しました電子情報へのアクセスは、すべて2016年8月に実施したものです。

3. 本書の構成

高齢者福祉と認知症国家戦略

本書は、2つのパートとまとめから構成されています。

序章は、イギリスの国土等のほかに、イギリスの欧州離脱等について述べました。その後のパートⅠ（第Ⅰ部）では、「高齢者福祉と認知症国家戦略」について展開します。第1章は「英国の高齢者福祉」について述べます。前知識なしに、いきなり認知症の話をするのは一般的に難しいので、この章では、まずはイギリスの高齢者の状況と福祉サービスの制度としくみについて知ることを中心としています。特に認知症は、医療と介護・福祉について、両方のリソースが求められ、しかも連携が求められます。そのために、医療制度とNHS体制について若干説明しています。また、英国には介護保険制度はありませんので、介護サービス提供のしくみについて

も述べています。

　第2章以降の認知症国家戦略では、2009年3月に発表された最初の認知症国家戦略について、内容を詳しく説明しています。次に発表された「首相の認知症への挑戦」は、首相のリーダーシップと14の約束を説明した上で、3番目に発表された、「首相の認知症への挑戦2020」の意欲的な20の目標について述べています。この章では、認知症のコストについても言及し、コスト削減のための政策を検討しています。

　第3章は、「認知症国家戦略の評価と開発」です。認知症国家戦略の評価として、9つのアウトカム等について述べます。次に、「首相の認知症への挑戦」の1年目の評価について述べます。保健省が発表したナショナルレポートは、予防、診断、認知症とともに快適に暮らす、認知症の教育・トレーニング、認知症にやさしい地域、研究の6分野について、地域ごとの状況と政策の進捗、行動要請が記されています。そして、「首相の認知症への挑戦」の2年目の評価について述べます。英国における認知症開発の動向として、研究開発予算の現状について述べた後、2012年以降の研究開発に関する主要な取り組みの中で、2013年12月のG8認知症サミットの内容を取り上げています。そして、認知症研究開発の具体的取り組みを紹介します。

認知症国家戦略の実践

　パートⅡ（第Ⅱ部）の「認知症国家戦略の実践」は、2015年9月～11月調査からの論述です。第4章は、サウスロンドン・アンド・モーンズリーNHSファウンデーション・トラストでの、キングス・ヘルス・パートナーズの5つの取り組みについて述べたあと、日本への示唆について述べます。

　第5章は、継続的ケア・ユニットのグリーンベール・スペシャリスト・ケア・ユニットの紹介と日本への示唆です。第6章は、クロイドン・メモリー・サービスを取り上げます。メモリーサービスは、認知症国家戦略の肝とも言うべきサービスです。具体的な実践例を紹介します。第7章は、サットン・ケアラーズ・センターとアドミラルナースの連携について述べます。ケアラーズセンターは非営利

の慈善機関です。そのケアラーズセンターとアドミラルナースが、サットン区という地区でどのように連携して、様々な社会資源とも協力しながら、認知症の家族を支えているかを事例として紹介します。

　第8章は、ディメンシアUKそのものの事例です。アドミラルナースはディメンシアUKのブランドであることを明らかにした上で、アドミラルナースは誰でもがなれるわけではないこと、そして、アドミラルナースの役割と活動を補論します。

　第9章は、認知症診断率の改善です。ロンドンにおける取り組みについて、具体的に取り上げて論述します。

　終章では、ロンドン大学老年精神医学教授　ロバート・ハワード氏（当時）のインタビューをもとに、日本への示唆として、まとめをしています。

　本書は、以上の内容で構成されています。

注

1) 英国独立党（通称UKIP、ナイジェル・ファラージ党首）は、2013年の統一地方選では保守党、労働党に次ぐ得票率を、また2014年5月の欧州議会選挙では最多となる27％の得票率（24議席数）を得て、2大政党を超える第1党へと躍進しました。英国独立党は、1991年にマーストリヒト条約7加盟に反対する団体を母体として1993年に設立された、事実上、EU離脱を単一争点とした政党です。2014年の欧州議会選挙で大躍進を遂げた裏には、ナイジェル・ファラージ党首の人柄、マニフェストのわかりやすさ、そして設立から現在に至るまでEU離脱が全ての目的であるというピンポイントな党指針が評されています。特にナイジェル・ファラージ党首は、自身が有名私立校出身であり、金融街シティでの勤務経験があるにもかかわらず、「民衆の言葉を話す」飾らない政治家として人気が高いです。率直な意見を述べる（率直すぎることも）ことで、民衆にシンプルな言葉で語り掛ける事が人気の秘訣であり、労働者階級の（移民政策やNHSの無料医療制度などの）不安や不満などをすくい上げる事で人気を博しました。

2) EU離脱を可能としたのは、2004年のEU拡大時に提案されたリスボン条約です。リスボン条約は、様々な議論が行われ紆余曲折の後、2007年12月13日に加盟国の代表の署名が行われ、2009年12月1日に発効されています。リスボン条約への署名の際にも、2007年の当時の保守党党首であったデイヴィッド・キャメロン、自民党党首のニック・クレッグが国民

投票を必要としていました。ただし、労働党政権は必要ないとして議会承認を得たことで国民投票は実施されませんでした。

文献

Dustmann, Christian and Frattini, T., The Fiscal Effects of Immigration to the UK, *Center for Research and Analysis of Migration,* 2014.
WHO, *Dementia : a public health priority,* 2012.〔世界保健機関「認知症：公衆衛生上の重要課題」日本公衆衛生協会、2015 年〕。
江口隆裕「イギリスの EU 離脱と移民問題」『週刊社会保障』No. 2883、2016 年 7 月 18 日、pp.34-35。
厚生労働省『2014 年海外情勢報告 世界の厚生労働 2015』情報印刷株式会社、2015 年。
厚生労働省「認知症施策推進総合戦略～認知症高齢者等にやさしい地域づくりに向けて～」（新オレンジプラン）2015 年 1 月 27 日。
細谷雄一『迷走するイギリス　EU 離脱と欧州の危機』慶應義塾大学出版会、2016 年。
堀真奈美「イギリス医療保障の潮流を問う──EU 離脱問題に焦点を当てて」『週刊社会保障』No. 2885、2016 年 8 月 1 日、pp.48-53。

第Ⅰ部　高齢者福祉と認知症国家戦略

第1章 英国の高齢者福祉

1. 英国の高齢者

人口高齢化の状況

　2014年における英国の高齢者（65歳以上の者）の人口は、1,140万人に達しています。また、50歳以上の者の割合は、全人口の3分の1を占めています（ONS 2015a）（Office for National Statistics, ONSは、国家統計局のこと。以下、同じ）。また高齢化率は、2012年に17.7％であったものが、2034年には23.5％にまで上昇することが予測されています。将来推計では、今後30年間に後期高齢者数が倍増することも明らかになっており（ONS 2013）、介護問題や年金問題の深刻化等、高齢化の進展によりもたらされる社会的なインパクトは少なくありません。しかし、イギリスにおける高齢化の進展はEU各国のなかでは比較的緩やかといえます。

　2014年の平均寿命は男性79.3歳、女性83.0歳であり、男女とも人生80年時代を迎えていますが（ONS 2014a）、同年のイングランドにおける65歳時点での健康余命は、男性10.9年、女性12.2年となっており、何らかの支援や介護等を要する状況を抱えながらの老後生活が、人生の終末期に男女とも5年弱ほど続くこととなります（ONS 2015b）。ただし、健康余命の地域間格差は大きく、2009-11年統計によると、最もスコアの良かった自治体と最も悪かった自治体を比べると、そのギャップは男性8.5歳、女性9.3歳にまで及んでいます（ONS 2014c）。なお、高齢者の世帯については、ひとり暮らしの者が350万人を超えており、これは65歳以上の者の概ね3人に1人（36％）に該当します。また、独居高齢者のうち女性が7割を占めています（ONS 2015b）。

高齢者の状況

　英国保健省（DH）のデータから高齢者保健医療の状況をみると、NHS（国民保健サービス）を利用する患者のうち高齢者が3分の2を占めています。一方、給付費ベースでは高齢者が占める割合は5分の2程度となっています（Department of Health 2007）。また、75歳以上の者の9％が適切な診療所を、19％の者は適切な病院を見つけることが困難な状況におかれており、高齢者の医療へのアクセスが課題となっています（DCLG 2008）。

　高齢者ケアについては、民間シンクタンク Strategy Society Center（http://strategicsociety.org.uk/）および民間高齢者支援団体のIndependent Age（https://www.independentage.org/）（SSCIA）による2011年国勢調査等を用いた分析（イングランドのみ）から、その概況を次のようにうかがい知ることができます（Strategic Society Center and Independent Age 2014a, b）（図1-1）。

・イングランドには65歳以上の高齢者が約866万人おり、このうち約836万9,000人が自宅で生活している。

・高齢者の半数近く（約430万人）が、日々の生活上で何らかの支障を有している。こうした高齢者の多くは自宅で生活しており、施設で暮らす者は6.5％（約27万8,000人）にとどまっている。

・在宅高齢者のうち約230万人が何らかの形でケアを受けているが、家庭における無償ケア（unpaid care）にのみ依存する者が多く、公的なケアサービスを利用している者は85万人にとどまる。ただし、何らかのケアを受けている者のうち16万人（6.9％）は、彼らのニーズに十分に合致しているとは言えない、不十分なケアを受けざるを得ない状況となっている。

・2011年において、高齢者の約148万人が介護手当（Attendance Allowance, AA, 高齢者向け手当）を受給し、およそ83万人の障害者生活手当受給の合計人数を合わせた数は、日常生活上何らかの支障を有する高齢者の数値（約230万人）とほぼ同数である。

・イングランドにおける高齢者のうち約45万8,000人（5.3％）が、週50時間以上の無償ケアに従事している。ただしこのうち、高齢介護者自身が地方自治体から何らかの支援を受けている者は、およそ8万人（週50時間以上の無償ケア従事者に占める割合は17％）

第Ⅰ部　高齢者福祉と認知症国家戦略

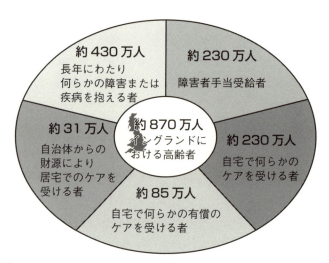

（資料）SSCIA, 70,000 older people in signification need without paid or unpaid care, finds study, community care, 27 November 2014b.（http://www.communitycare.co.uk/2014/11/27/70000-older-people-significant-need-go-without-paid-unpaid-care-finds-study/.）

図1-1　イングランドにおける高齢者の状況

であり、残りの約38万人は何らかの公的支援がない中でケアを行っていた。また、高齢介護者の半数は何らかの疾病を有しており、介護者自身もADL上の課題を抱えている。

認知症高齢者

　高齢者ケアの大きな焦点である認知症については、2014年における認知症者はおよそ85万5,000人と推計されており、このうち約77万3,000人が65歳以上とされています（90％）。今後、2025年には約114万人、2051年には概ね200万人に達するものと見込まれています。2014年の認知症者に対する調査（1,000名を対象）では、次の点が明らかになりました。
・認知症のうち、地域に参加していると感じている者は半数に満たない。
・認知症者の介護者のうち、何らかの支援を受けている者は47％に過ぎない。
・認知症者の72％が認知症以外の医療的ケアを要する障害を

併有している。
・認知症者の半数を超える者が、認知症を患いながらの生活を受け入れている。
・認知症者のおよそ10人に1人は、月に一度程度の外出しかできない。

　認知症対策に係る社会的コストは263億ポンドと推計され、今後の認知症者の増加にともない、さらなる増大が見込まれています（Altzheimer's Society 2014a）。

ソーシャルケア
　2013年2月11日、英国政府はイングランドのソーシャルケアにおける費用負担をめぐる改革の最終決定を下しました。討論が始まって以来実に20年余り、ディルノット委員会[1]の報告から2年半を経て、ついに下された決定は大きな反響を呼びました（BBC News：http://www.bbc.co.uk/news/uk-politics-21403679）。
　法案審議は2013年5月に始まり、多数の修正がなされましたが、2014年5月に成立しました（DH, Care Act 2014）。
　イギリスではヘルスケア（医療）の負担は所得に関係なく無料であるのに対し、ソーシャルケア（介護等）の負担は資力調査（ミーンズテスト）による所得に応じた応能負担です。ケア提供の責任機関は日本と同じ地方自治体です。今回の改革では、国民の期待に反して、基本的な部分である自治体責任とミーンズテストは堅持されました。しかし改善された点が大きく3つあります[2]。
　第1に、1948年に現在のソーシャルケア制度の基本が規定されて以来、初めて個人の自己負担金額の「上限」が定められたことです（生涯負担上限）。従来の自己負担金額「無制限」から上限7万5,000ポンド（1,500万円。単純に1ポンド=200円で計算。以下、同じ）となり、それを超える負担には公的資金が投入されることとなりました（2011年価格6.1万ポンド）。しかしこの上限金額には住居費・食費等いわゆる「ホテルコスト」は含まれていません。従って、老人施設入所者が上限金額までに5年かかると言われていました。

第2に、ミーンズテストの個人資産（持ち家含む）の控除金額が引き上げられました。現在の2万3,250ポンド（465万円）から12万3,000ポンド（2,460万円）へ5.3倍もの大幅な引き上げです。つまり個人資産が2,460万円未満の高齢者のケア費用の一部あるいは全部が公的扶助により支払われるようになったわけです。これにより持ち家所持の中間所得層等、およそ10万人が新たに控除適用該当者になると推定されていました。しかし、イギリスの平均持ち家価格は優に10万ポンド（2,000万円）を超えるのが現状です。

　第3に、国家と個人のケア負担の各々の責任を明確にし、「パートナーシップ」アプローチを打ち出しました。個人に対してのケア負担の応能責任を求める一方、ケア負担上限金額を設定することで個人の将来の経済的不安を取り除き、上限を超える部分の負担を国家責任としました。

　このように改革に一定の評価がある一方で、決定された上限・控除金額についての妥当性を批判する声も少なくありませんでした。当時のイングランドの老人施設に入所する高齢者の実に45％がケア費用を全額自己負担していました。在宅ケアサービスを利用する高齢者も同様で、全額自己負担する高齢者の数が相当数存在しました。さらには自己負担が重いことを理由に、サービス利用を控える高齢者が近年増加傾向にありました。

　一方、自治体のケア予算はキャメロン連立政権（保守・自由民主党）発足後大幅にカットされ、自治体のケア供給量のさらなる先細りが進んでいました。こうした状況下で、多くの自治体は要介護認定をさらに厳しくすることで応急的対応をしており、その結果、従来までなら自治体のケアを無料で受けられたであろう低所得者層の虚弱高齢者に、介護認定が下りませんでした。イングランドでは、高齢者の絶対数が増加しているにも関わらず、要介護認定者、ケアサービス受給者が減少するという深刻な事態が起こっていました。

　改革のさらなる問題点の1つは、資産控除金額が、在宅ケアサービス利用者には適用されないことでした。イングランドのホームヘルパー30分当たりの単価はおよそ10～15ポンド（2,000～3,000円）ですが、多くの高齢者は控除対象外で、応能負担しており、100％自己負担しているものも少なくありませんでした。

第1章　英国の高齢者福祉

ケア法（Care Act 2014）

2013年3月に公表された2013年度予算において、2016年4月から介護の自己負担額の限度額を7万2,000ポンド（1,440万円）とすること、施設入所の際に支払う費用が全額自己負担となる保有資産の水準を引き上げること、それらにともなう費用は、2016年度から実施予定の公定年金改革による国家第二年金の適用除外の廃止にともなう国民保険料の増収分を充てることが発表されました。

この発表後、次の事項を主な内容とするケア法案が議会に提出され、審議の結果、2014年5月に成立しました（Department of Health, Care Act 2014）。保健省のケアおよびサポート担当大臣のノーマン・ラム（当時）は、「この60年で最も重大なケア制度改革になる」、そしてそれは「ケアの利用者と介護者が自分で物事を決めていける制度になる」と述べました。また、2014年6月6日、保健省は同法実施の「規制と指示」に関する法案を発表し、協議を開始しました。

①地方自治体が個々に設定している福祉サービスの受給資格について、2015年4月から国レベルの最低限の受給資格を設定すること（これまで受給資格は、自治体の裁量に任されていた）。
②利用者が何を必要としているかを重視し、そのためのサポートプランの一部のケアに対して利用者に権限が与えられたこと（これまでは利用者がどのような障害をもっているかでサービス提供を決めていた）。
③2016年4月から生涯での介護の自己負担額に係る限度額を7万2,000ポンド（1,440万円）とし、それ以上のケア費用は国が責任をもつこと。
④施設入所の際に支払う費用が全額自己負担となる保有資産（貯蓄その他の資産）の水準を11万8,000ポンド（2,360万円）相当にすること。
⑤悪質なケアの提供者を取り締まるために、ケアの質委員会（Care Quality Commission, CQC）が、病院および入所施設について評価を行い、サービスの質などについて評価（点数）を公表すること。
⑥介護者が利用者と同等の権利を得ること。これにより、介護者

はアセスメントを受けることができ、ニーズがサポート要件に合致すればサービスを受ける権利が生じる。(厚生労働省 2015：265、及び、Yabe, Kumiko 2014)

ただし、キャメロン政権は、2015年7月に、地方自治体から意見書が出された結果、準備不足を理由に、上記③の介護の自己負担限度額設定の改革の施行は、2019年を目途に延期されることとなりました。これ以外の内容については、順次施行されています（厚生労働省 2015：268）。

その後、政府は、2016年度実施に向けた準備を進めましたが、キャメロン政権は、2015年7月、制度改革の実施を2020年まで延期することを突然表明しました（Department of Health , *Letter from Alistair Burt to Izzi Seccombe,* 27 July 2015.）。この背景には、ディルノット委員会や議会も指摘していた自治体の財源不足の問題があります。自治体団体は、緊縮財政が続く中、制度改革により更に財政が悪化するとの懸念から、国に制度改革の延期を申し入れていました（Local Government Association, *Letter from Izzi Seccombe to Jeremy Hunt,* 1 July 2015.）。同年5月の総選挙の勝利で自民党との連立を解消し、フリーハンドを得ていたキャメロン政権は、これを受け、実施延期に踏み切りました。ただし、自治体側も制度改革には賛成しているので、費用負担の基本的仕組みに関する議論は決着がついていると考えられていました。

特に、私が大事だと思うのは⑥で、介護者がケアの利用者と同じレベルの身分というか、権利を得ることになったことだと思います。これまでは、介護者がサービスを自治体から得られる権利はありませんでした。今後、介護者はアセスメントを受ける権利があると同時に、ニーズがサポート要件にかなうならば、サービスを受ける権利が生じます。各自治体は、ケア法2014の2016年からの実施のため、実施担当者職員（シニア・リスポンシブル・オーナー：Senior Responsible Owner, SRO）を任命しました。

パーソナルソーシャルサービス費の割合

パーソナルソーシャルサービス費（ホームヘルプおよびホームケ

ア、保育、児童の保護、養育などを除く）は、2013-14 年で 172 億2,500 万ポンド（3 兆 4,450 万円）でした。このうち 65 歳以上の高齢者への支出は、全体の 51％の 88 億 5,000 万ポンド（1 兆 7,700 億円）で、その割合は減少傾向にあります（2006-07 年：57％、2010-11 年：55％、2012-13 の 52％）（図 1-2）。

また、2006-07 年時点で全体の 25％であった学習障害者（18-64歳）への支出は、2013-14 年では 53 億 8,000 万ポンド（1 兆 760 億円）、全体の 31％になっています。その他、身体障害者（18-64 歳）への支出は 15 億 9,000 万ポンド（3,180 億円）で全体の 9％、精神保健のニーズをもつ人たちに対する総支出は 11 億 1,000 万ポンド（2,220 億円）で全体の 6％でした。

パーソナライゼーション政策

　パーソナライゼーション（personalization）という概念は、ブレア・ブラウン両首相の労働党政権期以来、広く用いられるようになりました。労働党政権は、いわゆる「第三の道」に基づく政策を推し進める過程で、①福祉の現代化と効率化、②権利と義務のバランス、③市民社会の再生、④「民主的な家族関係」の前提を重視していました（所 2009：7）。その一環として、市民による参加や選択

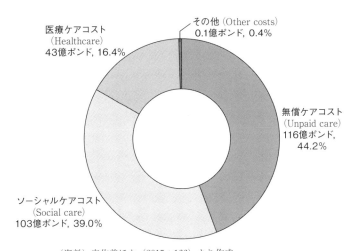

（資料）宇佐美ほか（2015：166）より作成。
図 1-2　分野別にみたパーソナルソーシャルサービス

を重視した公共サービスが推進されることとなりました。

　2007年に、パーソナライゼーションに関する政府の見解を比較的包括的に示す報告書が発表されました。内閣府（Cabinet Office）の首相戦略部門（Prime Minister's Strategy Unit）が発表した『進歩をもとに：公共サービス（Building on Progress：Public Services）』です。「この報告書は、公共サービス改革の2つの柱として「パーソナライゼーション」と「平等」を挙げました。両者の関係は、前者に基づく制度改革を通じて、後者を実現すると位置付けられる」と言います（白瀬 2012）。

　「パーソナライゼーションとは、サービス市民のニーズと好みに即して提供されるプロセスである。全体的なビジョンとして、市民が自らの生活と受給サービスを形作ることができるように、国家は市民に権限を与えるべきである」（Prime Minister's Strategy Unit, 2007, p.33）。

　このような公共サービス全体に関わる方針と同時に、福祉の現代化と効率化を図ることは政府の重要課題でした。そのため、福祉改革においてパーソナライゼーションという概念は中心的な位置付けを与えられ、利用者に選択とコントロールを与える取り組みが推進されることになりました（Department of Health 2008）。

　岩満賢次・八木橋慶一（2013）は、パーソナライゼーション政策における地方自治体の役割と財政について調査しています。利用者がPB（Personal Budget, 個人予算）[3]を利用する場合には、自身でサービスを調整する形態（self-manage）と地方自治体がサービスを調整する形態（council-manage）があります。前者は、個々のサービスを自分で事業所と契約しなければならず、複雑なため敬遠する人が多いです。後者は、地方自治体によるコミッショニングになり、基本はブロックコントラクト（個別のサービスごとに契約するのではなく、サービス全体を一括で契約する方式）になります。

　資金配分の80％は介護等のパーソナルケア、10％は買い物などのプラクティカルケア、10％はデイサービスに必要なもの（日用品）にあてられていました。岩満らが調査したA区では、利用者数が最も多いのは高齢者で453人、続いて身体障害者203人、知的障害者58人、精神障害者29人となっていましたが、一人当たりの

給付額の平均では、知的障害者が23298.85ポンド（465万9,770円）と最も多く、続いて身体障害者は11175.39ポンド（223万5,078円）と多く、高齢者は6293.57ポンド（125万8,714円）、精神障害者3597.56ポンド（71万9,512円）となっていました（数字は2011年度。日本円への換算は小磯が200円で単純計算）。

財源は、国から地方自治体に配分され、アセスメント結果に基づいて利用者に配分されます。利用者がPBを受けるためには資力調査が必要であり、資力のある人は自己負担が必要となります。

岩満らは、近年、福祉予算は減少傾向にあり、利用者への配分額の減少とそれに伴うサービスの質の保証が問題となっていると指摘しています。

研究の結果、パーソナライゼーショナル政策における地方自治体の役割は、利用者のアセスメントと資金配分に大きく傾斜しており、サービス提供は市場へ大きく委任され、利用者と事業者との「契約」がますます色濃くなっています。また、知的障害者のような判断能力が十分ではない人たちは、利用が難しいという指摘もあります（白瀬2012）。しかし、A区では一人当たりの給付額は知的障害者が最も多く、利用できる場合「契約」は手厚い支援につながる可能性が示唆されました。ただし、利用者の増加は財政負担の増加につながる可能性があり、「契約」方式が財政に与える影響は単純なものではないことが明らかとなりました。

高齢者を含む保健福祉サービス

保健医療サービスは国営のNHSが、福祉サービスは地方自治体が、その提供に責任を負う仕組みとなっています。福祉サービスについては、地方自治体が個々のサービスごとに申請を個別審査し、当該サービスが必要と判定された利用者に公営のサービスを直接提供する仕組みが採用されました。しかし、サッチャー政権の民活・市場競争原理に基づく改革により、1993年以降、地方自治体がケアマネジメントを行うことにより申請者個々の福祉ニーズを総合的に評価し、望ましいサービスの質及び量を具体的に決定した上で、これにより福祉分野にも競争が導入され、地方自治体福祉部局の組織も、ケアマネジメント及びサービス調達の決定を行なう部門、直

営サービスを提供する部門、不服審査や監査を行う部門の3部門に再編され、従来主流であった自治体直営のサービスが縮小し、民間サービスへの移行が進んでいます（厚生労働省 2015：267）。

保健医療と福祉の連携

　保健医療サービスと福祉サービスの提供主体が制度的に異なるため、全体として両者間の連携が悪く、社会的入院が待機期間を長期化させている（ベッドブロッキング）等の批判がありました。そのため、労働党政権下では、NHSと福祉サービスによる共同事業、NHS組織に福祉サービスも統合して提供させるケアトラスト化、中間ケアなどが推進されました（2012年調査の知見より）。

　また、医療のサービスの提供を受けてから、地域に戻るまでの間のリハビリテーションサービスについて、中間ケアと位置づけ、在宅、施設、その他におけるサービス提供体制の整備が図られました。

　さらに、病院から退院する患者について、退院に当たり福祉サービスが必要であると通報を受けた地方自治体において、適切なサービスを確保できなかったために退院が遅れた場合には、地方自治体がNHSに当該機関の滞在費、介護費として1日100ポンド（2万円）を支払うこと等を内容とするベッドブロッキング法が2003年4月に成立しました（厚生労働省 2013：264）。

　連立政権においても、保健医療と福祉サービスの統合は重視されており、NHS改革法においては、各地域において、医療及び福祉委員会（Health and Wellbeing Board）を設立し、各地域の実情に応じた医療サービスと福祉サービスについて、総合的に提供するための戦略を策定すること等とされ、CCGs（Clinical commissioning groups：クリニカル・コミッショニング・グループ）は当該戦略を踏まえて、病院への医療サービスの委託を行なうこととされました（2012年調査の知見より）。

　また、2013年6月には、保健医療サービスと福祉サービスの統合に地方自治体とCCGsが共同して取り組む計画を策定し、保健省の承認を得た場合に、その取り組み及びその成果に対して助成を行う基金（Integration and Transformation Fund）が設立されました。現在、これらの内容は、Better Care Fundに引き継がれ、新たな

医療、介護の連携の取り組みに助成が行われています（厚生労働省 2015：267-8）。

英国の高齢者介護制度
　英国の社会保障は、障害別に明確に区分されておらず、大きな枠組みとして成人と子どもに分けられているだけで、認知症の人を含む高齢者は成人の中で扱われています。また、日本の介護保険制度のように高齢者介護に特化した制度は存在しません。NHSによる医療サービス、ソーシャルケアサービス、自費で購入するサービスの3つの大きな枠組みで介護サービスは成り立っています。
　イギリスでは、高齢者の介護は、第一義的には本人及び家族の責任とされ、インフォーマルな無償介護に依存します（Pickard et al., 2007）。
　一般に介護施設（Nursing Home）の料金は、滞在費、個人ケア費用、看護費用に分類されています。このうち、看護師による看護費用は、2003年4月からNHSが施設での看護費用を負担することとなり、要介護度に応じNHSから施設に支払われることとなりました〔2015年度は週当たり112ポンド（2万2,400円）〕（厚生労働省 2015：268）。
　医療サービスは、税財源を原資とする「国民保健サービス法（NHS法：National Health Service Act of 1946）」に基づき提供されており、英国内のすべての住民に、疾病予防やリハビリテーションを含めた包括的な医療サービスが原則無料で提供されています。ソーシャルケアサービスは、やはり税財源を原資として、「国民医療サービス及びコミュニティケア法（NHS and Community Care Act）」に基づき、地方自治体の社会サービス部門（Social Service Department）が提供しています。
　2013年の英国の認知症コストの推定分類をみると、Unpaid careが11百億ポンド（44％）、Social Careが10百億ポンド（39％）、Healthcareが4百億ポンド（16％）、Other costが111百ポンド（1％）となっています（Alzheimer's Society 2014b：xvii）。
　2015年11月のイギリス調査から述べます[4]。
　要介護状態になった場合、身体的なものは1次医療機関である

GPとコミュニティーナーシングチームが扱います。コミュニティナースはもともとNHSの下でのチームでしたが、効率化（efficiency）をはかるため民間のチームも作られることになりました。メンタルヘルスは2次医療の管轄で、認知症の場合、メモリークリニックがゲートウェイとなります。多職種による診断、プラン作りを行い、一定期間診療を受けることになります。英国のメンタルヘルス政策は65歳未満には手厚く、例えば、鬱その他の若年層向けはヨーロッパで上位ですが、65歳以上には手薄で、特に認知症については診断後のサポートがないなど、長年、社会的な問題となっていました。

　要介護度の高い人は、退院後は在宅もしくは施設入所となります。在宅の場合、病院チームのケアプランと地方自治体のソーシャルワーカーのケアプランがあり、必ずしも連携していないという問題点もありました。ナーシングホームの場合、ホーム側が見こして値段を決めるので、高額になる傾向がありました。

　英国では、食事が作れない、トイレに行けないなど介護が必要な人に対して、154ある自治体の責任でソーシャルケアを行ないます。ソーシャルケアは、前述したように子ども対象、大人対象のものがあるだけです。ソーシャルケアが必要かどうかのアセスメントは、自治体のソーシャルワーカーが認定します。認定基準には、Critical：要介護度が高い、Substantial：要介護度がかなり高い、Moderate：要介護度が中くらい、Low：要介護度が低い、の4段階があります。基準は全国統一されていますが、ケアサービスをどこから得るかなどは自治体によって異なります。そして、要介護度3、4以上でないとケアが受けられないところが多かったのですが、2015年4月から全国一律にケアが受けられるようになりました。

　ケアプランは、ニーズに沿って策定されます。基本はソーシャルワーカーが認定しますが、ケアプラン策定のアウトソーシング化が進んでおり、ケアラーズなどの組織があります。プランに沿って利用者個人がサービスを購入することになりますが、以前は自治体が選択したケアサービスプランを業者から選ばざるを得ず、個人選択の余地はあまりなかったのですが、現在では「パーソナル・バジェット」の範囲で個人がサービスを選択・購入できるようになり、個

人負担のサービスを入れて充実させることも可能となっており、個人裁量が増えました。

　日本との大きな違いとしては、ケアマネジャーとのミーティングが少なく、ケアプランの見直しは必要なときにのみ、見直しが必要な時は自治体の総合サービスまで連絡しないといけないなどが挙げられます。訪問介護の実態は1回15分で、薬を飲ませるのみ、排泄介護のみ、などの利用が多いです（掃除は別）。また2015年4月から、介護資格ができていることはすでに述べました。

　医療はNHS、ケアは地方自治体と主体が分かれており、データは共有していないので統合されていない問題点があり、マンチェスターなど一部の都市でソーシャルケアをヘルスケアの一つの予算で行なうパイロット地区が作られています。

医療保険制度等

　NHSによって、すべての住民に疾病予防やリハビリテーションを含めた包括的な医療サービスが、主として税財源により原則無料で提供されています。ただし、外来処方については一処方当たり定額負担、歯科治療については3種類の定額負担が設けられています。なお、高齢者、低所得者、妊婦等については免除者が多いです。

　国民は、救急医療の場合を除き、①あらかじめ登録した一般家庭医（GP：General Practitioner）の診察を受けた上で、②必要に応じ、一般家庭医の照会により病院の専門医を受診する仕組みとなっています。

　なお、民間保険や自費によるプライベート医療も行われており、国民医療費の1割強を占めています。本書は、英国の医療制度そのものについて論じた著書ではありませんが、認知症国家戦略は英国の医療制度（NHS体制）とも関わって展開します。そこで、簡単な図表（表1-1と図1-3）を掲げましたので、参照してください。また、英国の医療を総合的に論じた著書として、堀真奈美（2016）を参照してください。

表 1-1　医療制度

概要		主に税を財源とする国営の保健サービスとして全居住者を対象に原則無料で提供されている。
名称		国民保健サービス（National Health Service：NHS）
根拠法		国民保健サービス法（The National Health Service Act 1946）
運営主体		保健省（Department of Health）
被保険者資格		－
給付対象		居住者
給付の種類		－
本人負担割合等		一般医療：無料 外来処方：1処方当たり定額負担（8.20ポンド 2015年度） 歯科診療：治療内容に応じて3段階の定額負担
財源	保険料	税方式。ただし、国民保険料の一部（※）がNHSの費用に拠出されることになっている。 ※被用者：給与のうち、週815ポンド以上の部分の1％。 事業主：給与のうち週156ポンド以上の部分の1％。 自営業者：年間利益のうち8,060ポンド以上の部分の1％。 ※2015年4月より、査証取得・延長時に、EU圏外から来る一定の者に対して、NHSの利用料（surcharge, 年間通常人200ポンド、学生150ポンド）が徴収されている。
	政府負担	－
実績	加入者数	－
	支払総額	－

（資料）厚生労働省（2015：265）より作成。

第 1 章　英国の高齢者福祉

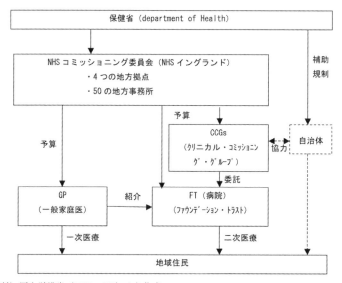

（資料）厚生労働省（2015：265）より作成。
図 1-3　NHS の体制（イングランドについて主な組織のみ記載）

2. 英国の認知症高齢者の現状

認知症の人の数

　Dementia UK Update（Alzheimer's Society 2014b）によれば、英国における認知症の人の数は 81 万 5,827 人（2013 年）であり、そのうちの約 84.1％にあたる 68 万 5,812 人がイングランドに居住しています。ちなみに、スコットランドには 6 万 6,773 人（8.2％）、ウェールズには 4 万 3,477 人（5.3％）、北アイルランドには 1 万 9,765 人（2.4％）が居住しています（Executive summary ⅷ）（図 1-4）。

　65 歳以上の認知症の人の数は、77 万 3,502 人であり、65 歳以上の総人口に占める認知症の有病率は 7.1％で、約 14 人に 1 人となっています。これは、英国の総人口の 1.3％、約 79 人に 1 人にあたります。なお、2006 年における 65 歳以上の認知症の人の数は 66 万 8,563 人でしたので、計算すると、7 年間で約 16％増加したことになります。また、英国内に、認知症の人は 2015 年時点で 85 万人い

41

第Ⅰ部　高齢者福祉と認知症国家戦略

るだろうと推計されており、今後、2025年には100万人以上、2051年には200万人以上に増加するだろうと想定されています（図1-5）。そして図1-6をみるとわかるように、男女比でみると、女性の割合が圧倒的に増大することもわかります。

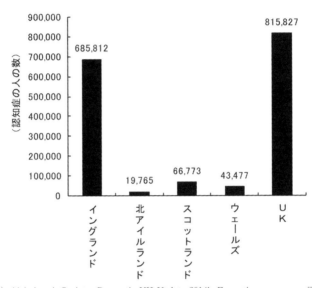

（資料）Alzheimer's Society, *Dementia UK Update*, 2014b, Executive summary ⅷ.
図 1-4　英国における認知症の人の数

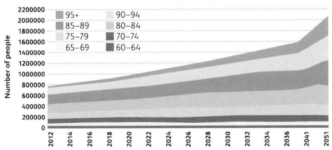

（資料）Alzheimer's Society, Dementia : *Opportunity for change*, September 2014a, introduction 2.
図 1-5　Projected increases in the number of people with dementia

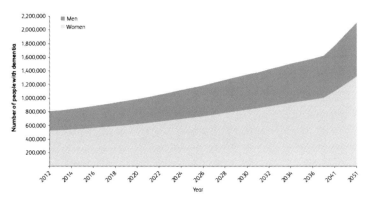

(資料)Alzheimer's Society, *Dementia UK Update : Leading the fight against dementia*, November 2014b, xiv.
図1-6 Projected increases in the number of people with dementia in the UK, by gender(2012-2051)

　その他、症状の軽重別では、認知症全体のうち、55.4％が軽度、32.1％が中度、12.5％が重度の認知症です。また、認知症のタイプ別では、アルツハイマー型認知症が62％と最も多く、次に血管性認知症が17％、合併型認知症10％と続いています。なお、65歳未満で発症する若年性認知症の人は4万人以上いると想定されており、こちらも年々増加傾向です。

認知症国家戦略の策定を宣言
　2007年に英アルツハイマー病協会(以下、単に「アルツハイマー協会」という)の委託を受けて研究機関が発行した報告書(Dementia UK Report 2007)によって、英国における認知症の人の疫学的な数、およびケアラーの介護負担などの間接コストも含む認知症の年間コスト推計値が公表され、認知症が今後の社会保障ならびに国家経済に多大な影響を与える重要事項という認識が政府内で高まるきっかけとなりました。さらに、質の高い政策提言を行なうことで知られる英独立政策監査機構NAO(National Audit Office 2010)による認知症政策に関する報告書(Improving Dementia Services in England)においても、「節約のための投資」が必要であることが強調されたことも、認知症国家戦略の策定を後押ししたと言われています。

Dementia UK Report 2007 の刊行以前、具体的には 2000 年頃から認知症に関する課題、特に介護や医療サービス、その不連携などの諸問題を指摘する監査報告書「フォーゲット・ミー・ノット」（Audit Commissions,'Forget-Me-Not'Report, 2000）（「私を忘れないで」2000 年）が刊行されました。しかしながら、サービスや政策の改善がみられないことについてメディアでも繰り返し取り上げられるようになり、国民の認知症政策に対する不満と批判は高まっていきました。世論の高まりを受け、2007 年に認知症に関する超党派議員団 All-Party Parliamentary Group on Dementia が結成され、超党派による保健省など認知症政策関連行政部局のヒアリングが繰り返し行なわれるようになりました。こうした議会内での認知症に関する政治的関心の高まりを受け、2007 年 8 月に政府は認知症国家戦略の策定準備に入ることを正式に宣言しました。

チャリティー団体の活動、アルツハイマー協会
　イギリスには多種多様の非営利団体（ボランティアやチャリティー団体）が存在します。イングランドとウェールズでチャリティー団体として登録をしている約 18 万 8 千、スコットランドや北アイルランドの団体や、非登録団体、教会等を含めると 60 万以上とも言われています。地域ケアの推進にはこれらの非営利団体の支援がなくてはならない存在であることを誰もが認めています。何より、福祉サービス提供主体を自治体や NHS の直営から民間や非営利団体に移すことを強く押し進めようとする国の政策も影響しています。具体的には、長年社会サービス部で提供してきた介護サービスの種類はどんどん縮小され、現在ではパーソナルケアは（家事援助の全てと身体介護の一部を指す）民間と非営利団体が提供することになっています。そして、認知症高齢者とその介護者の地域生活もこういったチャリティー団体に支えられる場面が多いです（門田直美 2005）。[5]

　認知症高齢者ケアを支えるチャリティー団体として、イギリスで最大かつ歴史も長い「アルツハイマー協会」の活動を、門田の知見から紹介します。
　アルツハイマー協会は 1979 年に設立され、現在イギリス全土で

250 の支局を持つまでに発展しました。スタッフは約 1,000 人です。2005 年 1 月段階で、2 万 5,000 組もの認知症高齢者および介護者が登録しています。

　この協会は、認知症の知識の普及や理解を促進すること、認知症高齢者への質の高いケアを追及することを使命とし、認知症（特にアルツハイマー）を専門に活動している唯一の団体として、その名前は広く知られています。大学機関と共同の学術的研究も行っており、毎年定期的にカンファレンス（学術研究会に相当）を開催し報告書も定期的に出しています。具体的には、デイサービス・ホームケア・医学的知識の構築・科学的探究（リサーチ）・家族に対する経済的支援（ファイナンシャルサポート）・医療および福祉サービスの探求および一般住民に対する認知症の理解を普及するためのキャンペーン・介護者への専門的なアドバイス（介護方法など）、などを提供しています。運営資金は、寄付・サービス提供時の収入・チャリティーショップでの収入などで集め、予算 1 ポンドに対し 90 ペンス（収入の 9 割）を活動に費やしています。また、地域によっては、PCT（Primary Care Trust, 現在は CCGs ──小磯）・自治体からサービス提供委託費用として運営資金の一部が補填されることもあます。ケンブリッジ市では、自治体と精神保健トラストが委託費として運営資金の一部を支払っているそうです（門田直美 2005）。

介護施設及びサービス

　英国においてケアホームは CQC（Care Quality Commission：ケアの質委員会）への登録が義務付けられており、2015 年 7 月現在で登録されているケアホームの数は 1 万 7,000 です。そのうち、ナーシングホーム（看護師が常駐）を提供しないレジデンシャルホーム（看護師が常駐しておらず、介護度がナーシングホームより低い人が対象）が 1 万 2,319（72.5％）、ナーシングケアを提供するナーシングホームが 4,388（25.8％）です〔重複登録が 293（1.7％）あり〕。ベッド数はケアホーム全体で 46 万 2,650 床であり、内訳はレジデンシャルホームが 23 万 8,531 床（51.6％）、ナーシングホームが 20 万 9,352 床（45.3％）です〔重複登録が 1 万 4,767 床（3.2％）

第Ⅰ部　高齢者福祉と認知症国家戦略

表1-2　ベッド数ごとの施設数の分布（2015年7月1日現在）

(件・％)

	10床未満	10〜19床	20〜49床	50〜99床	100床以上	不明	合計	平均(床)
レジデンシャルホーム	4,711 (38.2)	2,581 (21.0)	4,269 (35.0)	640 (5.2)	17 (0.1)	1 (0.0)	12,319	19.4
ナーシングホーム	176 (4.0)	247 (5.6)	2,145 (48.9)	1,647 (37.5)	173 (3.9)	-	4,388	47.7
重複登録	13 (6.5)	9 (3.1)	120 (40.1)	142 (48.5)	9 (3.1)	-	293	50.4

（資料）Active Locations for Providers Registered under the Health and Social Care Act, 1 July 2015.
（出所）谷俊輔「英国の認知症国家戦略と我が国への有用性に関する調査研究」2015年、p.3。

あり〕。レジデンシャルホームの方がナーシングホームよりもベッド数が少ないのは、平均ベッド数がレジデンシャルホームが19.4床に対し、ナーシングホーム47.7床と多いことからもわかる通りです。

　病床数ごとの分布は表1-2の通りです。レジデンシャルホームは50床以下の小規模の施設が合計のうちの94.2％と圧倒的に多いのに対して、ナーシングホームは平均ベッド数が50床近くあるものの、20床から99床に86.4％と多く分布し、やや中規模の施設が多いことがわかります。重複登録が多いのもこの20床から99床で88.6％が集中しているからです。なお、施設数は全体的に微減傾向です。

　また、英国におけるソーシャルケアの利用状況の推移を見ると、表1-3のとおり、年々減少しているという傾向が見て取れます。認知症の人の数は年々増加しているにも関わらず、ソーシャルケアの利用人数が減少していることは、英国政府によるコスト削減策、特に保守党中心の政権になって以降、自治体のソーシャルケアの予算の削減が行われ、それに伴って、各自治体において認定資格（eligibility）が厳しくなるなどの利用削減策が行われていることが、その要因になっていると考えられます。その要因を解明するカギとなるのがソーシャルケアサービスの中で唯一利用数が増加している自己管理サポート（Self-directed support）と直接支払い（Direct Payment）といったパーソナル・バジェットの存在です。

表 1-3　65 歳以上のソーシャルケアサービスの年間利用人数

(千人)

	2008/09	2009/10	2010/11	2011/12	2012/13	2013/14
ソーシャルケア全体	1,216	1,148	1,064	991	896	854
うち地域ケア	1,016	958	873	802	712	672

(資料) Health and Social Care Information Centre, *Community Care Statistics Social Services Activity, England 2013-14, Final release*, December 2014.

　表1-4から見てみましょう。2011/12から2013/14の3年間でソーシャルサービス全体を見ると、－13万7千人となっており、そのうち地域ケアをみると－13万人となっています。ほか、ホームケア（－43）、デイケア（－24）、配食（－26）、ショートステイ（－3）、専門職による支援（－36）、福祉機器の貸し出し（－57）、その他（－23）、レジデンシャルケア（－6）、ナーシングケア（－1）はすべて減少です〔（　）内の単位はすべて千人〕。増加は「自己管理サポート」＋6万1千人（ソーシャルケアサービス全体対比44.5％、地域ケア対比47.0％）、「直接支払」＋2千人（ソーシャルケアサービス全体対比1.5％、地域ケア対比1.5％）です。

　これらは自治体によって運用の違いはありますが、認知症ケアへの考え方の基盤として英国政府が進めている「パーソンセンタードケア」に基づき、ケアの「個別化」を目的として、利用者自らが利用を希望するサービスを選択して購入するというものです。これらの制度は、当然ながら利用者の考えや希望を尊重し、個々に合ったサービスを提供することが本旨ですが、一方で、あくまでもそれは与えられた額の範囲でという枠組みが設けられていることが一般的であり、コスト抑制策の側面も有しています。なお、パーソナル・バジェットについては、英国内でも一定の評価は得ているものの、利用者（認知症の人及び介護者）がその利用方策について十分な理解ができていないとの指摘もされています（PIRU 2014）。

　介護施設であるケアホームには、パーソナルケアを提供するレジデンシャルホームと、看護ケアも提供するナーシングホームがあります。国家統計局（ONS）によれば、2011年現在、29.1万人の65歳以上の者がイングランド・ウェールズのケアホームに入所しており、この年齢層の3.2％を占めます。また、85歳以上の者が全体の6割、女性が全体の8割を占めます（ONS 2014d）。平均入所期間は、

表1-4　年間利用人数の内訳

(千人)

	2011/12	2012/13	2013/14	2013-11
ソーシャルケアサービス全体	991	896	854	-137
地域ケア（Community-based services）	802	712	672	-130
自己管理サポート	363	412	424	61
直接支払い	61	63	63	2
ホームケア	415	385	372	-43
デイケア	83	69	59	-24
配食	56	39	30	-26
ショートステイ	57	54	54	-3
専門職による支援	102	71	66	-36
福祉機器の貸し出し	330	285	273	-57
その他	62	44	39	-23
レジデンシャルケア（Residential care）	167	164	161	-6
ナーシングケア（Nursing care）	78	79	77	-1

注1）複数サービスを利用している人もいるため、総計は小計の和と一致しない。
（資料）Health and Social Care Information Centre, *Community Care Statistics Social Services Activity, England 2013-14, Final release*, December 2014, p.34. より作成。
（出所）谷俊輔「英国の認知症国家戦略と我が国への有用性に関する調査研究」2015年、p.3。

2年程度です（HMG 2009）。

　また、レジデンシャルケアやナーシングケアなどの施設ケアは、顕著ではないものの、年々、利用数が微減しています（2011/12-2013/14では、それぞれ－6千人と－1千人）。これは「パーソンセンタードケア」の推進により、施設ケアから在宅ケアへの誘導が図られていることも一因ではないかと考えられていますが、やはり全体としてのソーシャルケア予算の削減によるところが、その主要な要因だと推測されています（谷俊輔 2015：3）。

　施設入居者の年齢別内訳を見ると、図1-7の通り、85歳以上が最も多く42％を占めています。75歳以上でみると、66％となり全体の約3分の2を占めています。また、65歳以上に限って入居している施設の割合を見ると、図1-8の通り、2009年から14年の6年間で見ると、民間ナーシングホームが約3割と一定しているのに対し、民間レジデンシャルケアホームが61％から65％と大分を占めながら4ポイント増加していますが、自治体職員のいるホームが9％から4％と5ポイント減少し、3つのホームの構成割合は、自治体職員のいるホームから民間レジデンシャルホームに明確にシフト

第1章　英国の高齢者福祉

表1-5　ケア施設の居住人数

(千人)

	2004	2005	2006	2007	2008	2009	2010	2011	2012	2013	2014	2014-04
民間ナーシングホーム	76	74	74	70	65	61	59	57	57	56	56	-20
民間レジデンシャルケアホーム	165	161	157	152	149	149	149	146	149	147	148	-17
自治体職員のいるホーム	32	28	25	24	22	20	18	16	13	11	9	-23
	273	263	256	246	236	230	226	219	219	214	213	-60

(%)

	2004	2005	2006	2007	2008	2009	2010	2011	2012	2013	2014	2014-04
民間ナーシングホーム	27.8	28.1	28.9	28.5	27.5	26.5	26.1	26.0	26.0	26.2	26.3	-1.5
民間レジデンシャルケアホーム	60.4	61.2	61.3	61.8	63.1	64.8	65.9	66.7	68.0	68.7	69.5	9.0
自治体職員のいるホーム	11.7	10.6	9.8	9.8	9.3	8.7	8.0	7.3	5.9	5.1	4.2	-7.5
	100.0	100.0	100.0	100.0	100.0	100.0	100.0	100.0	100.0	100.0	100.0	0.0

注1）各年3月末時点。
注2）上段の表の数値はケア施設の居住人数。下段の表の数値は各ホームの構成割合。
（資料）Health and Social Care Information Centre, *Community Care Statistics Social Services Activity, England 2013-14, Final release*, December 2014, pp.62-63. より作成。

第Ⅰ部 高齢者福祉と認知症国家戦略

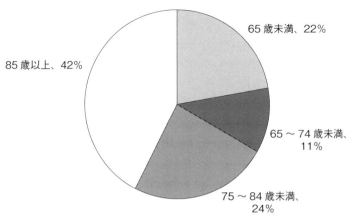

注1）各年3月末時点。
注2）上段の表の数値はケア施設の居住人数。下段の表の数値は各ホームの構成割合。
（資料）Health and Social Care Information Centre , *Community Care Statistics Social Services Activity, England 2013-14, Final release*, December 2014, p.64. より作成。

図1-7　施設入居者の年齢別内訳

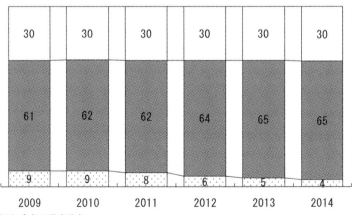

注1）各年3月末時点。
注2）上段の表の数値はケア施設の居住人数。下段の表の数値は各ホームの構成割合。
（出所）Health and Social Care Information Centre , *Community Care Statistics Social Services Activity, England 2013-14, Final release*, December 2014, p.65. より作成。

図1-8　65歳以上施設入所者の施設別入居割合

していることがわかります。このことは、先の表1-5のケア施設の居住人数の下段の表の数値からも、11年間の変化を見ると、民間ナーシングホームの構成割合は微減（−1.5ポイント）なのに対し、自治体職員のいるホームでは−7.5ポイントと、減少が大きいことと一致しています。

　英国国民の中に、介護施設は「終のすみか」で、終末期に行くところという意識があります。介護施設の種類としてはナーシングホームとレジデンシャルホームの2種類しかなく、日本のように多様な終のすみかはありません（小磯明2016：216-347）。そして、図1-7で見たように、65歳以上施設入所者の施設別入居割合は、95％（2014年）が民間です。

介護費用負担と市場
　2015年11月イギリス調査では、介護施設の入居費用の高さに驚きました。食費・住居費は固定しておらず、ロンドンのナーシングホームは週1,000ポンド（約20万円）、中堅レジデンシャルホームは週650ポンド（約13万円）程度だそうです（2015年11月調査で、林真由美氏より）。月額に換算するとその4倍ですから、それぞれ日本円で約80万円、52万円となります。しかも費用はホームによって異なり、所得による自己負担額の格差（2万3,250ポンド＝約465万円）以上の資産があれば全額自己負担となるため、家持ちのミドルクラスの負担が大きく、資産で差があるのはおかしいとの主張もあります。介護サービスの上限負担額が設定されましたが、施行2016年のはずが2020年に延び、実質棚上げ状態となっています（INHCC 2016：19）。

　くりかえして言うと、英国における長期ケア（long-term care）の大部分は市場において供給されています。民間サービスを自前で購入する者と、公的財源に支えられたサービスを利用する者との両方が存在します。公的財源に支えられた長期ケアの大部分は地方自治体の責任の下で運営されています。

　フォルダーらによると、高齢者施設（ケアホーム）の約90％は独立セクター（independent sector）により提供されています。独立セクターは非営利機関や民間企業の双方を指しますが、イングラ

表1-6 英国の介護施設における1週間の平均的料金（2010年4月の料金価格）
（位単：ポンド）

部屋の形態		1988年5月	2000/01年	2005/06年	2008/09年	2010/11年
レジデンシャルホーム	個室	301	350	462	499	502
	共同部屋	277	330	423	442	447
	平均	288	345	455	492	498
ナーシングホーム	個室	447	493	666	708	698
	共同部屋	387	457	583	613	612
	平均	412	484	653	696	693

（資料）Forder, J. and Allan, S., *Competition in the Care, Homes Market, A report for the OHE Commission on Competition in the NHS*, 2011, p.8.

ンドの場合では、サービスの供給の5分の3は独立セクターと契約して、サービスを供給しています。残りの5分の2は、個人が自己負担という形で民間からサービスを購入しています（Forder, J. and Allan, S.,2011,p.3）。

原則として、介護施設では価格の規制はありません。表1-6は過去20年間におけるナーシングホームの1週間の平均的な料金を示しています（価格は2010年4月に発表されたもの）。

公的な支援を受けるに当たって、利用料金には国の基準が適用されます。利用希望者は経済的な状況が調査されますが、これまで資産の目安は2万3,250ポンド（465万円）で、それ以上の資産を保有する者は自己負担とされました。

2011年7月に、成人ソーシャルケアの財源に関する委員会の報告書が公表されました。政府はソーシャルケアの公平で持続可能な財源について同委員会に諮問し、その結果が注目されていました。ディルノット委員長は、イングランドに単一のシステムがない（各自治体に制度があるため152の制度がある）ことを問題視し、サービスが居住地のある地域によって左右されるのは不公平だと非難してきました。

施設入所の要件には国の決まりがあり、2万3,250ポンドの貯蓄と住宅を含む資産を持つ者は全額を支払います。自治体は1万4,250ポンド（285万円）以下の者に財政支援をしますが、1万4,250ポンドから2万3,250ポンドまでは傾斜スケールで支払うことになります。

一方、住宅ケアの費用負担は自治体ごとに異なります。ただし基

本は同じで、所得と資産に応じて料金を請求します。ほとんどの自治体は2万3,250ポンドと1万4,250ポンドの境界値を設けており、土地は除外しています。所得に基づいた料金方式が地域ごとに異なります。

　コミッショニングという業務がたびたび言及されますが、これはあるニードが生じた場合、そのニードに対応するためのサービスを調達する業務です。直営であれ、委託であれ、そのサービスを提供する主体が求めるのが、本来の役割です。

　コミッショニングは一括購入方式をとることが多いです。ただし、中には問題のあるサービス設定も含まれます。例えば「15分間の在宅訪問サービス」はコストを減らすために設けたもので、自治体は短い時間帯を設定して、コストカットを誘導してきました。15分間では事業者も利用者も時間に追われることになり、自治体担当者としてもコミッショニングとケアの質とのジレンマを抱えてきました（山本隆・山本惠子 2015）。

　ケアの種類は施設ケア、看護つき施設ケア、在宅ケア、補助つき在宅生活、パーソナルアシスタントなどさまざまです。英国の特徴は多元的な供給主体が存在し、多国籍企業から地元零細事業者までさまざまな組織が存在します。スキルズ・フォー・ケアの調べ（2013年報告）では、2万2,100の事業主体、4万9,700の施設があります。そのうち登録施設は1万2,500か所です。既述したように、民間セクターが供給システムをほとんどカバーしています。利用者個人が雇用するパーソナルアシスタントは、障害の分野で多いです (Skills for Care, *Adult Social Care in England*, 2013.)。

CQCの提起したソーシャルケアの問題

　CQC（Care Quality Commission, ケアの質規制委員会）は日本にはない組織です（その規制の手法と組織構造については、Care Quality Commission, *Annual report and accounts 2013/14*, 2014, p.109. を参照してください）。CQCはサービスの監視、査察、規制に関する責任を負っており、サービスを供給する側もCQCに登録しなければなりません。2013年からGP（一般医）も登録することになっています。類似の組織として、モニター（Monitor）、ナイ

ス（National Institute for Health and Care Excellence, NICE）がありますが、ソーシャルケアと深くかかわるのは CQC と NICE、とくに CQC です。

施設における質の基準の遵守状況をみてみると、保護と安全の面で、施設の 85％は基準をクリアしているものの 15％は未達成です（2011/12 年～ 2013/14 年）。

ソーシャルケアは生命にかかわることがあり、サービス基準は安全を守る目安となります。これをセーフガードといいます。未達成率がある実態はケアの質への懸念を呼び起こします。同様に、図 1-9 が示すように、ナーシングホームおよび施設ホームにおける職員基準の遵守状況をみてみると、正職員、補助職員は未達成です（2013/14 年）。

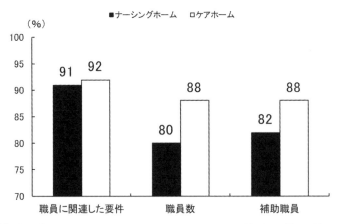

（資料）Care Quality Commission, *Annual report and accounts 2013/14*, 2014, p.38.
図 1-9　ナーシングホームおよびケアホームにおける職員基準の遵守状況

注

1) 2010年5月、キャメロン保守党・自民党連立政権が誕生しましたが、両党は、民間保険加入やパートナーシップモデルを含め、あらゆる選択肢を検討するための委員会を設置することで合意し、ブラウン政権が成立させた法律を凍結しました。同年6月、エコノミストのアンドリュー・ディルノットを委員長とし、労働党のワーナー貴族院議員も加わった「介護と支援財政委員会」(the Commission on Funding of Care and Support、以下「ディルノット委員会」という)が設置され、2011年7月、ソーシャルケアの費用(看護ケア以外のケアの費用)の生涯負担上限(ミーンズテストにより公費支援を受けている場合は、負担額ではなく、累積費用の上限)を2.5～5万ポンドの間で設定し(3.5万ポンドが適切)、それ以上の費用がかかる場合は政府が負担すること、ミーンズテストの資産保有上限を大幅に引き上げること(10万ポンド)、食費・居住費負担に上限を設定すること(年7千～1万ポンド)、支払延期制度の実施を自治体に義務付けること等を内容とする勧告(Commission 2011)が公表されました。
2) 後述するケア法(Care Act 2014)に先駆けて、ここでは、林真由美氏の知見から述べます(林真由美「ロンドンからの通信 イギリスのソーシャルケア」『文化連情報』No.421、pp.52-53、参照)。
3) 英国でも国家及び地方自治体財政が逼迫する中で、社会保障費用が大幅に削減されており、介護サービスの給付のあり方も変化してきています。その一環として、利用者による選択や財源のコントロールを鍵概念とするパーソナライゼーション政策が展開されており、その中心には介護や生活支援(care and support services)の費用となるパーソナル・バジェットがあります。このPBを含めた英国のパーソナライゼーション政策については、日本でも複数の研究が存在しています。代表的な研究例をあげると、秋元(2011)、小川(2009)、白瀬(2012)があります。また、英国のソーシャルケアの市場化とその課題について論じた研究に、正野良幸(2015)があります。
4) INHCC:非営利・協同総研いのちとくらし『イギリスの医療・福祉と社会的企業視察報告書』2016年、pp.18-19参照。
5) 本報告書は、門田直美が日本障害者リハビリテーション協会の研究補助金により、2004年10月～2005年3月までの5ヶ月間、イギリスCambridgeshire and Peterborough Mental Health Partnership Trust(ケンブリッジシャーとピーターボロウ精神保健トラスト)において認知症高齢者に展開されているケアプログラムアプローチ(Care Programme Approach)と、担い手となるスタッフへの継続教育について調査したものです。後述する、アルツハイマー協会の記述も、門田の記述から引用しています。

文献

Active Locations for Providers Registered under the Health and Social Care Act, 1 July 2015.
Alzheimer's Society, *Dementia UK Report*, 2007.
Altzheimer's Society, *Dementia : Opportunity for change*, 2014a.
Alzheimer's Society, *Dementia UK Update : Leading the fight against dementia*, November 2014b.
Audit Commissions, '*Forget-Me-Not' Report*, 2000.
BBC NEWS (http://www.bbc.co.uk/news/uk-politics-21403679).
Care Quality Commission, *Annual report and accounts 2013/14*, 2014.
Commission on Funding of Care and Support, *Fairer Care Funding*, 4 July 2011.
DCLG, Housing in England 2006/07, 2008.
Department of Health, *A Recipe for care-Not a Single Ingredient*, Philp, I, 2007.
Department of Health, *Transformation Social Care*, LAC (DH) (2008) 1, 2008.
Department of Health, Care Act 2014.
Department of Health, *Letter from Alistair Burt to Izzi Seccombe*, 27 July 2015.
Forder, J. and Allan, S., *Competition in the Care, Homes Market, A report for the OHE Commission on Competition in the NHS*, 2011.
HM Government (HMG), *Shaping the Future of Care Together*, TSO, 2009.
Local Government Association, *Letter from Izzi Seccombe to Jeremy Hunt*, 1 July 2015.
Health and Social Care Information Centre (HSCIC), *Community Care Statistics Social Services Activity, England 2013-14, Final release*, December 2014.
National Health Service Act of 1946.
National Health Service Act 1966, CHAPTER 8, ARRANGEMENT OF SECTIONS. (http://www.legislation.gov.uk/ukpga/1966/8/pdfs/ukpga_19660008_en.pdf)
National Health Service and Community Care Act 1990.
National Audit Office, *Improving Dementia Services in England : an Interim Report*, 14 January 2010.
Independent Age (https://www.independentage.org/).
Office for National Statistics (ONS), *National Populations projections, 2012-based Statistical Bulletin*, 2013.
ONS, *Life Expectancy at Birth and at Age 65 by Local Areas in England and Wales Statistical bulletins (ONS)*, 2014a.
ONS, *Health Expectancies at Birth and at Age 65 in the United Kingdom: 2009-11*, November 2014b.
ONS, *Sub-national health expectancies, Disability-Free Life Expectancy by Upper Tir Local Authority : England 2009-11*, July 2014c.
ONS, *Changes in the Older Resident Care Home Population between 2001 and 2011*. ONS, 2014d.

ONS, Mid-2014 Population Estimates : *Annual Mid-year Population Estimates*, 2015a.
ONS, Labour Force Survey, 2015b.
Picard, L., Wittenberg, R., Comas-Herrera, A., king, D. and Malley, J., "Care by Spouses, Care by Chidlen: Projections of Informal Care for Older People in England to 2031." *Social Policy and Sociology*, Vol.6, No. 3, 353-366, 2007.
Policy Innovation research Unit (PIRU), *Independent assessment of improvements in dementia care and support since 2009*, November 2014.
Prime Minister's Strategy Unit, *Building on Progress : Public Services*, 2007.
Skills for Care, *Adult Social Care in England*, 2013.
Strategy Society Center (http://strategicsociety.org.uk/).
Strategic Society Center and Independent Age (SSCIA), *The Bigger Picture: Understanding disability and care in England's older populations*, November 2014a.
Strategic Society Center and Independent Age, 70,000 older people in signification need without paid or unpaid care, finds study, *community care*, 27 November 2014b. (http://www.communitycare.co.uk/2014/11/27/70000-older-people-significant-need-go-without-paid-unpaid-care-finds-study/).
Yabe, Kumiko ,,*Care news*, June 2014. (http://www.kumikoyabe.myzen.co.uk/care%20news.html).
秋元美世「英国におけるパーソナライゼーション論の素描──消費者主義を超えて」『週刊社会保障』No. 2657、2011 年、pp.44-49。
岩満賢次・八木橋慶一「英国パーソナライゼーション政策における地方自治体の役割と財政」『日本社会福祉学会第 61 回秋季大会』2013 年 12 月、pp.21-22。
宇佐美耕一・小谷眞男・後藤玲子・原島博編『2015　世界の社会福祉年鑑　第 15 集』旬報社、2015 年。
小川喜道「(特集イギリスの社会保障──ニューレイバーの 10 年) 障害者福祉──ダイレクトペイメントの行方──」『海外社会保障研究』No. 169、2009 年、pp.83-93。
門田直美「第 3 章　認知症高齢者とその介護者の生活を支えるチャリティー団体の活動」『イギリスにおける認知症高齢者ケアマネジメント』日本障害者リハビリテーション協会情報センター、2005 年 5 月。(http://www.dinf.ne.jp/doc/japanese/resource/kadota/index.html)。
小磯明『高齢者医療と介護看護──住まいと地域ケア』御茶の水書房、2016 年。
厚生労働省『2012 年海外情勢報告　世界の厚生労働 2013』情報印刷株式会社、2013 年。
厚生労働省『2014 年海外情勢報告　世界の厚生労働 2015』情報印刷株式会社、2015 年。
正野良幸「英国ソーシャルケアの市場化とその課題」『京都女子大学生活福祉学科紀要』第 11 号、2015 年 2 月、pp.37-42。
谷俊輔「英国の認知症国家戦略と我が国への有用性に関する調査研究」2015 年 10 月。

所道彦「ニューレイバーの社会保障の 10 年」国立社会保障・人口問題研究所『海外社会保障研究』169、2009 年、pp.4-14。
白瀬由美香「イギリスのパーソナライゼーション施策——選択を重視したケア推進の意義と課題」『障害研究』第 8 号、2012 年、pp.86-106。
林真由美「ロンドンからの通信　イギリスのソーシャルケア」『文化連情報』№ 421、2013 年 4 月、pp.52-53。
非営利・協同総研いのちとくらし（INHCC）『イギリスの医療・福祉と社会的企業視察報告書』2016 年。
堀真奈美『政府はどこまで医療に介入すべきか——イギリス医療・介護政策と公私ミックスの展望——』ミネルヴァ書房、2016 年。
山本隆・山本惠子「イングランドにおける高齢者ケア政策と規制に関する研究」関西学院大学『Human Welfare』第 7 巻第 1 号、2015 年、pp.19-34。

第2章 英国の認知症国家戦略

　本章では、本書を理解する上で、重要と思われる英国の認知症国家戦略についての基本的文献の内容と、認知症のコストについて述べます。

1. 認知症とともに良き生活（人生）を送る（認知症とともに快適に暮らす）

A national Dementia Strategy

　英国政府は、2009年2月3日、「認知症とともに良き生活（人生）を送る：認知症国家戦略」[1]（Living well with dementia : A national Dementia Strategy）を発表し、2014年までの5年間を認知症ケア改善に取り組む集中改革期間と定め、包括的な政策方針を打ち出しました。この認知症国家戦略のタイトルに含まれる Living well with dementia「認知症とともに良き生活（人生）を送る」ということの実現が、この国家戦略の最終的かつ最大の目的です。

　政府は、国家戦略の発表とともに地方サービスへの新たな予算を確保し、保健省内に認知症局を設置し、認知症政策の本格的推進に着手しました。その後、2009年11月に有識者による「認知症の人への抗精神病薬使用に関する報告書」（Banerjee, S., *The Use of antipsychotic medication for people with dementia : Time for action*, 2009.）がケアサービス省大臣に提出されたことを受け、当初、認知症国家戦略で示された17の目標に「抗精神病薬使用の低減」が新たな目標として追加されました（西田淳志 2015）。こうして定められた18の目標のうち、特に重点的に取り組むべき最重要課題として、5つの目標（1.早期の診断・支援のための体制整備、2.総合病院における認知症対応の改善、3.介護施設における認知症対応の改善、4.ケアラー支援の強化、5.抗精神病薬使用の低減）が選択さ

れ、その推進に力が注がれました。

　本章では、英国の認知症国家戦略について述べることを主眼にしています。しかし、英国で、認知症国家戦略がいきなり策定されたわけでないことを理解するために、認知症国家戦略の内容に入る前に、国家戦略策定の基礎となった報告書について述べることの必要性を感じました。そこで、認知症対策に関連する報告書を、本章末に補論として掲載しましたので、参考にしてください（93〜98頁）。

認知症国家戦略の策定過程

　政府が2007年8月に、認知症国家戦略の策定を宣言してから、2009年2月の国家戦略発表に至るまでの18カ月間、保健省プログラム後援により、保健省内に設置された作業部会「認知症国家戦略策定委員会」（外部から招聘された2名の共同委員長、アルツハイマー協会代表、そのほかは保健省職員）（Department of Health Working Group）によって国家戦略の策定作業が続けられ、聴聞会関連および国家戦略の開発を担当しました。開発に当たっては、認知症患者や家族介護者の意見を幅広く拾い上げ、インターネットを通じたアンケート調査や、専門家、関係団体などとの意見交換等を行いました。

　「この委員会の委員長はロンドン大学キングスカレッジ（当時）のSube Banerjee教授、ならびに成人社会サービス協会のJenny Owen理事長（当時）が共同で務め、同委員会が全国をまわり50以上のステークホルダー団体4,000名以上の関係者と意見交換を重ねながら、国家戦略草案をまとめていきました。

　この草案策定作業に一貫して関与し影響力を発揮し続けたのが英アルツハイマー病協会でした。こうした膨大な意見交換を重ねつつ、常に当事者団体の視点を通しながら草案策定作業は進められ2009年2月の認知症国家戦略の発表に至りました」（西田2015）。

　この国家戦略は、成果を重視すると明言されており、次の3つのテーマについて具体的な目標を示していました。

〈目標とする成果〉

①意識と理解の向上

②早期診断と支援

③認知症とともに送る充実した生活

　保健省における認知症国家戦略の目標は、認知症の経過段階、あるいは保健やソーシャルケアの対象者であるか否かに関わらず、認知症患者とその家族が、地域で充実した生活を送れるように支援することです。目標を達成するための構想は次の3つに分かれます。

* 国民および専門家の姿勢・理解・行動の変化を促し、支援の要請・提供（専門医への照会）を促進する。
* 早期診断・治療を例外なく徹底する。これを達成するためには、軽度から中度の認知症の診断を、特別に委託する一部の制度に負わせることとする。この業務委託によって、①適格な診断、②慎重かつ明確な告知、③診断後の迅速かつ適切な治療・ケアおよびピアサポートや専門家のサポートの提供を可能とする。
* 全認知症患者に対して質の高いケアを提供することにより、診断から終末期まで、居住地域・病院・介護施設等での充実した生活を可能にする。

認知症国家戦略の内容と最重要課題の設定
　2009年に発表された認知症国家戦略では、「認知症とともに良き生活（人生）を送る」ことの実現に向けて、次の3つの基本理念（「認識の向上」「早期の診断と介入」「質の高いケア」）のもとで17項目の政策目標が定められました。

* 医療・介護に携わる専門家、ならびに一般市民を含む非専門家、双方への認知症に関する正しい理解の普及
* 適切な診断を早期に受けられ、その後、質の高い包括的な支援・治療が受けられるようなサービスモデルの整備
* 当事者ならびにケアラーのニーズに基づいた幅広いサービスの実現

　これら3つを基本理念とした背景には、認知症に対する理解と知識の不足による周囲からの偏見や、生活の不都合、専門家の対応力

の低さが課題であったこと、早期診断、診断後の迅速かつ適切なサポート、専門家からのサポートが不十分であったこと、地域、病院、ケアホーム等において、質の高いケアサポートが十分に提供されていなかったことなどが挙げられます。

この戦略では、次の17項目の政策目標を2014年までの5年間で実現することが定められました（表2-1）。

これらの3つの基本理念と、17の具体的政策目標が掲げた認知症国家戦略が発表された約半年後に、認知症国家戦略策定共同委員長を務めたSube Banerjee教授によって「認知症の人への抗精神病薬使用に関する報告書」が、ケアサービス省大臣に提出されたことはすでに述べました。当時、認知症の人の行動・心理症状に対して抗精神病薬が過剰に使用され、それによる死亡リスクの上昇が複数の研究によって明らかとなり、英国議会においても、この問題は「スキャンダル」として大きく取り上げられました。当初、発表された国家戦略17項目の政策目標の中には、この抗精神病薬使用に関する課題が設定されていなかったため、この報告書提出は抗精神

表2-1　2014年までの5年間で実現する17項目の政策目標

目標1	認知症に関する国民及び専門家の認識と理解の向上
目標2	すべての人への質の高い早期診断と介入
目標3	認知症と診断された人と介護者への質の高い情報
目標4	診断後のケア・支援・アドバイスへの容易なアクセスの整備
目標5	ピア・サポートと学習ネットワークの開発
目標6	地域における個人支援サービスの向上
目標7	「介護者戦略」の実施
目標8	総合病院での認知症の人のケアの質の向上
目標9	認知症の人の中間的ケアの向上
目標10	認知症の人と介護者への住宅支援・住宅関連サービス・テレケアの可能性検討
目標11	ケアホームでの認知症ケアの質の向上
目標12	認知症の人の終末期のケアの向上
目標13	認知症の人に携わる知識があり効果的な人材の育成
目標14	認知症に関する共同コミッショニング戦略
目標15	認知症の人と介護者への医療・ケアサービスとその機能に関する評価と規制の改善
目標16	エビデンスとニーズによる明確なイメージ
目標17	国及び自治体による国家戦略の実施に向けた効果的な支援

（資料）Department of Health, *Living well with dementia : A National Dementia Strategy*, 3 February 2009. 及び、西田淳志「英国の認知症国家戦略」（2015年）より作成。

病薬使用の課題を国家戦略に追加する意義がありました。

　こうして定められた 18（17 + 1）の目標のうち、特に重点的に取り組むべき最重要課題として次の 5 つの目標が選択され、国家戦略最終評価年（2014 年）に向けて取り組みは進められてゆきました。

1. 早期の診断・支援のための体制整備
2. 総合病院における認知症ケアの改善
3. 介護施設における認知症ケアの改善
4. ケアラー支援の強化
5. 抗精神病薬使用の低減

　なお、これ以降の国家戦略にも当てはまることですが、政府や自治体だけでなく、チャリティ団体が国家戦略を実行する主要なプレイヤーとして位置づけられている点が、日本の国家戦略とは異なる大きな特徴です。チャリティ団体が政府等と密接に関係して活動を行っているという英国の環境もありますが、国家戦略を策定するきっかけとなった要因の一つに、アルツハイマー協会等のチャリティ団体の取り組みやレポートが政治に圧力と影響を与えたことも、少なからず関係していると考えられます。

国家戦略 5 つの柱[2]：①初期の診断・支援のための体制整備

　5 つの重点課題の中でも特に重視されているのが「早期の診断・支援のための体制整備」、特に「プライマリケア（家庭医＝GP）セクターにおける早期診断と早期支援」の推進政策でした。多くの当事者とケアラーが適切な支援を受ける機会を逸し、問題や症状が増悪し、在宅での生活が困難になっていることが、アルツハイマー協会をはじめとする複数の調査報告で明らかになっていました。

　まず、疫学調査をもとにした認知症の推定人数を分母とし、プライマリケアにおいて認知症と診断された人の数を分子とする「認知症診断率」を地域ごとに算出します。それにもとづいて、英国全土の認知症診断率ヒートマップを作成・公開し、早期診断・早期支援の地域間格差を明確にしました（alzheimers.org.uk/dementiamap）

第Ⅰ部　高齢者福祉と認知症国家戦略

（出所）alzheimers.org.uk/dementiamap.
図 2-1　英国全土の認知症診断率

（図 2-1）。
　保健省認知症ナショナル・クリニカル・ディレクターで、マンチェスター学術健康科学センター・クリニカルディレクターの

Alistair Burns（アリスター・バーンズ）は、次のように言います。
「緑色のスコットランドは診断率が高く65％前後、つまり3分の2の人が診断しています。たとえばイングランドの南西部では3分の1程度の人しか診断されていないということになります。したがって英国全体の診断率は42％程度と言われてきました」「最新のデータでは46％に上昇したということですが、それでもまだ認知症の人のうち、診断を受けているのは半分以下ということになります。もしこれが、乳ガンや子供の喘息などほかの病気であれば、手を打たなければ国の恥だと言われるような由々しき事態です」（Burns, Alistair 2013）。

こうした状況を地域単位で改善すべく、次の政策的取り組みを進めました。
* ＊市民や専門家が認知症に適切なタイミングで気づくことができるようにする。
* ・市民啓発活動の強化
* ・プライマリケア医（かかりつけ医、家庭医）の認知症発見力・対応力の改善
* ＊身近な地域で適切なタイミングで適切な診断を受けられ、その後適切な支援を受けられるようにする。
* ・メモリーサービスの普及とその質の向上

2012年7月に発表された認知症のための超党派議員団報告書「診断の扉を開ける」においても依然、地域間で認知症の診断率に大きなばらつきがあり、当該政策のさらなる強化の必要性が訴えられていました。発病後早期に適切な診断を受けることにより、その後の生活の在り方などを認知症の人自身が決定しうる機会を保証することが、政策推進の重要な理由としてあげられています。具体策としては、プライマリケア医の認知症発見力の向上、早期の診断とその後の支援を包括的に行なうメモリーサービスの全国的普及とその質の維持・向上です。

メモリーサービスは、認知症の早期の診断と支援の地域拠点として政策上位置付けられ、高齢人口（65歳人口）約4万人に1カ所程度の割合で設置されています。このメモリーサービスには、多職

種によるチームが置かれ、アウトリーチによる在宅での濃密なアセスメント、チームによる診断会議、十分に時間をかけた当事者・家族へのフィードバック、当事者・家族への早期支援の開始、一定期間の継続的支援により生活の軌道に乗せ、かかりつけ医へと引き継ぐ、という流れで支援が展開されていきます。

　認知症が重症化する前に、発症後のできるだけ早い段階で認知症を発見し、残された本人の能力を尊重した生活プランを作成するとともに、適切な初期治療・初期支援を集中的に届けることによって、認知症を持ちながらも地域で生活を続けられる体制を固めることが、メモリーサービスの目的です。

　メモリーサービスで重視されるのは、具体的な支援に結びつく診断と生活場面における生活状況の詳細なアセスメントです。通常は3か月から半年程度、メモリーサービスが当事者と家族にかかわり、認知症とともに地域で生活するための"軌道"に乗せます。その後、メモリーサービスのチームからかかりつけ医などへの引き継ぎが行なわれます。

　メモリーサービスの質の管理については、監査機構 MSNAP（英王立精神医学会）が行なっています。MSNAP（Memory Service National Accreditation Program, *Standards for Memory Services*, March 2016：メモリーサービス全国認証評価プログラム）は、イギリスの認知症国家戦略の重点施策であるメモリーサービスの全国的普及に関し、そのサービスの質を評価・認定するための機関です。2009年6月の MSNAP によってメモリーサービスの用件を満たすサービス基準の第1版が刊行され、第3版は2012年6月に刊行されました。この MSNAP によって示されたメモリーサービスの基準にそって、各地区サービスは自ら MSNAP に評価申請を行い、認定を受けます。認定は、書類審査の後、当事者・家族・専門家からなる監査チームの訪問を受け、サービスについての聞き取りなどが行なわれます。その後、それらの情報をもとに認定委員会が開かれ、4段階（最良認定、認定、否定的な意見あり、不認定）の評定を受けます。こうした評価認定システムにより、メモリーサービスの質を高め、その均転化を推進していきます。

②**総合病院における認知症ケアの改善**

　総合病院および介護施設における認知症の対応が不適切・不十分なことにより行動・心理症状が悪化し、抗精神病薬の多用、精神科病院への転院などが英国において見られ、こうした機関・施設でのケアの改善が求められていました。具体策としては、
1. 総合病院の職員や介護施設の職員などを対象とした研修機会を増やすこと、そのための効果的プログラムを開発すること、
2. 老年精神保健を専門とする、地域チームによるアウトリーチリエゾンサービスを介護施設などに提供すること、

などの取り組みが進められ、成果をあげています。

　認知症介護情報ネットワーク「イギリスの認知症ケア動向Ⅵ National Dementia Strategy（認知症国家戦略）の開発」から、「総合病院における認知症ケアの質の向上」（目標8）の具体的な取り組みをみてみます（20頁）。

* 認知症患者に対する質の悪いケアは、栄養失調や脱水症状等を招く可能性があります。保健省は、Dignity in Care（尊厳あるケア）キャンペーンの一環として、意識の向上・指導・審査・訓練および監査と、法規制の問題に取り組む栄養行動計画（National Action Plan）を策定しました。加えて院内で認知症ケアの質の改善を先導する上級臨床医（総合病院スタッフ）の特定、上級臨床医の主導による院内の認知症患者の管理および明確なケア・パスの開発、専門家と連携した高齢者の精神衛生チームの院内業務委託なども勧めようとしています。
* 病院以外のケア・パスなど、認知症患者をより良く管理するためのケア・パスは、地域の社会福祉サービスや、利用者および介護士団体との話し合いの下に開発されるべきです。総合病院は、認知症に対する地域での指導力と責務についての取り決めを規定することとしました。
* 総合病院の専門家と連携した高齢者の精神衛生チームは、総合病院を拠点としながら、いくつかの専門分野を統合した3〜4人のスタッフ（非常勤の顧問医師、認定臨床医、看護師、臨床心理士、臨床療法士）で構成されます。

＊チームは、認知症に限らず、高齢者の精神面の問題をすべて扱っており、指定総合病院と緊密に協力しながら、技術の向上やケアの改善を図っています。院内、あるいは病院とのつながりのあるソーシャル・ワークの評価チームとの連携も必要であり、このようなチームを持つ病院は徐々に増えており、また、認知症診断・管理の技術を用いながら業務を行うチームの必要性は、明らかになってきています。

③ケアホームにおける認知症ケアの改善

　以上が、「総合病院における認知症ケアの質の向上」の具体的な取り組みです。次に同様に、「介護施設における認知症ケアの改善」（目標11）の具体的な取り組みもみておきます（23頁）。

＊イギリスには、認知症患者に対する優良なケアを提供する介護施設が存在します。このような施設は、指導者のリーダーシップとスタッフ管理やスタッフの研修・育成、入居者を中心とした精神面のケアプランに、細心の注意が払われています。

＊認知症患者が施設内を安全に動き回る物理的環境が整っています。娯楽全般というよりも、むしろ個人の好みに関連した目的のある活動を提供しています。

＊認知症患者のユニークな体験に基づいて、スタッフが入居者と対話したり、関係を築いたりする手段につながる「人生歴（Life Story）」は有効なツールとなります。

＊施設内での、入居者の個性を尊重した芸術療法・音楽療法・演劇療法などの治療活動は、良質な社会環境や自己表現の場を提供していきます。

＊入居者の家族と施設（職員）との良好な関係を維持することは、家族のストレス軽減や入居者の生活の質にも大きく影響します。リーダーシップ、介護施設の気風、人材育成・教育などが、適正なケアの実施を支援する上では極めて重要です。

＊介護施設では入居者の行動面と心理面の症状を管理する際、抗精神病薬を使用することがあります。認知症患者に対する抗精神病薬の使用には、重大かつ特有のリスクがあり、そのリスクは死亡や脳卒中に至る可能性も含まれることを周知させる必要

があります。
* 現状において、介護施設における抗精神病薬の投与に制限はなく、投与開始後に適切な見直しが行われることもありません。投薬を中止する努力が実現していないことを示すデータも蓄積されています。しかし、認知症患者の行動面の問題では、危険を伴い破壊的なこともあることから、薬物療法が最悪の選択であるとしながら、最も害の少ない対応となっている場合もあります。介護施設でのケアの質の向上では、この問題に効果的に取り組んでいく必要があります。
* 入居後に、一定の専門家による精神衛生面の評価を受けたり、介護スタッフやGPおよび精神衛生チームが、入居者の精神衛生面の問題を確認しながら、定期的な討論の場を持ったりすることで、ケアの質の改善が期待されます。

④ケアラー支援の強化

英国では1995年にケアラー法（Carers Act 1995）が制定されており、認知症の人を家族に持つ介護者も、この法律に基づいて様々な支援を受ける「権利」を保持しています。一方、ケアラー法により、地方自治体はケアラーに対して必要な情報・支援を届けること、そしてケアラーの困難をアセスメントすることなどの「義務」を課せられています。

ケアラー法に基づく支援の基本的中身は、適切な情報の提供など家族自身が抱える困難についてのアセスメント、家族自身の健康問題アセスメント、レスパイトケアの提供など多岐にわたります。2012年3月に出された英国のPrime Minister's Challengeにおいては、レスパイト関連施設に新たに4億ポンド（800億円）の予算を追加投入することが宣言されています。英国では、本人が施設にショートステイするよりも、住み慣れた自宅にいながら家族の代わりとなる見守りのための人材が自宅に派遣されるサービスの拡充に、各地域が力を入れています。また、英ケアラー連盟やアルツハイマー協会による、地域でのケアラー支援の様々なサービスや機会が提供されています。

⑤抗精神病薬の処方の制限

　認知症の人への抗精神病薬使用により死亡率が高まることが、多くの研究によって明らかとなっています。その使用制限について英国議会でも議論となり、当初は、使用を禁止するには至りませんでしたが、リスクの低い薬剤に限定的に使用する制御指針が出され、認知症の人に対する抗精神病薬処方率は、2006年の17.5％から2011年の5.8％まで減少しました。

2. 首相の認知症への挑戦

首相のリーダーシップと14の約束

　2010年5月の下院選挙の結果により、労働党政権から保守党及び自民党の連立政権が発足し、保守党のデイヴィッド・キャメロン首相が就任しました。連立政権においても基本的には労働党政権時の「認知症国家戦略」の路線は踏襲されました。しかし、2009年からの3年間で、認知症専門サービスの利用者数の増加、抗精神病薬の処方の減少、認知症行動連合（DAA：Dementia Action Alliance）の進展などといったわずかなことしか達成されませんでした。そこで、2012年3月26日に「首相の認知症への挑戦（Prime Minister's Challenge on Dementia）」を新たに策定しました。そして次の3点を首相のリーダーシップによって、さらに強く推し進めることが宣言されました。

　認知症の人とその家族、介護者のQOL（Quality of Life：生活の質）を劇的に改善するために、さらに、より早く推進することを目的として、「医療とケアの改善の推進」（さらなるケアの質の向上）、「支援方法を理解している認知症にやさしい地域の創造」（認知症についての市民の啓発と地域づくり）、「より良い調査研究」（研究の推進）の3つの分野（3つの課題）（3頁）について、次の14項目からなる主要な約束事項（Key commitments；6-7）が掲げられました（表2-2）。同時に、目標の達成時期を認知症国家戦略から1年延長して、2015年までと設定されました。

　3つの分野（3つの課題）について、それぞれ首相直属のチャンピオンチームと呼ばれるアドバイザリーチームが設置され、関連政

表2-2　14項目の主要な約束事項

医療とケアの改善の推進
① 65歳以上高齢者への定期検査を通じた診断率の向上
② 質の高い認知症ケアを提供する病院への報奨金
③ 革新的挑戦に対する100万ポンド（2億円）の賞金
④ 主要なケアホームや在宅ケア事業者による認知症のケア支援協定の締結
⑤ 認知症サービスに関する地域情報の普及

支援方法を理解している認知症にやさしい地域の創造
⑥ 認知症にやさしい地域の全国展開
⑦ 「首相の認知症への挑戦」への主要産業からの支援
⑧ 啓発キャンペーン
⑨ 産業界、学会、公共部門のリーダーを集めたイベントを夏に開催

より良い調査研究
⑩ 認知症研究予算を2倍以上にし、2015年までに6,600万ポンド（132億円）以上にする
⑪ 脳スキャンへの大幅投資
⑫ 社会科学的な認知症研究に1,300万ポンド（26億円）を投資
⑬ 発見を患者の真の利益につなげるための、国立医療研究所（NIHR）の新たな認知症トランスレーショナルリサーチ連携に5年間で3,600万ポンド（72億円）を投資
⑭ 質の高い研究への参加の促進

（出所）Department of Health, *Prime Minister's Challenge on Dementia-Delivering major improvements in dementia care and research by 2015*, 26 March 2012, 6-7. より作成。日本語訳は、谷俊輔「英国の認知症国家戦略と我が国への有用性に関する調査研究」2015年、pp.7-8を参考。

策のさらなる推進を、2015年までに達成することが課せられています。認知症研究財源を今後5年間で600万ポンド（12億円）以上に引き上げることが掲げられるなど、具体的な追加財源の枠組みも示され、実効性が期待されています。

なお、この「首相の認知症への挑戦」では、認識の向上と、ケアの改善に加えて、「認知症国家戦略」では目標の1項目で言及されていたに過ぎなかった、認知症に関する研究開発を新たに主要な分野と捉えているところが注目に値します。

より良い調査研究

コストと研究開発に関する約束事項は、〈コスト関係〉②③、〈研究開発関係〉⑩⑪⑫⑬⑭について分けて詳細に述べます。

これらは、筆者らの2015年9月、11月調査では詳細が不明だったものが多かったのですが、幸いにも11月調査時に、ロンドン大

学キングスカレッジの林真由美先生(当時。現在はエディンバラ大学)から紹介いただいた、谷俊輔氏の「英国の認知症国家戦略と我が国への有用性に関する調査研究」が最もわかりやすくまとめられていることが、帰国後にわかりましたので、以下の展開は Prime Minister's challenge on dementia：22-23 の通りですが、日本語訳は谷氏の訳に従っています。

〈コスト関係〉
②質の高い認知症ケアを提供する病院への報奨金
　2012年4月から、ケアのために入院している75歳以上の高齢者すべてに認知症のリスクアセスメントを提供する病院が、認知症の質とイノベーションのためのコミッショニング(CQUIN：Commissioning for Quality and Innovation)を通じて、5,400万ポンド(108億円)を利用可能にしました。2013年4月からは、これを認知症ケアの質にまで拡大しました。また、2013年4月には、すべてのCQUIN報酬へのアクセスは、NICEとSCIEのガイドラインに沿った介護者へのサポートを提供しているかどうかに基づくことにしました。

③革新的挑戦に対する100万ポンドの賞金
　NHSスタッフは、認知症ケアを変革する革新的なアイディアによって、100万ポンド(2億円)を得ることができます。

〈研究開発関係〉
⑩認知症研究予算を2倍以上にし、2015年までに6,600万ポンド(132億円)以上にする
　国立医療研究所(NIHR：National Institute for Health Research)、医学研究会議(MRC：Medical Research Council)、経済社会研究会議(ESRC：Economic and Social Research Council)における認知症研究の合計予算を、2009年度の2,660万ポンド(53億2,000万円)から2014年度には6,630万ポンド(132億6,000万円)にしました。

⑪脳スキャンへの大幅投資

　MRCはバイオバンクを用いた認知症研究に追加投資を行いました。MRCはこの全国的なコホートのサブセットの能スキャンのパイロット事業に着手しており、5万人から10万人の参加者まで広げることを視野に入れています。

⑫社会科学的な認知症研究に1,300万ポンドを投資

　社会科学的な認知症研究に1,300万ポンド（26億円）を投資します（NIHR/ESRC）。

⑬発見を患者の真の利益につなげるための、国立医療研究所（NIHR）の新たな認知症トランスレーショナルリサーチ連携に5年間で3,600万ポンド（72億円）を投資

　認知症に関する4つの新たなNIHRのバイオメディカル研究ユニットと、認知症をテーマとした研究を含むバイオメディカル研究センターは、治療とケアを改善するために、彼らの大量のリソースと世界をリードする専門性を共有します。

⑭質の高い研究への参加の促進

　研究に参加する機会を与えることは、メモリーサービスの認定の条件の1つにしました。

8つの目標

　さらに、この「首相の認知症への挑戦」では、主要な約束事項の他にも、行動（action）としてさらなる目標が掲げられています。「より良い調査研究」分野では、上記の5つの約束事項の他に、次の8つの目標が掲げられています（Prime Minister's challenge on dementia : 22-23）。

　① MRCはUK脳バンクネットワークを支援するために300万ポンド（6億円）以上を支出します。これは、ドナー、研究者、将来の患者の利益のためにすべてのUK脳バンクをつなぐものです。これには、脳組織の提供プロセスの改善のための年間

50万ポンド（1億円）の予算が含まれ、NHSを通じて脳組織を収集するコストに対応することで、提供の道筋をよりスムーズにすることができます。
② 英国内で実施されている認知症研究の利益を紹介し、研究を行うためのバリアを取り除く最善の方法を評価するために、製薬会社を集めた大きなイベントを開催します。
③ 臨床試験に10％の患者をリクルートすることに向けて取り組みます。
④「認知症とともに快適に暮らす」ことと、認知症ケアを届ける研究のために、保健省は900万ポンド（18億円）以上の予算を利用可能にします。
⑤ 保健省は、医師だけでなく看護師も対象にして、認知症研究の能力開発のための支援を増加させます。
⑥ MRCが神経変性研究領域における2つの国際的な戦略の主要パートナーになります。2つの戦略とは、この領域における国家的取り組みを調整することを目的にした、ヨーロッパジョイントプログラム戦略と、すでに存在する優れた投資に付加価値を与えることを目的とした、神経変性中核ネットワークセンター（CoEN：Centers of Excellence Network in Neurodegeneration）です。
⑦ 世界をリードするMRCの分子生物学研究所を秋に移転し、ケンブリッジに2億ポンド（400億円）の設備を新設します。これには、その研究の大部分を認知症及び神経変性疾患の研究である神経変性研究部門に、今後3年間で与えらえる2,900万ポンド（58億円）以上に拡大された予算が含まれます。
⑧ NIHRが認知症研究における提案のために、テーマ化された決定を史上初で行ないます。この決定を通じて新たな研究プロジェクトには、当初の見込みを超えた1,700万ポンド（34億円）が約束されます。資金提供される18のプロジェクトは、より良い診断のための取り組みから、在宅ケアを通じた個人の自宅から専門的な病院まで幅広い状況におけるケアの改善までを対象にしています。

3. 首相の認知症への挑戦 2020

Prime Minister's Challenge on Dementia 2020

「首相の認知症への挑戦」の目標期限であった2015年2月21日に、英国政府は、新たに「首相の認知症への挑戦2020」（Prime Minister's Challenge on Dementia 2020）を策定しました。基本的な構成は「首相の認知症への挑戦」（以下、「前回の挑戦」という）と大きな変化はなく、タイトルは少し異なりますが、医療・ケアの改善（Improving health and care）、認識と理解の向上、個人・地域・企業の行動による社会的行動の創設（Promoting awareness and understanding and building social action by action of individuals, communities and business）、研究（Research）の3本柱が大きな柱となっています。一方で、この挑戦では2013年12月に開催されたG8認知症サミットを踏まえ、「世界への貢献」という点を強調している点が、前回の挑戦と異なる部分であるといえるでしょう。

この挑戦では、前回の挑戦策定以降の約3年間について、以前より多くの人が認知症の診断を受け、100万人以上の人が地域社会において認識を高めるDementia Freiendsになるトレーニングを受け、40万人以上のNHSスタッフと10万人以上のソーシャルケアスタッフが、認知症の人をよりよくサポートするトレーニングを受け、英国の研究は世界をリードし、認知症にかける研究コストを倍増させて支援しているなどと、確かな進展があったとしつつ、その成果を元に、認知症対策の次のレベルに進むこと、次の5年を見据えてやるべきことや取り組まなければならない挑戦があるとしています。

具体的には、認知症の人、その介護者、家族が、国内のあらゆる部分において、診断から人生の最期まで質が高く思いやりのある介護が受けられる社会を、2020年までに作り上げることが目的であるとしています。そして、その目的を達成するために、次の20の意欲的な目標（aspirations）を掲げています。（Prime Minister's Challenge on Dementia 2020：6-8. 及び、日本語訳は、谷俊輔2015：10-12、同全訳はpp.38-39による。）

20の意欲的な目標

①認知症進行リスクを増加させ、より健康的に生活することによっていかに人々がそのリスクを低減させることができるかという、要因についての国民の認識と理解を改善する。これには、新しいエイジングキャンペーンや、NHSヘルスチェックの一部としての個別化されたリスク評価指標というツールにアクセスすることが含まれるべきである。

②国内のあらゆる場所において、認知症の人が、他の状況に関する診断へのアクセスを等しく有すること。それには、初回の評価の全国平均が（臨床的に可能であれば）GPの照会から6週間となり、認知症の初回の評価を何ヶ月も待つ者が誰もいないという期待も伴う。

③GPが、認知症の人の介護のコーディネーションと継続の確保について主導的な役割を果たすこと。そして、それは2015年4月1日から、すべての人が彼らのケアに責任と監督のすべてを有するとして登録したGPにアクセスを待つという既存のコミットメント（義務）の一部として行なわれる。

＊認知症と診断されたすべての人が診断に沿った意味のあるケアを受けること。それは、国立医療技術評価機構（NICE）の品質基準に一致した、意味のあるケアによって彼らと彼らの周りの人々をサポートするものである。ヘルスケアシステムを通じた効果的な基準は、認知症の人とその介護者からのフィードバックを含み、既存の基準から進化をし、情報として国民に利用可能にならなければならない。

④診断後のサービスが地域において何が利用可能なのか、どのようにしたらそれらにアクセスできるのかという情報を受け取ること。それらには例えば、毎年の「情報処方せん」というものを通じてということがある。

⑤診断後に起こることや治療を通じて利用可能なサポートについての助けや助言を求めるための、関係する助言やサポートへのアクセス。

⑥認知症の人の介護者が、ケアの責任に対処することや、ケアと並行して生活を送ることができると感じるために、レスパイト、

教育、トレーニング、精神的・肉体的なサポートの機会を知り、それらが受けられること。
⑦すべての NHS スタッフが自らの役割を適正化する認知症のトレーニングを受ける。新規採用された、認知症の人やその介護者へのケアやサポートを提供するものも含めた、ヘルスケアアシスタントやソーシャルケアサポートワーカーが、調査体制の一部としてケア認証の適合性の証明を行なうケアの質委員会（CQC）とともに、ケア認証の全国的導入の一部としてトレーニングを受けること。ソーシャルケアの提供者がすべての他の関係するスタッフに、適切なトレーニングを提供することを期待する。
⑧すべての病院とケアホームが、認知症にやさしい医療やケアの提供を行なうために、合意されたクライテリア（基準）を持つ。
⑨アルツハイマー協会が追加で 300 万人の Dementia Friends をイングランドに供給し、イングランドが、世界に教訓を共有し、他国から学ぶことで、Dementia Friends の手法を世界的な行動にすることを主導する。
⑩地域の過半数の人々が、アルツハイマー協会が British Standards Institute（BSI）[3] と共同で開発している手順に従って、認知症にやさしい地域として認識する。それぞれの地域において、これを達成した際にその進歩に報いるための明確な全国的認識プロセスを持つことによって、この基準の達成が高いレベルで行なわれるべきである。その認識プロセスは、認知症にやさしくなることの利益を促進する、確かな全国的なエビデンス基盤によって支援されるだろう。
⑪すべての企業が認知症にやさしくなるように努力し、支援する。すべての産業部門が認知症にやさしい憲章を開発し、ビジネスリーダー（特に FTSE500 [4] の企業だが他も除外しない）が個人的な基準を設けることに取り組む。定型的な昇任プログラムをもつすべての従業員が、そのプログラムの中に認知症の認識トレーニングを含むことを要請する。
⑫政府、地方政府が、すべての政府部局と公的組織が、認知症にやさしくなり、地方政府のすべての段階が地域認知症行動連合

(DAA：dementia Action Alliance)の一部となるための主導的な役割を担う。
⑬患者、研究者、基金、社会との連携を通じて、介護者の選択の機会としての認知症研究にとって英国が最善の場所となる。
⑭認知症研究への基金を2025年までに倍増する。
⑮国際的な認知症機関をイングランドに設立する。
⑯大学、研究チャリティ、NHS、私的部門との新たな連携のサポートによって、中小企業(SMEs：Small and medium-sized enterprises)を含む、医薬品、医療機器、診断部門からの認知症研究への投資を倍増させる。これは、世界的な施設、インフラを持ち込み、能力開発を行い、開発と実行を加速させることである。
⑰治癒や疾患修正治療が2025年までに存在する。世界中のコホートやデータベースを含む研究資源を用いて、研究者間の緊密な協働と協力を可能にする、国際的な認知症研究の枠組みによってそれらの開発は加速化する。
⑱さらなる研究によって、効果的なサービスモデルと、医療やケア部門を通じて実施する介入ができる効果的な道筋の開発を容易に知ることができるようにする。
⑲同じことを促進している他の研究基金とともに、すべての公的基金による研究成果物にアクセス可能にする。
⑳認知症の診断を受けた25％の人が認知症研究に登録し、10％の人が研究に参加することで、研究に参加する認知症の人の数を、現在の基準である4.5％から増加させる。

特に研究については、前回の挑戦からの3年間で、政府及びチャリティ部門の研究投資が増加したこと、JPND(The EU Joint Programme – Neurodegenerative Disease Research：神経変性疾患研究EU共同プログラム)への主要な関わり、認知症研究者の増加、患者及びケアホームの研究への参加の増加が進捗であったとしています。

第 2 章　英国の認知症国家戦略

4. 認知症対策にかかるコスト

認知症コストの現状

　保健省によるナショナルレポート（Department of Health, *Dementia : A state of the nation report on dementia care and support in England*, November 2013.）内でもコストについて言及されています（10頁）。それによると、世界における認知症コスト（約6兆ドル）の約70％は西ヨーロッパと北アメリカが占めており、このコストは世界のGDPの約1％に当たる数値であるといわれています（Alzheimer's Disease International 2011）。

　英国における認知症にかかるコストは、がん、脳卒中、心臓疾患よりも多く（図2-2）、今後も人口増と高齢化によって顕著に増加し、2026年には（100万人が認知症に罹患し、そのケアコストが）350億ポンドに上るだろうと試算している研究報告もあります（The king's Fund, *Overview, future trends*, November 2012）。

　アルツハイマー協会が行った調査において、認知症にかかるコストに関する推計が行われています（Alzheimer's Society, *Dementia UK Update : Leading the fight against dementia*, November 2014, Executive summary xv）。調査結果によると、英国における認知症

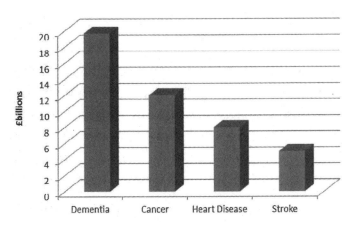

（資料）Department of Health, *Prime Minister's Challenge on Dementia : Delivering major improvements in dementia care and research by 2015*, 26 March 2012.
図2-2　認知症、がん、脳卒中、心臓疾患にかかるコスト

第Ⅰ部　高齢者福祉と認知症国家戦略

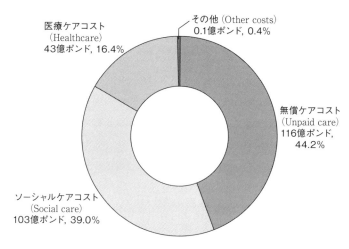

（資料）Alzheimer's Society , *Dementia UK Update : Leading the fight against dementia*, November 2014, Executive summary xvi. より作成.
図 2-3　英国における認知症コスト（2013 年）

にかかる年間コストは 263 億ポンド（2013 年）と推計されており、1 人当たりでは 3 万 2,250 ポンド（645 万円）です。その内訳は 16％にあたる 43 億ポンド（8,600 億円）が医療（Healthcare）コスト、39％にあたる 103 億ポンド（2 兆 600 億円）がソーシャルケア（Social Care）コスト、44％にあたる 116 億ポンド（2 兆 3,200 億円）が家族等が行う無償ケアに関する（Unpaid Care）コストであり、残りの 1％にあたる 0.1 億ポンドが、行方不明者の捜索等にかかる警察コストや研究開発費用等のその他のコストということです（図 2-3）。

　日本においても、同様の推計が行われていますが、その調査結果でも、医療費が 1.9 兆円（13％）、介護費が 6.4 兆円（44％）、インフォーマルケアコスト（家族等が無償で実施するケアにかかる費用）が 6.2 兆円（43％）と、英国の調査結果とよく似た割合を示しています（慶応義塾大学医学部 2015。及び、佐渡充洋 2015）。

英国における認知症年間コスト
　アルツハイマー協会が 2014 年に行った調査では、医療コストについては、NHS が負担するコスト、ソーシャルケアコストについ

ては、地方当局が負担するコストと、認知症の人自身（または家族）が負担するコストに分けられていますが、認知症にかかるケアコストとそれ以外の疾患にかかるケアコストを明確に区別することは困難であるとして、認知症の人にかかったコストの総額を算出しています。この認知症ケアにかかる医療コストの総額の43億ポンド（8,600億円）は、2013年のNHS全体予算の総額の3.4％を占めています。

　ソーシャルケアコストについては、施設におけるソーシャルケアコストの約65％、地域ベースのソーシャルケアコスト約40％をユーザーが負担しているというイングランドのデータから、認知症にかかるソーシャルケアコストの総額の103億ポンド（2兆600億円）のうち、45億ポンド（認知症コスト全体では17.2％）が地方当局等の公的支出であり、58億ポンド（認知症コスト全体では22.9％）が認知症の人自身（または家族）の私的支出という試算をしています。

　無償ケアコストについては、代替コストと機会コストの2つに分けて算出しています。代替コストとは、家族等が行った無償ケアコストを、専門家によるコストを行なった場合の費用に換算したものです。機会コストについては、ケアを行なったことにより、就労、レジャー、家事、子育て等の機会を失ったことをコストとして反映させるものです。推計に当たっては、家族等の介護者が介護にどれだけの時間を費やしているかを過去の研究等を参考に算出しています。具体的には、1日のうち14％の時間が認知症の人の通常の介護に費やされているとして、それを代替コストで算出し、残りの86％の時間（食事等明確に区分できない時間や、見守り等だけで介護専従ではない時間等とみなす）を機会コストで算出するという方法をとっています。認知症にかかるコストを生活拠点別、重症度別に示した結果が表2-3及び表2-4の通りです。

　上記結果については、重症度に応じた1人当たりにかかるコストの違いが明確になり、また、地域（自宅）で暮らす認知症の人のケアコストの約4分の3（74.9％）を無償ケアコストが占めているという結果がでるなど、現状を示すには有益な推計です。

　しかしながら、谷俊輔（2015：28）は、「無償コストの算出が困

表 2-3 英国における認知症年間コスト（2012 年度換算）

（単位：百万ポンド）

	医療コスト Healthcare	ソーシャルケアコスト Social care	無償ケアコスト Unpaid care	その他 Other costs	合計 Total costs
(1) 地域（自宅）で暮らす認知症の人：People with dementia living in the community (total annual cost)					
軽度認知症 Mild dementia	1,120	1,271	8,029	56	10,476
中度認知症 Moderate dementia	168	484	2,007	9	2,667
重度認知症 Severe dementia	267	244	793	3	1,307
認知症合計 All severity levels	1,555	1,999	10,829	67	14,450
（割合）Sector cost as % of	(10.8%)	(13.8%)	(74.9%)	(0.5%)	(100.0%)
(2) 施設で暮らす認知症の人：People with dementia living in residential care (total annual cost)					
軽度認知症	212	1,165	50	6	1,434
中度認知症	1,887	5,142	580	27	7,636
重度認知症	660	1,964	161	10	2,795
認知症合計	2,759	8,272	791	44	11,866
（割　合）	(23.3%)	(69.7%)	(6.7%)	(0.4%)	(100.0%)
(1) と (2) の合計：All settings (total annual cost)					
軽度認知症	1,332	2,436	8,079	62	11,910
中度認知症	2,055	5,626	2,587	36	10,303
重度認知症	926	2,209	954	14	4,102
認知症合計	4,314	10,271	11,620	111	26,316
（割　合）	(16.4%)	(39.0%)	(44.2%)	(0.4%)	(100.0%)

（資料）Dementia UK Update, *Alzheimer's Society : Leading the fight against dementia*, November 2014, Executive summary xvii ; Table E Total annual cost, by severity and setting（£, in millions, 2012/13 prices）.
（出所）谷俊輔（2015：27-28）を改変。

難であるという点はさておき、まず、ソーシャルケアコストについて、施設で暮らす認知症の人の一人当たりのコストに重症度による差がほとんどないという点については疑問が残る。次に、医療・ソーシャルケアコストについて、どこで何についてのコストが高くなっているのかが不明であるため、今後具体的にどのような削減をしていけばよいのかを示す形になっていない。後者については、調査の中では、過去の研究において、研究ごとに各施設においてのコ

表 2-4　英国における認知症年間 1 人当たりコスト（2012 年度換算）

（単位：ポンド）

	医療コスト Healthcare	ソーシャルケアコスト Social care	無償ケアコスト Unpaid care	その他 Other costs	合計 Total costs
(1) 地域（自宅）で暮らす認知症の人：People with dementia living in the community（total annual cost）					
軽度認知症 Mild dementia	2,751	3,121	19,714	137	25,723
中度認知症 Moderate dementia	2,695	7,772	32,237	137	42,841
重度認知症 Severe dementia	11,258	10,321	33,482	136	55,197
認知症合計 All severity levels	3,152	4,054	21,956	137	29,298
（割合）Sector cost as % of	(10.8%)	(13.8%)	(74.9%)	(0.5%)	(100.0%)
(2) 施設で暮らす認知症の人：People with dementia living in residential care（total annual cost）					
軽度認知症	4,504	24,737	1,067	136	30,444
中度認知症	9,438	25,715	2,901	136	38,190
重度認知症	8,689	25,874	2,119	136	36,817
認知症合計	8,542	25,610	2,450	136	36,738
（割　合）	(23.3%)	(69.7%)	(6.7%)	(0.4%)	(100.0%)
(1) と (2) の平均：All settings（total annual cost）					
軽度認知症	2,932	5,362	17,781	137	26,212
中度認知症	7,837	21,455	9,865	136	39,294
重度認知症	9,300	22,176	9,575	136	41,187
認知症合計	5,285	12,584	14,237	136	32,242
（割　合）	(16.4%)	(39.0%)	(44.2%)	(0.4%)	(100.0%)

（資料）Dementia UK Update, *Alzheimer's Society : Leading the fight against dementia*, November 2014, Executive summary xvi. ; Table D Average annual cost oer person with dementia, by severity and setting（£, 2012/13 prices）.
（出所）谷俊輔（2015：27-28）を改変。

スト分布に大きく差があり、明確な根拠を持って分類できないことが要因である」と指摘します。

　また、同様の調査を行なった 2005 年度との比較にも言及しており、年間コストは 7 年前に比べて約 24％増加しているということです。これは、同時期の認知症の人の数（全体約 20％増加、65 歳以上約 16％増加）増加率よりも大きい数字です。また一人当たりの地域（自宅）で暮らす認知症の人の年間 1 人当たりコストのうち、

医療ケアコストとソーシャルケアコストの和の比較も行われており、軽度認知症では8,634ポンドから5,872ポンドに減少（-2,762）、中度認知症では10,039ポンドから10,467ポンドに増加（＋428ポンド）、重度認知症では12,037ポンドから21,579ポンドに増加（＋9,542ポンド）しているということです。

　この結果だけをみると、ここ数年の動きとして、認知症に関するケアについて、公的なケアコストは症状の重い認知症の人のケアに重点化しているが、結果として、全体としてのコストの増加は認知症の人の数の増加を上回っているということになります。またこの調査ではあまり着目されていないようですが、英国における認知症コストの約3分の1にあたる、約80億ポンド（1兆6,000億円）が、地域で暮らす軽度認知症の人の半数以上を占める軽度認知症の人のケアは主に地域で行われており、さらに公的サービスではなく、家族等による無償のケアによって行われていることを示すものです。「認知症の人の意思を尊重し、できるだけ地域で暮らすということ自体を否定しないが、それにより認知症の人の家族等に過度の負担を強いることになっているのではないか。今後の、早期対応の一環として、診断後のサポートを強化していくのであれば、現在は家族等の無償ケアによって賄われている無償ケアコストの一部が公的コストとして計上されることにもなるだろう」と谷俊輔は指摘します（28-29頁）。逆に言えば、この地域で暮らす軽度認知症の人の無償ケアコストを効率的に公的コストに移管することができれば、認知症コスト全体の削減に大きく貢献するのではないかと考えられます。

　なお、2009年に発表されたアルツハイマー協会による別の研究レポート（Alzheimer's Society, *Counting the cost*, 2009.）の中で、病院におけるコストに言及されており、認知症の退院を1週間早めることができれば、病院におけるコストは年間8,000万ポンド（160億円）以上削減できるということである。「金額はともかくとして、削減はできるのは当然のことであり、退院後のサポートにかかる費用との比較がないため、これだけではあまり有意義なものではない」とも谷は指摘します（29頁）。

認知症コスト削減のための試算

2014年7月に、LSE(The London School of Economics and Political Science)のMartin Knapp氏が中心となった研究グループにより発表されたコストに関する研究レポート(PSSRU, *Scenarios of dementia care: what are the impacts on cost and quality of life?*, June 2014.)では、さまざまなシナリオを想定して認知症にかかる年間コストの試算を行なっています(Operationalising the scenarios, scenario A ～ E, pp.11-14)。

この研究では、2015年の状況を想定して認知症の人が80万人、認知症の人のケアにかかる年間コストが総額2万1,160万ポンド〔うち、Health Careコストが4,150万ポンド(20％)、Social Careコストが9,550万ポンド(45％)、Unpaid Careコストが7,470万ポンド(35％)〕という仮定の現状を前提に試算を行なっています〔p.15, Current care and support(ScenarioA)〕。コスト削減のための方法として、ケアの改善による方法と、疾患を修正する方法という、大きく2つの方法があげられています。

まず、ケアの改善による方法では、薬剤の使用による症状の軽減、認知刺激療法の活用、ケースマネジメントの改善、家族介護者のさらなる関与という4つがあげられていますが、コスト軽減についてはあまり効果がありません。または、多少コストが増加するという結果がでています。

次に、疾患を修正する方法については、まず、症状の進行を抑える(症状が悪化することを10％遅らせる)という方法では、重症の人が減ることによって、Health CareコストやSocial Careコストを減少させる(800万ポンド；16億円)ことはできるものの、寿命も延びることを想定すると、全体のコストは増加する(1,725万ポンド；34億5,000万円)という結果が出ています。一方、認知症の発症を遅らせるという方法では1年遅らせることができれば、認知症の人が6万人減り、1,500万ポンド(30億円)のコスト削減ができます。3年遅らせることができれば、認知症の人が19万人減り、4,910万ポンド(98億2,000万円)のコストが削減できるという結果が出ています(p.17,Table4 : Annual costs for base case and disease modifying scenarios)。

この結果だけをみると、疾患を修正する方法、特に発症を遅らせることができれば、相当のケアコストが削減できるということになります。ただし、このシナリオはあくまで仮定のもので現実には存在しないことはもちろん、疾患を修正する方法にかかるコスト自体が含まれていないことに留意が必要です。

　研究の結論でも言及されていることですが、この研究によって認知症の発症を遅らせることが最善だという結論を出しているわけではなく、認知症にかかるケアコストを削減するには、認知症の人の生活を改善する治療、サポート方法の開発を継続し、また、疾患を修正する方法を開発するために研究を継続していくことが必要不可欠だということを述べています（p.18,conclusions）。また、「コストの削減だけでなく、認知症の人、家族、介護者のQOLを改善するという観点からも検討が必要であろう」と、谷俊輔（2015）は指摘します（30頁）。

　なお、この研究の中で興味深いもう1つの点は、現在よりも状況が悪くなるシナリオの試算も行っていることであり、仮に認知症の診断も診断後のケアもまったく行われなくなった場合も、Unpaid Care コストは減少しますが、Health Care コストも Social Care コストも増加するため、結果として全体のケアコストは増加（350万ポンド：7億円）するという結果が出ています。

ES と CQUIN

　コストの削減を直接の目的としたものではありませんが、近年の英国の政策において、認知症コストを削減することにつながる可能性のある2つの政策について述べます。この政策は、私たちのイギリス調査（2015年9月）でも、非常に関心の高かったものの1つです。「どのようにすれば、GPが認知症の国家戦略にやる気をだしてくれるのか」という問題意識から、関心が高かった政策です。診療報酬という日本の医療政策の文脈に置き換えると、きわめて実際的な施策だと思われたからです。これも、谷俊輔（2015）がまとめていますので、谷の知見から述べます（30-33頁）。

① Enhanced Service Specification での GP への動機づけ

2014年4月にNHSイングランドは、GPとの契約におけるEnhanced Service Specification（サービス改善仕様書。以下、ESという）に、認知症の診断に関するプログラムを追加することを発表しました（実際の運用は2014年10月から）。これはGPが自らの登録患者の中で、認知症のリスクがある者の評価を行なった際に、その評価数に応じて一定の報酬を与える制度です。この制度の目的は、次の通りです。

- 認知症の臨床的リスクのある患者を同定すること。
- 認知症のリスクがある可能性のあるサインを発見するための評価を示すこと。
- 認知症の疑いがある、また、GPが照会することが適切だと判断した場合に、診断のための照会を行うこと。そして、その診断が行われた際には、患者の意向に沿った進んだケアプランが提供されること。
- 認知症と診断された患者の介護者から示される、医療または快適に暮らすためのサポートが増加したこと。

具体的な手順としては、各コミッショナーが、GPに対してこのESへの参加の募集を行ない、参加同意をしたGPを登録します。GPは、自らの登録患者の中で、次の認知症のリスクがある者（'at Risk'patients）に対する評価を行なった場合に、それをリストとして登録すると、その登録数に応じてNHSイングランドから報酬が支払われるという流れです。

〈'at Risk'patients〉の範囲
- 心血管疾患、脳卒中、末梢神経疾患、糖尿病を有する60歳以上の患者
- 喫煙、飲酒、肥満等が原因で、CVD（心血管疾患）に高リスクである60歳以上の患者
- COPD（慢性閉塞性肺疾患）の診断を受けた60歳以上の患者
- 40歳以上のダウン症患者
- 学習障害を有するその他の50歳以上の患者

・パーキンソン病等の長期の神経変性疾患症状を有する患者

　また、リストの登録にあたっては、対象となる患者の同意を採る必要があり、適切な評価が行われなければならないことはもちろんのこと、認知症のリスクがあると評価した場合には、Memory Assessment Service などの専門家サービスへの照会、患者の適切なニーズの同定、物忘れ症状への治療が提供されなければならないとされています。なお、コミッショナーが支払内容や登録内容をモニタリングできる仕組みになっています。

　報酬の具体的な支払方法については、2014年度には、評価1年ごとに55ポンド（1万1,000円）を与えるというものでしたが、2015年度からは、事前報酬と事後報酬の2つに分けられています。事前報酬については、自らの受け持ち患者1人あたりにつき0.37ポンド（74円）が支払われます（例えば、受け持ち患者が1,000人のGPには事前に370ポンド（7万4,000円）が支払われる）。これはESに参加し、認知症のリスクがある者への評価をサポートするための準備費用と位置付けられ、参加同意をした翌月の最終日に支払われます。事後報酬については、全体の予算の総額（2015年度は2,100万ポンド）を、国内全体の評価数に占める割合に応じてGPごとに分配するという方式が採られています（例えば国内全体の評価数が10万件だった場合に、10件の評価を行なったGPには0.01％に当たる2,100ポンド（42万円）が支払われる）。

　この施策に対して谷は、「GPにインセンティブを与え、認知症の早期診断を促進しようという制度の趣旨自体は評価に値する。ただ、2015年度の事後報酬支払い方式では、GPの評価件数がそのまま報酬の支払い額の増加額に比例するわけではないので、国内全体の評価指数が増加することにつながるのかは疑問が残るところである。全体の予算が限られているのは理解するところではあるが、運用方法にさらに工夫があってもよいのではないかと考える」と述べています（谷2015：31）。なお、PIRUのレポート（Policy innovation research unit, *Independent assessment of improvements in dementia care and support since 2009*, September 2014.）では、まだ

制度自体が始まって間もないので、現時点では評価はできないと指摘しています。

②認知症に関するCQUIN

CQUIN（Commissioning for Quality and Innovation：質とイノベーションのためのコミッショニング）は、医療機関に対する診療報酬の支払いに関してインセンティブを与えるNHSイングランドのシステムの1つですが、その中に認知症に関する指標も設けられています（NHS England, *Commissioning for Quality and Innovation（CQUIN），Guidance for 2015/16*, March 2015.）。この認知症に関するCQUINは、認知症の人に対するタイムリーな評価、診断、サポートに関して継続的に改善を行なうというNHSイングランドの目標に沿って2012年に開発されたものです。CQUINにおける認知症領域の目標は、認知症の人の特定を支援するためであるとしています。それにより、迅速で適切な照会、フォローアップ、プロバイダー（医療機関等）とGPとの効果的なコミュニケーションができるということです。その根拠として、早期に対処すれば認知症は予防し、治療することが可能であることをあげています。

NHSイングランドでは、統一指標（National indicator）というものをCQUINの領域ごとに示しています。認知症領域における統一指標は、制度開始の2012年度においては、認知症の人の発見、評価、照会の割合という数値指標だけでしたが、2013年度からは、臨床におけるリーダーシップと、介護者へのサポートに関する指標も追加されました。2015年度においては、次の3つです。

Ⅰ．数値目標
・緊急または計画外のケアを行なった際に症例が発見された75歳以上の患者の割合
・適切な評価によって認知症の可能性があると特定された割合
・コミッショナーと合意した手順に従って、特定、評価され、さらなる診断アドバイスへの照会を行った人の割合
Ⅱ．地域で決定されたトレーニングプログラムを通じた適切な認知症トレーニングをスタッフが利用可能であること

Ⅲ．認知症の人の介護者が適切にサポートされていると感じていること

　診療報酬の支払いは指標を用いたプロバイダーのパフォーマンスに基づいて行われます。ただし、診療報酬の支払いは、あくまでコミッショナーとプロバイダーとの契約の中で定められたものであるため、NHS イングランドが示す統一指標（national indicator）は強制ではなく、個別に地域指標（local indicator）を定めてパフォーマンスを評価することが可能です。

　なお、CQUIN に関連する毎月のデータも NHS イングランドによって公表（Dementia Assessment and Referral）されており、2015 年 4 月のデータでは、Acute Trust（病院の運営主体）ベースで見ると、89％（52,739/58,942）の対象入院患者が認知症の可能性があるという初期判定を受け、認知症の可能性があると評価された者の 95％（10,556/11,157）がさらなる評価を受けました。そして、74％（105/141）の Trust において、上記の双方について 90％以上の実績でした（谷 2015：32）。

　CQUIN に基づく支払いは通常の診療報酬に上乗せされて行われることになりますが、その上乗せする割合の上限が定められており、2015 年度においては 2.5％までとなっていました。しかし、その中での内訳をどのように指標ごとに分配するかは各コミッショナーに委ねられており、どの領域、どの統一指標を採用するかは基本的には自由裁量です。ただし、統一指標を採用する場合の上乗せする割合の下限が定められており、認知症領域については 0.25％とされています。つまり、2.5％すべてを地域指標に基づいて行うことも可能ですが、認知症領域の統一指標を採用する場合は、最低でも 0.25％（CQUIN による支払いの 1/10）以上は割り当てなければならないということです。

　この認知症の CQUIN については、「首相の認知症への挑戦」の政府の進捗レポートや「首相の認知症への挑戦 2020」の中でも、この制度のおかげで多くの照会があり、認知症の診断率向上につながっていると評価しています。また、PIRU のレポート（Policy innovation research unit, *Independent assessment of improvements in dementia care and support since 2009*, September 2014.）でも、認知症のケアパスウェイと院内のプロトコル（手順）を持つことを目的としたこの制度は、利益をもたらすだろうと評価しています。谷は、「たしかに、この制度自体の目標である、認知症の人の特定という点ではある程度成果が上がっていると思われるが、それを如何に認知症の予防・治療につなげていくかということが今後の課題であろう」と述べています（谷2015：32-33）。この谷の指摘は、私の考えとまったく同じです。

注

1) Living well with dementia の日本語訳「認知症とともに良き生活（人生）を送る」は、西田淳志（2015）の訳によります。本書では、「認知症とともに快適に暮らす」などの訳者のものも記述されています。
2) 具体的な取り組みについては、筆者らの 2015 年 9 月調査、11 月調査、及び、西田淳志（2015）の知見に基づいています。
3) BSI（British Standards Institution, 英国規格協会）は 1901 年に英国で工学標準化委員会として設立され、ロイヤル・チャーターを戴く世界最古の国家規格協会として、また独立した専門的ビジネスサービスを提供する機関として世界中に 65 を超えるオフィスを持ち、150 カ国以上で 2,900 人のスタッフが活躍しています。
4) FTSE グループ（FTSE）は、ロンドン証券取引所の子会社で、グローバルなインデックスと分析的ソリューションの提供で世界をリードする企業です。FTSE が算出するインデックスは幅広い資産クラスを対象としており、それぞれ標準的なインデックスに加え、カスタマイズしたインデックスの提供も行っています。

文献

Alzheimer's Society , *Counting the cost*：*Caring for people with dementia on hospital wards,* 2009.

Alzheimer Disease International, *World Alzheimer's Report 2010：The Global Economic Impact of Dementia,* June 2011.

Alzheimer's Society, *Dementia UK Update：Leading the fight against dementia,* November 2014.

Banerjee, Sube., *The Use of antipsychotic medication for people with dementia：Time for action,* November 2009.

Burns, Alistair「イングランドの認知症国家戦略」東京都医学総合研究所『認知症国家戦略の国際動向とそれに基づくサービスモデルの国際比較研究報告書』2013 年 3 月、pp.87-99。

Carers (Recognition and Services) Act, 1995.

dementiamap (alzheimers.org.uk/dementiamap).

Department of Health (DH), *Living well with dementia : A National Dementia Strategy*, 3 February 2009.

Department of Health, *Prime Minister's Challenge on Dementia : Delivering major improvements in dementia care and research by 2015*, 26 March 2012a.

Department of Health, *THE PRIME MINISTER'S CHALLENGE ON DEMENTIA : Delivering major improvements in dementia care and research by 2015 : Annual report of progress*, 15 May 2012b.

Department of Health, *Dementia: A state of the nation report on dementia care and support in England*, November 2013.

Department of Health, *Prime Minister's Challenge on Dementia 2020*, 1 February 2015.

Memory Services National Accreditation Programme (MSNAP), *Standards for Memory Services*, March 2016.

PIRU : Policy innovation research unit, *Independent assessment of improvements in dementia care and support since 2009*, September 2014.

PSSRU, *Scenarios of dementia care: what are the impacts on cost and quality of life?*, LSE, June 2014.

The king's Fund, *Overview, future trends*, November 2012.

NHS England, *Commissioning for Quality and Innovation (CQUIN), Guidance for 2015/16*, March 2015.

NHS England, *Dementia Assessment and Referral*. (https://www.england.nhs.uk/statistics/statistical-work-areas/dementia/).

慶應義塾大学医学部「認知症の社会的費用を推計──認知症患者や家族の生活の質の向上のため最適な解決の手がかりに──」2015 年 5 月 29 日（慶應義塾大学プレスリリース）。

佐渡光洋（研究代表）「わが国における認知症の経済的影響に関する研究　平成 26 年度　総括・分担研究報告書」平成 26 年度　厚生労働科学研究費補助金（認知症対策総合研究事業）、2015 年 3 月。

谷俊輔「英国の認知症国家戦略と我が国への有用性に関する調査研究」2015 年 10 月。

西田淳志「英国の認知症国家戦略」国立社会保障・人口問題研究所『海外社会保障研究』No.190、Spring 2015、pp.6-13。

認知症介護情報ネットワーク「イギリスの認知症ケア動向Ⅵ　National Dementia Strategy（認知症国家戦略）の開発」n.d.（http://www.dcnet.gr.jp/retrieve/kaigai/pdf/uk09_care_06.pdf）

認知症のための超党派議員団報告書「診断の扉を開ける」2012 年 7 月。

補論　認知症対策に関連する報告書

　認知症国家戦略がいきなり策定されたわけでないことを理解するために、国家戦略策定の基礎となった報告書について述べることとします。これらの報告書は、認知症介護情報ネットワーク「イギリスの認知症ケア動向Ⅵ National Dementia Strategy（認知症国家戦略）の開発」(4-6頁)を参照したものであり、私の解釈は入っていません。
　①「国家戦略の基盤となった報告書」と、②「具体的な政策の展開に関連した報告書」の2つに分けて述べます。

①国家戦略の基盤となった報告書

高齢者向けナショナルサービスの骨格：National Service Framework for Older People

　Department of Health, *National Service Framework for Older People*, March 2001. には、精神衛生と高齢者について書かれた章があります。そこには考慮すべき認知症の問題が述べられており、早期診断および介入が指示されています。NHSと地方議会による、健康増進・早期発見と診断・評価・介護と治療計画・専門家サービスへのアクセスについて、取り決めの再検討が勧告されています。

誰にも関わること：Everybody's Business

　2005年、保健省およびCare Services Improvement Partnership（CSIP）は *Everybody's Business : Integrated mental health service for older adults : a service development guide*, 2005. を発表しました。この手引きでは、認知症の早期診断を可能にする記憶力評価サービスや、複雑化した行動的・心理的症状を有する認知症患者の管理も行う組織化された地域社会の精神衛生チームなど、高齢者の精神衛生面全般に関わるサービスの重要事項を示しています。

認知症臨床ガイドライン：NICE/SCIE

2006年、National Institute for Health and Clinical Excellence（2012年以前のNICE）およびSocial care Institute for Excellence（SCIE）は、認知症管理に関する共同の臨床ガイドラインを発表しました。主要な勧告には次の事項が含まれます。①全関係機関を通して統一された取り組み、②認知症診断サービスの照会を行う時点の記憶力評価サービス、③介護者の支援および治療（必要時）、④認知力以外の症状および行動障害の評価と治療、⑤高齢者を扱うスタッフの認知症ケア研修、⑥総合病院に入院している認知症患者の介護の改善。

イギリスの認知症レポート：Dementia UK : The full report

2007年2月、アルツハイマー協会は、Dementia UK : The full report を発表しました。この報告書の重要な調査結果では、イギリスには70万人の認知症患者が存在しており、そのための国費は年間170億ポンド（3兆4,000億円）となっている。30年後には患者は2倍、国費は3倍に増加することになると報告しました。報告書は、明確に、認知症を国家の保健とソーシャルケアの優先事項とし、認知症患者とその介護者へのサービスの質を向上させることなどを勧告しています。

NAOの出費の価値の研究：監査局の出費の価値の研究

2007年7月、監査局（National Adult Office, NAO）は、*Improving services and support for people with dementia* で、認知症関連サービスの調査結果を発表しました。報告書では、認知症患者とその家族が受けるケアサービスの質を厳しく批判しています。サービスに対する支払いが発生するのが全般に遅すぎるのは、認知症と早期の診断される人がほとんどいないということであり、早期介入が生活の質の向上には必要であると報告書は結論づけています。NAOは、不必要な介護施設への入所を回避し、入院期間を短縮して経費節約を可能にするために、早期診断と介入サービス、専門の地域サービスの改善および総合病院への先行投資による「節減のための費用」を提唱し

ました。

Public Account Committee の報告書：会計検査院の報告書

2007年10月15日に行われた同委員会の公聴会後に本報告書の結果が確認され、House of Commons Public Accounts Committee（PAC）報告書に内容がまとめられました。公聴会では、NHS長官をはじめとする保健省の関係者に対して、NAOの批評と勧告についての審議が行われました。PACは、議決の対象として、次の8つの領域を特定しました。①認知症を国家の優先事項とすること、②有効な所有者とリーダーシップ、③全員を対象とする早期診断、④一般国民の意識と理解の向上、⑤統合されたケアの実施、⑥介護者もサービスから恩恵を受けるようにすること、⑦介護施設で行われるケアの改善、⑧総合病院で行われるケアの改善、です。政府は、同委員会の結論と勧告を受け入れ、認知症国家戦略では、この報告書の結果に対して十分な取り決めがなされることを強調しました。

Our NHS, Our Future：NHS Next Stage Review：NHSの次のステージに向けて

本調査結果では、戦略的保健当局 Next Stage Review の8つの領域のうち2つを除く全ケア・パスで、認知症患者全員に対して質が高く、ひとりひとりに合わせたケアを保証することの必要性が明らかになりました。Next Stage Review の目標達成によって、地方全体の認知症関連サービスの改善に貢献することになり、また、認知症国家戦略の実施は補足的に Our NHS, Our Future の目標達成に一役買うことになりました。

②具体的な政策の展開に関連した報告書

Partnership for Older People Project（POPPs）：高齢者向け試験的プロジェクト

2004 Spending Review では、PCT（プライマリ・ケア・トラスト）と、任意組織、地域、民間部門とのパートナーシップによる地域の革新的な試験的プロジェクトを立ち上げるために、

6,000万ポンド（2006/07年には2,000万ポンド、2007/08年は4,000万ポンド）の資金を提供しました。資金援助は、ソーシャルサービスの責務を負う地方自治体（CSSR）に対して行われ、認知症患者への早期支援介入を目指して、資源と文化に持続可能な変化を生むことをプロジェクトの目標としました。具体的には、アプローチの実施と評価を行い、これによって高齢者への早期支援体制を向上させることです。全国29か所の試験地を設け、いくつかの試験的Older People's Mental Health Serviceに組み込み、不安やうつなどの精神衛生ニーズから認知症や早期のアルツハイマー病まで、多様なニーズに取り組むことを目的とした広範な介入が実施されています。

Social Care Reform Grant：ソーシャルケア制度改革基金

　早期発見およびreablement（一度失敗した能力、自信、自立性を積極的に回復すること）に注目したソーシャルケアの取り組みへの投資によって、健康増進に有効である可能性を示すデータが増えてきました。保健省は、新しい助成金Social Care Reform Grantによって自立性と福祉の向上を促進しています。今後3年にわたり、ソーシャルケア制度改革のために早期介入に積極的に取り組むことなど、社会福祉サービスの責務（CSSR）を有するすべての地方自治体に対して5億ポンド（1,000億円）以上の資金調達をすることとしています。

Career's Strategy：介護のための戦略

　2008年6月の公表では、認知症患者を介護する50万人の家族が、離職せざるを得ない状況におり、減収になった金額や介護サービスへの支払い額を合計すると（介護経費の総額）年間60億ポンド（1兆2,000億円）に上るとしています。広範囲に及ぶ家族介護者による協議会は、要介護者の支援を基盤としつつ、家族等の生活支援も可能とする10年計画を策定しています。

End of Life Care Strategy：終末期ケア戦略

認知症患者は、認知機能が損なわれていない患者よりも死亡率が4～6倍高くなりつつ、質の悪い疼痛ケアや終末期ケアを受けており、ホスピスケアへアクセスされる認知症患者はほとんどいない状況となっています。

2008年の保健省の発表でも、認知症患者の終末期ケアは開発の進んでいない領域であるとの認識が示され、リバプール・ケア・パス（Liverpool Pathway）とゴールドスタンダード（Gold Standard）の枠組みによって、適正プロセスの活用による終末期ケア・パスの開発の必要性が明らかになりました。終末期ケアニーズに関する地域の取り組みは、認知症のまま死に至る人が多数いることに焦点を当てる必要があるとし、終末期ケアに関わる人材育成は課題としています。緩和ケアの提供者や専門家と連携し、疼痛発見・および終末期介護の技術の訓練など、認知症患者にとって有効な終末期ケアの提供実現が目指されています。

文献

Alzheimer's Society, *Dementia UK: The full report: by 2025 one million in the UK will have dementia, dementia costs the UK over £17 billion per year*, February 2017.（Alzheimer's Society にアクセスして「Full Dementia UK report」でダウンロード可。）

Care Services Improvement Partnership（CSIP）, *Everybody's Business : Integrated mental health service for older adults : a service development guide*, 2005.

Career's Strategy：介護のための戦略、2008年6月。

Department of Health, *National Service Framework for Older People*, March 2001.

Department of Health, End of Life Care Strategy : Promoting high quality care for all adults at the end of life, July 2008.

Department of Health, *Partnerships for Older People Projects*（POPPs）.

National Institute for Health and Clinical Excellence（NICE）および Social care Institute for Excellence（SCIE）『認知症管理に関する共同の臨床ガイドライン』2006年。〔cf. National Institute for Health and Clinical Excellence（NICE）and Social care Institute for Excellence（SCIE）, *Dementia : A NICE-SCIE Guideline on supporting people with dementia and their carers in health and social care, National Clinical Practice Guideline*

Number 42, 2007.（https://www.nice.org.uk/guidance/cg42/evidence/full-guideline-including-appendices-17-195023341）.〕

National Adult Office,（NAO）, *Public Accounts Committee（CPAC）: ANNUAL REVIEW 2006-07, Report No 164*, October 2007.

National Adult Office,（NAO）, *Improving services and support for people with dementia*, 4 July 2017.

NHS, Our NHS, Our Future : *NHS NEXT STAGE REVIEW Interim report*, October 2007.

Social Care Reform Grant：ソーシャルケア制度改革基金。〔参考：Social care grant determinations for 2015 to 2016（https://www.gov.uk/government/publications/social-care-grant-determinations-for-2015-to-2016）.〕

第3章 認知症国家戦略の評価と開発

　本章では、認知症国家戦略を評価した後に、英国における認知症開発の動向について述べます。

1. 認知症国家戦略の評価

国家戦略の評価：9つのアウトカムほか
　認知症国家戦略の最終年となる2014年には、無作為に選ばれた相当数のサービスユーザーやケアラーに対し、第三者監査機関が次の「認知症の人の視点に立った」9つの質問を使って確認することが予め改革開始年（2009年）に定められていました〔日本語訳は、西田淳志（2013）による〕。

　（アウトカム1）私は、早期に認知症の診断を受けた。
　（アウトカム2）私は、認知症について理解し、それにより将来についての決断の機会を得た。
　（アウトカム3）私の認知症、ならびに私の人生にとって最良の治療と支援を受けられている。
　（アウトカム4）私の周囲の人々、特にケアをしてくれている家族が十分なサポートを受けられている。
　（アウトカム5）私は、尊厳と敬意を持って扱われている。
　（アウトカム6）私は、私自身を助ける術と周囲の誰がどのような支援をしてくれるかを知っている。
　（アウトカム7）私は、人生を楽しんでいる。
　（アウトカム8）私は、コミュニティの一員であると感じる。
　（アウトカム9）私には、周囲の人々に尊重してもらいたい自分の余生のあり方があり、それが叶えられると感じられている。

認知症のケアの質の改善により、行動・心理症状などの出現頻度が減少し、結果として抗精神病薬処方率低下につながったと考えられることから、抗精神病薬処方率低下は国家戦略達成評価の全般的指標としても重視されていました。

各地域での国家戦略達成に向けた取り組みを推進するために、診断率や抗精神病薬の処方率などの指標を地域ごとに定期評価し、その情報を保健省に集めるレジスター（登録・記録）制度を構築していました。進捗状況の全国一覧アトラス（地図書）を作成して政策達成度を公表し、地域間の差をわかりやすく市民に伝え、地域の国家戦略の達成状況に対する人々の関心を高めています。

認知症国家戦略については、保健省または外部機関によってその進捗の評価が行なわれています。保守党中心の政権になった2010年以降、すなわち「首相の認知症への挑戦」以降の評価について、その概要等を取り上げて検討します。また、特に注目している研究開発分野については、少し詳細に評価を記述します。

「首相の認知症への挑戦」の1年目の評価

2012年に発表された「首相の認知症への挑戦」については、主要な3つのテーマごとに設けられた各 Champion Group が、2013年5月15日に1年経過後の進捗レポートを公表しました（THE PRIME MINISTER'S CHALLENGE ON DEMENTIA：Delivering major improvements in dementia care and research by 2015：Annual report of progress.）。このレポートでは、認知症の人、介護者、家族への支援、サポートをさらに行なっていかなければならないという社会全体の機運（momentum）を作り出したことは評価しつつ、次の3つの点についてさらなる対応を求めています（Where we are going：8-9）。（日本語訳は、谷俊輔2015：1-22頁を参考。）
① Greater collaboration（さらなる協力）

認知症の医療とケアを変革し、それを今後も継続するために、関係するパートナーとさらに協力を行なわなければならない。
② Reaching out further（さらに手を差し伸べる）

一部の認知症の人やその介護者は依然として孤立し、不安を抱えている。また、自治体の中にはソーシャルケアへの支出を減らしているところもあるので、さらに手を差し伸べていかなければならない。

③ Influencing the wider system（幅広いシステムに影響を与える）
「首相の認知症への挑戦」について、国レベルでも地方レベルでも、より多くの主体、機関を巻き込み、それらがサポートしていかなければならない。

研究分野については、このレポートにおいて、次のものが主な改善事項として挙げられています（Better research：29-30）。
・世界をリードする MRC（Medical Research Council：医学研究会議）の分子生物研究所（LMB：Laboratory of Molecular Biology）[1]における神経科学プログラムが拡張され、認知症と神経変性疾患に関する研究が 50％のリソースを占めるようになった。
・NIHR（National Institute for Health Research：国立医療研究所）を通じて、21 の研究プロジェクトに 2,200 万ポンド（44 億円）が追加投資された。
・NIHR（国立医療研究所）のトランスレーショナルリサーチ連携が発足した。〔トランスレーショナルリサーチ（TR）とは、研究室で発見された基礎的な知見や技術について、臨床応用の可能性を評価しなおして、臨床の場に使われるまでに育てること。すなわち、基礎と臨床との橋渡しをする研究です。海外では TR を意味するFrom Bench To Bedside！の標語が良く用いられます。〕
・ESRC（Economic and Social Research Council：経済社会研究会議）と保健省が 2012 年 7 月に認知症予防の社会科学的研究提案に対する 1,300 万ポンド（26 億円）の基金を立ち上げる決定を行なった。最終的な決定は 2013 年 7 月に行われる。
・脳スキャンへの大幅投資。MRC（Medical Research Council：医学研究会議）によって 960 万ポンド（19 億 2,000 万円）が資金提供された。（筆者らの 2015 年 9 月調査でも、脳スキャンのことは政策課題として話題によく出ていました。）
・2012 年 10 月 10 日に、国内の認知症研究とリソースを紹介す

るために、英国の研究システムが集結した。このイベントの結果として、8つの企業が研究課題において協力することになり、MRC（医学研究会議）も製薬企業との新たな官民パートナーシップを立ち上げることを約束した。現在、1,200万ポンド（24億円）以上の予算を投入するための9つの企業が検討中である。

・認知症の人の研究参加を助ける2つのものが開発された。1つはケアホームでの研究に関するツールキットである ENRICH（Enabling Research in Care Homes：ケアホームでの研究を可能にする）で、もう1つは、研究参加への同意リストである。

その一方で、研究分野については、認知症を改善する効果的な治療法を提供するためには、研究環境を改善する必要があることから、次のステップとして、次の5つの側面について着目した提言を行っています（Next Step：30-35）。

① Patietns and their data（患者とそのデータ）
・研究と認知症の人が認知症とともに快適に暮らすことをサポートするために、データをリンクし、分析し、使用できる革新的な方法を開発することが必要である。

・NHSは日常的に患者データを収集しているが、この情報はNHSやソーシャルケアシステムが、患者のアウトカムをどのように改善できるかを理解することに関して重要である。ただ、まだ十分なリソースではない。英国は、医療情報工学とセキュリティデータ共有技術における強みを生かし、電子的記録の効果的な使用法を生み出すアドバンテージを有している。患者の同意の下のこうしたデータの利用は、症状や治療の影響を評価するスタンダードになる可能性がある。MRC（医学研究会議）は、10の政府機関やチャリティ機関と協力して、4つの e-helth 研究中核センターを設立するために1,900万ポンド（38億円）を投資している。

・2025年までに、個人の医療記録の使用によって、認知症の人と介護者をより強力にサポートし、認知症の人や介護者自身も自らの医療記録を利用可能となることを期待する。

第 3 章　認知症国家戦略の評価と開発

② Discovery science（科学の発見）
　・認知症や遺伝子の発見の進化や開発のために、英国の専門性及びリソースと、英国の中核的なセンターやクラスターの能力とが協働することが必要である。
　・英国は神経変性疾患研究[2]の領域において世界をリードしている。大学での研究をサポートするための MRC（医学研究会議）、Wellcome Trust（The Wellcome Trust）[3]、ESRC（経済社会研究会議）、ARUK（Alzheimer's Research UK）、アルツハイマー協会（Alzheimer's Society）を通じた資金提供を継続すること、JPND（神経変性疾患研究 EU 共同プログラム）や CoEN（神経変性中核ネットワークセンター）といった世界的な戦略によって、この領域における英国の能力強化を継続すること、UK 脳バンク（Brain Bank）や国立フェノミクス[4]センター（phenomics center）を通じて医薬品開発への支援を継続することが必要である。また、次世代の研究リーダーの育成を行う必要もある。
　・2025 年までに、新しい症状及び疾患修正治療が臨床研究によってテストされていることを期待する。

③ Translational research（トランスレーショナルリサーチ）
　・治療法の発見のトランスレーションが促進されていることが必要である。
　・NIHR（国立医療研究所）のバイオメディカル研究ユニット及びセンターをはじめとして、すでに数多く存在している多くの主要なリソースや戦略が、認知症のトランスレーショナルリサーチをサポートしていくことが必要である。
　・2025 年までに、NIHR（国立医療研究所）のバイオメディカル研究ユニット及びセンターと協働して研究をする複数の民間企業を含めて、認知症研究に取り組むための官民のコンソーシアム形成が促進されていること、また、多能性幹細胞[5]から血液までの共有バイオリソース（BioResource）[6]が開発されていることを期待する。

④ Implementing clinical research（臨床研究の実施）
　・認知症の啓発や研究の認知症への挑戦において果たす役割だけ

でなく、認知症のすべての段階について理解することが必要である。

・臨床研究は研究それ自体だけでなく、それによって収集した情報、画像、サンプルが重要であり、そうしたデータが利用可能になることに企業が興味を持っている。臨床研究へのリクルートをスピードアップし、データを利用可能にすることで、企業が参加する真の機会があり、診断や診断法の研究の質の改善にもつながるものである。

・2025年までに、認知症の人や介護者のQOLから医療経済の観点に至るまでの観点から、改善されタイムリーな診断のベネフィットが示されていて、そうした改善された診断が実施されていることを期待する。

⑤ Living well with dementia（認知症とともに快適に暮らす）
・認知症の人がより長く健康に独立した生活を送ることを支援することが必要である。

・社会科学の領域で研究資金が増加していることは、英国における医薬品を用いない研究の取り組みを強化するものであり、認知症の人のQOLの改善に役立つ。研究によって認知症の人の尊厳と独立性をより長く可能にしていきたい。

・2025年までに、優れた研究により、英国における適切な認知症ケアの能力を継続して拡大できる研究リーダーが新たな世代に登場していること、また、認知症の人及び介護者を効果的に組み込んで、研究の関連性と質が向上していることを期待する。

認知症に関するナショナルレポート

保健省は、「首相の認知症への挑戦」の進捗レポートとは別に、2013年11月に認知症に関するレポートを発表しています（Department of Health, *Dementia : A state of the nation report on dementia care and support in England*, November 2013.）。これは、イングランドにおける認知症に関する取り組みの状況をまとめたものであり、「予防」、「診断」、「認知症とともに快適に暮らす」、「認知症の教育・トレーニング」、「認知症にやさしい地域」、「研究」の計6分野について、地域ごとの状況と、政策の進捗、行動要請（Call to action）が記されています。ただし、当該レポートはあくまで報告にすぎず、行動要請についても、いつまでにどのような行動をすればよいのか、というような具体性に欠ける記載が多いです。

研究分野の現状、進捗については、次のように記載されています。

「イングランドにおける政府の認知症研究予算は、2009年度の2,820万ポンド（56億4,000万円）から、2012年度の5,220万ポンド（104億4,000万円）へとほぼ倍増している。チャリティ部門の研究予算も増加しており、同時期に比べると、ARUK（Alzheimer's Research UK）では、420万ポンド（8億4,000万円）から680万ポンド（13億6,000万円）に、アルツハイマー協会では200万ポンド（4億円）から530万ポンド（10億6,000万円）に増加している。また、2012年7月の研究提案には多数の応募があり、6つのプロジェクトに総額2,000万ポンド（40億円）が与えられた。また、認知症研究の件数は、保健省、MRC（医学研究会議）、ESRC（経済社会研究会議）の合計で、2012年度には194件、認知症研究への患者リクルート数は2012年度に1万1,859人と、認知症の診断を受けた者（31万9,000人）のうち3.7％となっている」（Department of Health 2013）。

「首相の認知症への挑戦」の2年目の評価

2013年に引き続いて、2014年5月7日に各Champion Groupによる2年経過後の進捗レポートを公表しました（Progress on Prime Minister's Challenge on Dementia : Year Two, 7 May 2014.）。本レポートでは、2年間の重要な成果を紹介しつつ、挑戦の最終年である3年目における意欲的な目標（ambition）を示しています。また、2013年12月に開催されたG8認知症サミットについても、本レポートの中で成果として紹介されています。この2年間での主な成果は分野ごとに詳細に示されていますが、主要な項目として次の3点としてまとめられています。

①診断率が2012年3月から6％（46％→48.7％：2.7ポイント）向上した。
②英国国内の50の自治体が認知症にやさしい地域として登録さ

れた。
③2010年度以来、認知症研究への投資が50%近く増加した。

　また、挑戦の最終年に向けての主要な優先領域を次のとおり示しています。
・診断を受け、質の高い診断後サポートを受けている認知症の人の数が増えるようサポートを継続すること。
・認知症にやさしい地域、部門を増加させること。
・認知症を克服する研究の進展に本当の変化をもたらそうとする活動に着目すること。

　さらにレポートは、「首相の認知症への挑戦」は、「認知症への対応に変化をもたらしたことは明確ですが、それで変革が終わったわけではありません。認知症の人と介護者の中には未だに必要なケアやサポートにアクセスできない者がいる」と、「首相の認知症への挑戦」の期限が終了した後にも、引き続き国家的に着目し、行動し続けることが必要であると提言していることに、私も同感です。

PIRUによる2009年からの評価
　2014年9月にLSE（London School of Economics and Politics）のMartin Knapp氏が中心となった、認知症国家戦略を発表した2009年からの認知症ケアとサポートの進捗の評価を行なったレポートを発表しています（PIRU：*Policy innovation research unit, Independent assessment of improvements in dementia care and support since 2009*, September 2014.）。この評価はPIRU（Policy innovation research unit：政策改革研究ユニット）という保健省も支援している団体として発表したものですが、政府からは独立した立場で評価を行なったという位置づけです。
　同年に発表された保健省による「首相の認知症への挑戦2年目の評価」（*Progress on Prime Minister's Challenge on Dementia：Year Two*, 7 May 2014.）では、診断率の向上、認知症にやさしい地域の増加、研究投資の増加の3点を主な成果として挙げていましたが、PIRUのレポートによる評価では、認知症に関する認識や国民の姿

勢の向上、研究面の進捗をあげている点では同様ですが、「診断率については、向上しているが、依然として多くの人が認知症の診断を受けておらず、地域によって診断率や診断の評価の待ち時間にばらつきがある」と指摘しています。

それ以外にも、当該レポートでは、進捗が評価できるものとして、認知症ケアに携わるスタッフのトレーニングの向上をあげている一方で、診断後ケアについて、医療とケアの統合さらに継続して取り組む必要があり、エビデンスベースの介入が全国各地で行われているとはいえないと評価し、また、入院している認知症の人の約40％は、地域におけるケアの方がより良い管理が行われるだろうとして、病院への不必要な入院が数多く見られると指摘しています。なお、認知症のコストについて、ソーシャルケアの支出削減を行なうと、診断後のサービス利用が制限され、不要な入院やケアホームへ入所が増えます。地域ベースのソーシャルケアへの支出を増やすことが、医療・ソーシャルケアコストの削減につながるだろうという意見も述べています。

認知症の研究開発については、実質的な伸びがあったと評価しています。その根拠として、認知症研究の予算の増加に加えて、英国における研究出版物（論文等）の投稿数に関して、2009年以来、認知症関連の投稿数の伸びが、がんや糖尿病などの他の疾患の伸びよりも大きいことを挙げています。認知症の人や介護者の研究への参加についても、認知症の人の10％の参加という目標達成は困難ですが、着実に進展していると評価しています。なお、ケアホームにおける研究の参加を阻害する主要な要因はコスト（スタッフの拘束時間も含む）の問題をあげており、それを解決する1つの手段として、ENRICH（Enabling Research in Care Homes：ケアホームでの研究を可能にする）が有効だろうと述べています。

2. 英国における認知症開発

研究開発予算

英国における認知症関係研究開発予算は、2012年度では7,380万

ポンド(約147.6億円)であり、そのうち英国政府が関係する機関によるものは、5,290万ポンド(約105.8億円)です。単純比較はできませんが、2015年度の日本政府の認知症の予防・研究開発に関する予算(約65.1億円)よりも多く投資されています(1ポンド=200円で換算)。

図3-1の通り、英国の認知症関係研究開発予算は、毎年度約10億ポンド(2,000億円)ずつ増加しています。

英国における他の研究開発と比較すると、表3-1と表3-2を見ればわかる通り、他の疾患群に比べて認知症の研究開発の位置づけは高いとはいいがたく、特にがん研究との差は、研究数、予算規模を見ても歴然としています。

認知症の臨床研究数はがんの50分の1

表3-1【参考】(最下段)からみると、認知症研究予算とがん研究予算を比較すると、2009年度は11.6%、2010年度は9.8%、2011年度は7.9%、2012年度は6.8%にすぎません。図3-2の英国における疾患別臨床研究実施数をみると、認知症の臨床研究数はがんの臨床研究数の50分の1でしかありません。

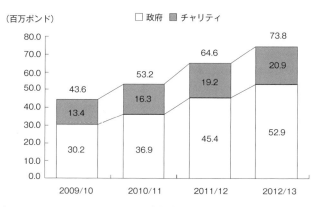

注1) 43.6、53.2、64.6、73.8はそれぞれ各年度の合計。単位は百万ポンド。
(出所) Alzheimer's Society, *Aiming higher to transform lives*, July 2015, p.50. (Table3: Estimated UK spend on dementia research 2009-2013) より作成。

図3-1 英国における認知症関係研究開発予算(単位・百万ポンド)

第3章　認知症国家戦略の評価と開発

表 3-1　認知症関係研究予算の内訳

(単位：百万ポンド)

	2009年度	2010年度	2011年度	2012年度
NIHR（国立医療研究所） MRC（医学研究会議） ESRC（経済社会研究会議）	28.2	36.5	43.8	52.2
EPSRC（工学・物理科学研究会議）	2.0	0.4	1.6	0.7
(1) Government（政府）合計	30.2	36.9	45.4	52.9
Alzheimer's Research UK	4.5	5.1	5.5	6.8
Alzheimer's Society（アルツハイマー協会）	2.3	2.8	3.6	5.3
BRACE	0.3	2.0	1.0	0.5
Wellcome Trust	3.7	3.1	6.4	5.4
Stroke Association*	0.6	0.7	0.7	0.7
Perkinson's UK	1.2	1.3	1.2	1.4
Age UK*	0.08	0.4	0.2	0.3
MND Association*	0.7	0.9	0.6	0.5
(2) Charity（チャリティ）合計	13.4	16.3	19.2	20.9
(3) 総合計 (1)＋(2)	43.6	53.2	64.6	73.8
【参考】(4) NCRIのがん研究予算	504.3	521.4	507.3	502.8
【参考】認知症研究予算／がん研究予算※	11.6%	9.8%	7.9%	6.8%

注1）＊estimated figure based on 25% of the organisation's total annual spend on research.
注2）※は (3)／(4) ではない。
（資料）Alzheimer's Society, *Dementia 2014 : Opportunity for change*, September 2014.
（Estimated annual spend from government and charitable organisations（£million））
（出所）谷俊輔（2015：14）を一部改変。

表 3-2　Clinical trials on dementia and other illness
（英国における疾患別臨床研究実施数）

Subject of the trial	Total number of ongoing trials(phase1-3)
Altzheimer's disease（アルツハイマー病）	99
Vascular dementia（血管性認知症）	16　　125 (1.9%)
Frontotemporal dementia（前頭側頭型認知症）	10
Cancer（がん）	5,755 (89.6%)
Heart disease（心臓病）	454 (7.1%)
Allergic rhinitis（hayfever）（アレルギー性鼻炎（花粉症））	16 (0.2%)
Psoriasis（乾癬）	76 (1.2%)
合計	6,426 (100.0%)

注1）2013年7月時点で実施されているフェーズ1～3の臨床研究数。
（資料）Alzheimer's Society, *Dementia 2014 : Opportunity for change*, September 2014, p. 47. より一部改変して作成

主要なチャリティ団体の1つであるアルツハイマー協会は、英国政府に対して、認知症が社会に与えている影響に比例した研究予算を支出するよう求めています。つまり、認知症研究への投資はまだまだ足りないと主張しています（Alzheimar's Society 2015）。

3. 2012年以降の研究開発に関する主要な取り組み

英国における認知症対策は、前述したとおり、2012年の「首相の認知症への挑戦」以降、ケアやサポートの改善、症状の改善、治療薬の開発等の研究開発にも重点を置くようになり、現在に至っています。そこで、次に、2012年以降の研究開発に関する主要な取り組み、動向について述べます。

NIHRの研究プロジェクト

2012年10月10日、英国政府は、研究者、チャリティ団体、製薬産業の世界的なリーダー150名以上を集めた認知症に関する会議を開催しました。この会議では、英国の世界をリードする研究施設を紹介し、認知症への世界的な挑戦を前進させる方法について議論が行われました。この会議の開催は、「首相の認知症への挑戦」の中で、主要な約束事項（key commitment）の1つとして記載されていたものです。

また、この会議の成果の1つとして、同年12月21日に、ジェレミー・ハント保健大臣は、21の先駆的な研究プロジェクトに対して、総額2,200万ポンド（44億円）の資金提供を行なうことを発表しました。この資金はNIHR（国立医療研究所）から提供され、選定されたプロジェクトは、ケア、治療、原因究明、予防といった認知症に関するすべての分野をカバーするものであり、10月の会議においても紹介されていたものでした。選定されたプロジェクトの一例は次の通りです。

・高血圧症治療薬であるロサルタンを認知症治療に転用する研究
・モーションセンサー、GPSトラッカー、パーソナルアラームなどのテレケア技術を使って、認知症の人が自宅でより長く暮

らせるようにする研究
・初期症状をGPによって発見することに焦点を当てて、レビー小体型認知症の診断率を改善する研究

G8認知症サミット

2013年12月11日にロンドンで「G8認知症サミット」が開催されました。日本からは土屋品子厚生労働副大臣が出席し、英国のデイヴィッド・キャメロン首相、ジェレミー・ハント保健大臣等G8各国の政府代表のほか、欧州委員会、WHO、OECDの代表が出席しました。また、各国の施策や認知症研究、社会的な取り組み等幅広い観点からその現状や取り組みを紹介するとともに、熱心な意見交換が行なわれました。

会議の成果として、G8各国代表者の間で、認知症問題を共に取り組むための努力事項を定めた「宣言（Declaration）」及び「共同声明（Communique）」に合意しました（厚生労働大臣官房国際課2013）。研究については、共同声明の中で、「研究及びイノベーション（Research and Innovation）」として、次のように言及されています（厚生労働省G8認知症サミットコミュニケ：1-3頁より引用）。

＊我々は、研究、ノウリッジトランスレーション（knowledge Translation：知識移転）及びケアを通じ、認知症が社会に及ぼす影響の増加を軽減できると認識する。よって我々は、認知症を予防し、その進行を遅らせ、治療し、または阻止するための画期的な手段の開発に向けたあらゆる努力を称賛する。我々は、最大の効果をもたらす可能性が高く、最大のニーズがある分野に対応できる研究を確実に支援したい。我々は、一致協力し、我々が資金提供する研究に関する情報を共有し、ビッグデータ構想の共有をエビデンスや知識を用いて意思決定を形成するのみでなく、より優れより強固なモニタリング及び評価エビデンスを構築する重要性を理解する。

＊これらの大きな目標を実現するためには、我々は、既存の研究基盤を活用しなければならない。そのため、我々は、NIH、MRC（医学研究会議）、CIHR及びAVIESANなどの研究資金

拠出団体が共同開催者として、欧州レベルで（JPND：神経変性疾患 EU 共同プログラム、革新的医薬品イニシアティブ及びホライゾン 2020 イニシアティブを通じ）提供される既存の取り組みと能力を基に、優先事項を同定し、また、協調的な国際研究行動計画を策定するという申し出を歓迎する。同計画では、最先端科学を考慮し、格差と機会を同定し、また、それらに共同で取り組むための計画が提示される。

＊さらに、我々は次のことをコミット（commit）する。
・2025 年までに認知症の治療または病態修飾療法[7]を同定し、また、その目的を達成するために認知症に関する研究資金を共同で大幅に増やすという意欲的な目標を掲げる。我々は、公的資金を受けた国内の認知症関連の調査研究に従事する人々の数を増やす。
・可能な限り公的資金によるすべての認知症研究に対するオープンアクセスを奨励する。また、研究データと研究結果をさらなる研究のためにできるだけ速やかに利用できるようにする。

＊我々は、認知症研究への支出を増大する必要性を認めているが、それだけでは十分ではない。グローバルレベルでイノベーションを促進・活用するための相互の努力を強化する必要がある。そのため、認知症の人々及びその介護者の生活の質を高めるとともに、精神的及び経済的な負担を軽減するためのさらなるイノベーションを求める。よって我々は、英国によるグローバルな認知症イノベーション特使（Dementia innovation Envoy）を任命するという決断を歓迎する。この認知症イノベーション特使は、国際的な専門知識を結集することでイノベーションを促進し、また、認知症イノベーションを世界規模で支える民間・慈善基金を立ち上げる可能性の模索を含む新たな資金源を獲得するための国際的な取り組みを調整する。

＊我々は、新たな投資家を呼び寄せ、また、企業及び学界で、技術的及び財政的な失敗の恐れを理由に、延期または棚上げされている破壊的技術とイノベーションを支える必要性について認識する。我々は、新しいアプローチを同定・展開するために、公共主導と産業主導両方の研究と能力を後押ししなければなら

ない。我々は、あらゆるイノベーションの道を探らなければならない。優先的な投資対象には次が含まれる。
・治療法開発の新しいターゲットを同定するための基礎として、神経変性の発症と進行に潜む仕組みを解明するための研究
・認知症の予防
・タイムリーな診断と早期介入を実行可能にし、手頃な価格で利用できるようにし、費用対効果を向上させること
・ケアの統合を促進し、認知症の人とその介護者が自宅やコミュニティでデイサービスや社会的サービスを利用できるようにすること
・ケアホームによるニーズへの対応力を高めること

＊認知症が高齢化社会に与える影響を軽減するために、我々は、考え方と行動を変え、現在のイノベーション格差に対する取り組みを助けるための新規投資を刺激する必要がある。我々は、既存の能力と潜在力を基盤に、生命科学、ヘルスケア、在宅ケア、ソーシャルケア及び福祉の各分野でイノベーションを促進する必要性を認識する。そのためには、経済協力開発機構（OECD）との連携の下、現在の国内の研究インセンティブ構造を評価し、発見と研究及びそれらを革新的かつ効率的なケアとサービスに転換することを推進・加速するためには何を変えなければならないかを検討することについて合意する。

　以上がコミュニケでの合意内容です。「G8認知症サミット」の今後の予定では、「新しい介護と予防モデル」をテーマとした本サミットの後継イベントを2014年に日本において開催する予定」（厚生労働大臣官房国際課2013）も、サミットの結果として決定され、2014年11月5〜7日「認知症サミット日本後継イベント」が東京等で開催されました。世界10か国以上から、300人以上の参加があり、「新しい介護と予防のモデル」をテーマに活発な議論が交わされました（Global action against dementia）。（イベント詳細は、独立行政法人 国立長寿医療研究センター特設サイトのホームページで参照できます）（http://www.ncgg.go.jp/topics/dementia/）。

(以下の認知症コンソーシアム、認知症研究プラットフォーム、医薬品開発連合、認知症開発基金、研究への参加支援は、谷俊輔「英国の認知症国家戦略と我が国への有用性に関する調査研究」からの知見を参考にしました。)

認知症コンソーシアム

2013年12月に、Alzheimer's Research UK (ARUK) は認知症コンソーシアム (Dementia Consortium) を立ち上げました (http://www.dementiaconsortium.org/)。これは、認知症薬開発における効果を合理化するために作られたチャリティと民間のパートナーシップです。この300万ポンド（6億円）規模のコンソーシアムには、ライフサイエンス技術移転の専門家であるMRC Technologyを含む、英国の主要な認知症研究のチャリティ団体であるARUK (Alzheimer's Research UK) と、エーザイ[8]とリリー[9]という2つの製薬企業が含まれています。この取り組みは、世界中のアカデミアの研究者と中小企業を支援するために作られたものであり、基礎的なアカデミアの研究と製薬産業の医薬品開発プログラムとのギャップを埋めるために予算、資源、専門知識を提供することを目的としています。すでに世界中から応募を受け付けており、最初の医薬品開発プロジェクトに支援を行っています。

認知症研究プラットフォーム

2014年6月に、MRC（医学研究会議）は5,300万ポンド（106億円）の予算規模で、認知症研究プラットフォーム (DPUK：Dementia Platform UK 認知症研究プラットフォーム) という産業界とアカデミアとの官民連携 (PPP：Public-Private-Partnership) を立ち上げました (http://www.dementiasplatform.uk/) [10]。NIHRの認知症トランスレーショナルリサーチ連携を含む英国中の大学からの主要な世界的研究者[11]と6つの企業〔アラクロン (Araclon Biotech)[12]、アストラゼネカ (AstraZeneca Pharmaceuticals / MedImmune Ltd)[13]、GSK (GlaxoSmithKline)[14]、イクシコ (ixico)[15]、ヤンセン (Janssen Pharmaceutics)[16]、ソマロジック (SomaLogic Inc.)[17]〕が、基礎研究者、臨床研究者、情報技術者の興味を引く

次のようなユニークな多分野プログラムを進めるために、英国の50代以上の人口調査と先端技術を用いる予定であり、メンバーにおける限られた独占期間の後は、すべてのDPUKのデータは、世界中の研究機関で利用可能になる予定であるということです。

・認知症を進行させるリスクを持つのはどのような人か、また、なぜ人によって症状の進行割合に差があるのか、ということについて、よりよい理解を得る。
・新医薬品の開発を支援し、より適切な診断を可能にするために、認知症を引き起こす疾患スペクトラムの生体構造を探索する。
・他の症状に対する既存の医薬品によって、認知症の進行を抑え、症状の改善につなげる方法を研究する。
・早期発見、治療、最終的には認知症の予防の進展に着目するために、健康及びライフスタイルの情報を用いること。

これらのプログラムは、200万人の参加者を有する世界最大の認知症研究にも協力を行ない、今までにないスケジュールで、ゲノミクス[18]、脳イメージング[19]、認知分析、医療情報学を誘導する予定とのことです。このDPUK（認知症研究プラットフォーム）によって、研究者は、疾患発症前及び発症中を観察し、脳に悪影響を与えるものだけではなく、認知症の診断を受ける何年も前から発生している他の疾患やライフスタイルの効果が身体に与える影響についても研究することで、まったく新しい方法で神経変性状態を研究することが可能になるということです。

医薬品開発連合
　2015年2月16日に、ARUK（Alzheimer's Research UK）は、総額3,000万ポンド（60億円）のDrug Discovery Alliance（医薬品開発連合）の設立を発表しました。これは、ケンブリッジ大学、オックスフォード大学、ロンドン大学（UCL：University College London）という、3つの基幹となるDrug Discovery institute（医薬品開発機関）から構成されるものです。この研究機関のネットワークでは、その最先端の施設において、今後5年間で90人の新

たな世界的な科学者を誘致し、特に医薬品開発の初期段階に着目して、アルツハイマー型認知症やその他の認知症の新たな治療法を発見することを目的としています。

認知症開発基金

　2015年3月17日に、ジェレミー・ハント保健大臣は、WHOのGlobal Action Against Dementia第1回大臣級会議の場で、総額1億ドル（100億円）のDementia Discovery Fund（認知症開発基金）の立ち上げを発表しました。この基金には、英国政府、ARUKのほか、バイオジェン（biogen）[20]、グラクソ・スミスクライン（GSK）、ジョンソン＆ジョンソン（J&J）[21]、リリー（Lilly）、ファイザー（Pfizer）[22]といった製薬企業も参加し、J.Pモルガン（JPMorgan Chase & Co.）[23]が基金の管理を行うことになっています。この基金は、認知症を治療する新医薬品を開発することを目的に、革新的な前臨床の研究への支援を行うとしています。英国政府は、2,200万ドル（22億円）を投資することになっていますが、これは、前年の秋の財政演説で1,500万ポンド（30億円）の投資を行なうとしていたものとも一致するものです。また、ARUK（Alzheimer's Research UK）が500万ドル（5億円）、GSKが2,500万ドル（25億円）、ジョンソン＆ジョンソンが1,000万ドル（10億円）、残りをその他の企業が投資することになっており、事後的に他の企業等からの投資も受け付けるとしています。この基金は、World Dementia Council（世界認知症協議会）が、2025年までに新たな治療法を発見するために提言していた5つの優先事項のうちの1つである「世界的な研究予算の増加」というものに一致したものであり、2015年2月に発表された「首相の認知症への挑戦2020」の中でも言及されていたものです。なお、この基金が具体的にどのような活動をしているのかは現時点ではまだ不明です。

研究への参加支援

　研究開発自体の取り組みに加えて、NIHR（国立医療研究所）を中心に、認知症の人やケアホームなどの施設が、認知症の研究に参加することを支援するための取り組みを行なっています。その主な

ものが、Join Dementia research と ENRICH（Enabling Research in Care Homes, ケアホームでの研究を可能にする）です。

　ジョイン・ディメンティア・リサーチ（Join Dementia research）は、アルツハイマー協会と ARUK（Alzheimer's Research UK）と NIHR（国立医療研究所）と共同で立ち上げたもので、興味のある認知症の研究に簡単に参加できるシステムです。認知症の人だけでなく、18歳以上の者であれば誰でも登録することができ、代理で登録することも可能です。これにより、認知症の人、その家族、介護者が研究に参加できるだけでなく、地域エリアや全国で実施されている研究の情報を見ることも可能になっています。また、ジョイン・ディメンティア・リサーチ（Join Dementia research）は、主にオンラインのサービスですが、アルツハイマー協会（Alzheimer's Society）と ARUK（Alzheimer's Research UK）は、インターネットアクセスのない人へのヘルプラインサポートの提供によって、できるだけ認知症の人がアクセスしやすくなるようこのサービスを設計しています（https://www.alzheimers.org.uk/）（http://www.alzheimersresearchuk.org/）。

　ENRICH（Enabling Research in Care Homes, ケアホームでの研究を可能にする）は、NIHR（国立医療研究所）と DeNDRoN（Neurodegenerative Diseases research Network, 神経変性疾患研究ネットワーク）によって開発されたケアホームでの研究のためのツールキットであり、研究者、ケアホームスタッフ、その他の人々のために簡単かつ実践的なアドバイスを提供するものです。具体的には、研究に参加する意義やケーススタディ等の情報提供が行われているほか、ENRICH ネットワークに登録することにより、実施されている研究の情報や研究に参加するにあたっての有用な情報の提供が受けられるようになっています。

注

1) MRC 分子生物学研究所（Medical Research Council, Laboratory of Molecular Biology：MRC, LMB）は、医学や生物学に関連した基礎研究をおこなっているイギリスの国立研究所です。1947年にイギリス政府の医学研

究会議（Medical Research Council：MRC）が創設。タンパク質や核酸の配列決定法を確立したフレデリック・サンガーや、DNA の二重螺旋構造を発見したフランシス・クリックとジェームズ・ワトソンなど、現在までに 18 名のノーベル賞受賞者を輩出しています。2002 年にノーベル生理学・医学賞を受賞したシドニー・ブレナーが、線虫 C. elegans をモデル生物として用いて研究を始めた場所でもあります。2007 年現在、64 人の研究グループ長、200 人の大学院生や博士研究員、132 人の事務職員や技術職員が在籍しています。2002 年から 2007 年までの 5 年間で 400 報以上の論文を発表しています。2009 年には、ヴェンカトラマン・ラマクリシュナンがリボソームの構造解析・機能解明の業績により、ノーベル化学賞を受賞しました。 2012 年にはジョン・ガードンが、京都大学の山中伸弥教授とともにノーベル生理学・医学賞を受賞しました。

2) 辻省次編『別冊「医学のあゆみ」神経変性疾患 研究と診療の進歩』医歯薬出版株式会社、2014 年 9 月。遺伝性神経変性疾患についてはこの 30 年の研究の進歩はめざましいものがあり、その多くについて病因遺伝子が同定され、病態機序の解析が進み、治療法の研究も精力的に行われています。神経変性疾患の病態機序の解明、解明された機序に基づく治療法の実現について最新のトピックをまとめていますので、参照してください。

3) ウェルカム・トラスト（The Wellcome Trust）は、イギリスに本拠地を持つ医学研究支援等を目的とする公益信託団体。アメリカ出身の製薬長者のサー・ヘンリー・ウェルカムの財産を管理するため、1936 年に設立されました。その収入は、かつてバロウズ・ウェルカム社（Burroughs Wellcome & Co）と名乗り、のちにイギリスでウェルカム財団（Wellcome Foundation Ltd.、ウェルカム株式公開会社 Wellcome plc）と改称した団体から醸出されています。ウェルカム・トラストは民間団体としては世界で二番目に裕福な医学研究支援団体であり、その純資産は 2006 年 9 月 30 日時点で 134 億ポンドを越えます。トラストの使命は、人および動物の健康増進を目的とする研究を助成することにあります。また、生物医学研究への資金提供に加え、一般の科学理解を深めるための支援もしています。医学史に関する膨大な蔵書を誇るウェルカム図書館を抱えますが、これも一般向けに無償公開しています。

4)「フェノミクス」というのは、さまざまな細胞種において、mRNA の発現量、タンパク質の発現量、代謝物の量、細胞の形態それぞれを網羅的に調べる技術のことを指しているようです。

5) わたしたちのからだの細胞であれば、どのような細胞でも作り出すことのできる「多能性幹細胞（Pluripotent Stem Cell）」。これにはいくつかの種類があります。ES 細胞（胚性幹細胞：Embryonic Stem Cell）、ntES 細胞（nuclear transfer Embryonic Stem Cell）、iPS 細胞（人工多能性幹細胞：induced Pluripotent Stem Cell）があります。

6) 研究に用いたバイオリソースをバイオリソースセンター等を介して研究者間で共有すること、また、バイオリソースの供給源、株名（系統名）、特性、操作遺伝子の詳細、微生物汚染の有無等を発表論文に記載することを求めています。

第 3 章　認知症国家戦略の評価と開発

7) 多発性硬化症（MS）は中枢神経系の脱髄疾患ですが、正確な発症機序は解明されておらず、根治的治療法は存在しません。現在の治療は MS の病態を修飾することを目的としており、病態修飾療法（DMT）と称されます。世界初の DMT として 1993 年にインターフェロン β が海外で発売開始されて以降、10 種類以上の DMT が既に開発されています。
8) エーザイ（http://www.eisai.com/）．エーザイ株式会社（本社：東京都）は、エーザイが創製し、バイオジェン・インク（本社：米国マサチューセッツ州）と共同で開発中の経口 β サイト切断酵素（BACE）阻害剤「E2609」について、米国医薬食品局（FDA）とのミーティングにおいて早期アルツハイマー型認知症（AD）を対象とした臨床第 III 相試験を開始するのに十分なデータが得られたことが確認されたことを、2016 年 8 月 9 日にプレスリリースしています。
9) 1876 年、イーライリリー大佐は、人々にとって真に有用な薬の開発をめざして、インディアナポリスでイーライリリー・アンド・カンパニーを設立しました。130 年を超える歴史を通じて、「研究開発こそ企業の魂である」という理念はゆるぎなく受け継がれ、イーライリリーの研究開発費はグローバル製薬企業の中でもトップレベルです。リリーは、初の社内サイエンティストとして薬学サイエンティストを採用するなど、医薬品研究プログラムを開始した企業です。
10) www.dementiasplatform.uk をクリックし、A WORLD LEADING RESOURCE FOR PERSON FOCUSED DEMENTIA RESEARCH から、WHO ARE OUR PARTNERS? Dementias Platform UK is a collaboration between Academic and Company partners, working together to speed up dementias research. にアクセスできます。
11) Academic Partners は、University of Cambridge、Cardiff University、University of Edinburgh、Imperial College London、University of Manchester、MRC Biostatistics Unit, Cambridge University、University of Newcastle、University of Oxford（Academic Lead）、Swansea University、University College London の 10 大学です。
12) 注 10 とかかわりますが、アラクロンについては、次の手順でアクセスできます。まず、認知症研究プラットフォームのパートナー企業（http://www.dementiasplatform.uk/get-involved/partners/）にアクセスします。リストから参加企業名をクリックすると企業のホームページにとびます。（Araclon Biotech（http://www.araclon.com/?lang＝en））．
13) アストラゼネカ（AstraZeneca plc、NYSE:AZN）は、イギリスのロンドンに本社を置く製薬企業。1999 年にイギリスの大手化学会社 ICI から医薬品部門が分離したゼネカと、スウェーデンに本拠を置き北欧最大の医薬品メーカーであったアストラが合併して誕生しました。抗がん剤であり、上皮細胞成長因子阻害剤の「イレッサ」（一般名：ゲフィチニブ）の承認を世界に先駆けて日本で獲得しましたが、副作用などが問題となりました。
14) グラクソ・スミスクライン（GlaxoSmithKline, LSE：GSK NYSE：GSK）は、イギリスに本社を置く世界第 6 位（2012,2013,2014 年）（2009 年は第 4 位）の売上と規模を誇るグローバル製薬企業。日本では、グラクソ・スミ

スクライン株式会社（GlaxoSmithKline K.K.）が現地法人として置かれています。略称はGSK。
15) 注12と同じ方法で、イクシコも調べられます。
16) ヤンセンファーマ株式会社は、ベルギーに本社を置く医療用医薬品専門の製薬会社。世界60カ国に250以上のグループ企業を有し、総従業員数約11万4,000人の世界最大のトータルヘルスケアカンパニー「ジョンソン・エンド・ジョンソングループ」の一員です。
17) 注12と同じ方法で、ソマロジックも調べられます。日経新聞には次のような記事がありました。「NECは2010年8月30日、2011年夏をメドに米国で医療検査事業を始めると正式発表しました。米医療ベンチャーと提携し、情報システムを使って血中のたんぱく質データをもとに病気の兆候を診断するサービスを始めるといいます。事業化に向けて米ベンチャーのソマロジック（コロラド州）に500万ドル（5億円）を出資しました。同社は血中のたんぱく質の量を測定し、病気のリスクを発見する技術を持ちます」（日本経済新聞、2010年8月30日付）。
18) ゲノミクス（genomics、ジェノミクス、ゲノム学、ゲノム科学）とは、ゲノムと遺伝子について研究する生命科学の一分野です。
19) 脳機能イメージングとは、生きている脳内の各部の生理学的な活性（機能）を様々な方法で測定し、それを画像化すること、あるいはそれに用いられる技術です。脳で行われる様々な精神活動において、脳内の各部位がどのような機能を担っているのかを結びつける研究資料になります。また、正常の状態と比べることで、脳の病気の診断にも用いることができます。脳の構造を画像化することは、診断や研究のために比較的古くから行われていましたが、機能的な状態を画像化する試みは1980年代になって行われるようになりました。脳血流動態を観察する方法として、機能的磁気共鳴画像法（fMRI）や、ポジトロン断層法（PET）、近赤外線分光法（NIRS）、内因性光計測法（ISOI）などがあります。また神経細胞の電気活動を可視化する方法として脳電図（脳波）、脳磁図（MEG）、膜電位感受性色素イメージング法（VSDI）などがあります。
20) バイオジェンは1978年に先見性ある科学者が集まった小さなグループにより創設され、バイオテクノロジー企業の先駆けとなりました。今日では世界で最も長い歴史のある、独立したバイオテクノロジー企業の一つです。2014年には、サンガモ・バイオサイエンシズ（Sangamo BioSciences）との異常ヘモグロビン症の治療学における協力及びエーザイとのアルツハイマー病治療の共同開発、商品化の提携契約を締結。2015年には、英国に本拠を置く臨床段階バイオ医薬品会社であるコンバージェンス・ファーマシューティカルズ（Convergence Pharmaceuticals）を買収し、神経障害性疼痛のパイプライン候補のポートフォリオに追加しました。
21) ジョンソン・エンド・ジョンソンは1886年、創傷治療のためには医師や看護師が滅菌済みの縫合糸・手術用ドレッシングや包帯を使うべきであるという、当時としては革新的なアイデアをもって創業されました。それ以来、人々の健康と幸せを変える新しい考えや製品を世界中で提供しています。現在、世界60カ国に250以上のグループ企業を有します。消費者向け

製品、医療機器、医薬品の分野で、数万アイテムにのぼる製品を提供し、「世界最大級のヘルスケアカンパニー」として成長しています。
22）ファイザー（英：Pfizer Inc.）は、アメリカ合衆国ニューヨーク州に本社を置く製薬会社です。2013年世界の医薬品売上高で一位でした。ニューヨーク・マンハッタンのグランド・セントラル駅に程近いミッドタウン東部に本社ビルを所有しています。ファイザーは、グローバルな事業展開を図り、世界150ヶ国以上、約7万人の社員を有しています。
23）JPモルガン・チェース（英：JPMorgan Chase & Co.）は、アメリカ合衆国ニューヨーク州に本社を置く銀行持株会社です。2007年の金融危機以降、連邦準備制度のベイルアウト（英語版）を受けていました。商業銀行であるJPモルガン・チェース銀行（JPMorgan Chase Bank, N.A.）や、投資銀行であるJPモルガン（J.P. Morgan）を子会社として有します

文献・電子情報

Araclon Biotech（http://www.araclon.com/?lang = en）.
AstraZeneca（http://www.astrazeneca.com）.
ARUK：Alzheimer's Research UK（http://www.alzheimersresearchuk.org/）.
Alzheimer's Research UK（ARUK）, Dementia Consortium, December 2013.
Alzheimer's Society（https://www.alzheimers.org.uk/）.
Alzheimer's Society, Join dementia research.
Alzheimer's Society, Dementia 2014 : *Opportunity for change*, September 2014.
Alzheimer's Society, *Aiming higher to transform lives*, July 2015.
biogen（https://www.biogen.com/）.
Dementia Platform UK（DPUK）, *A WORLD LEADING RESOURCE FOR PERSON FOCUSED DEMENTIA RESEARCH*.（http://www.dementiasplatform.uk/）.
Department of Health, *Dementia : A state of the nation report on dementia care and support in England*, November 2013.
Department of Health and Prime Minister's Office, *G8 DEMENTIA SUMMIT COMMUNIQUE*, 11 December 2013.
Department of Health and Prime Minister's Office, *G8 dementia summit declaration*, 11 December 2013.
Department of Health, *Prime Minister's Challenge on Dementia 2020*, 1 February 2015.
ESRC：Economic and Social Research Council（http://www.esrc.ac.uk/）.
GlaxoSmithKline K.K.（http://www.gsk.com/）.
Global action against dementia 認知症サミット日本後継イベント──新たなケアと予防のモデル──「長寿医療研究センター特設サイトのホームページ」（http://www.ncgg.go.jp/topics/dementia/）.
IXICO（http://www.ixico.com/）.
Janssen（http://www.janssen.com/japan/）.

Johnson & Johnson（http://www.jnj.com/）.
JPMorgan Chase & Co（https://www.jpmorganchase.com/）.
Lilly（https://www.lilly.co.jp/）.
MRC Laboratory of Molecular Biology（http://www2.mrc-lmb.cam.ac.uk/）.
NIHR：National Institute for Health Research（http://www.nihr.ac.uk/）.
Pfizer（http://www.pfizer.com/）.
PIRU: *Policy innovation research unit, Independent assessment of improvements in dementia care and support since 2009*, September 2014.
Progress on Prime Minister's Challenge on Dementia : Year Two, 7 March 2014.
SomaLogic Inc.（http://www.somalogic.com/Homepage.aspx）.
THE PRIME MINISTER'S CHALLENGE ON DEMENTIA：Delivering major improvements in dementia care and research by 2015：Annual report of progress, 15 May 2013.
UK Brain Bank（http://www.mrc.ac.uk/research/facilities-and-resources-for-researchers/brain-banks/）.
World Dementia Council（世界認知症協議会）（https://worlddementiacouncil.wordpress.com/）.
エーザイ（http://www.eisai.com/）。
厚労働省「G8認知症サミット ディクラレーション（宣言）」。
厚生労働省「G8認知症サミットコミュニケ」。
厚生労働大臣官房国際課「G8認知症サミットの結果（概要）」2013年12月25日。（http://dspc2007.com/pdf/g8-1.pdf）.
谷俊輔「英国の認知症国家戦略と我が国への有用性に関する調査研究」2015年10月。
辻省次編『別冊「医学のあゆみ」神経変性疾患 研究と診療の進歩』医歯薬出版株式会社、2014年9月。
西田淳志「イングランドの認知症国家戦略の概要」東京都医学総合研究所『認知症国家戦略の国際動向とそれに基づくサービスモデルの国際比較 報告書』2013年3月、pp.7-15。
『日本経済新聞』2010年8月30日付。

第Ⅱ部　認知症国家戦略の実践

第4章 サウス・ロンドン・アンド・モーンズリー NHS-FT
―キングス・ヘルス・パートナーズの取り組み―

はじめに

　2015年9月3日、ロンドン市内のオルタス・ラーニング・アンド・イベントセンター（ORTUS learning and event centre, http://www.cqc.org.uk/location/RV5C5/contact）で、ロンドンの訪問看護サービスについての説明を受けました。担当者は、バネッサ・スミス（Vanessa Smith, Dupity Director）さんです。彼女は、サウス・ロンドン・アンド・モーンズリー NHS ファウンデーショントラスト（Nursing and Inpatients, Mental Health of Older Adults and Dementia Clinical Academic Group, South London and Maudsley NHS Foundation Trust）に所属しています。

　コーディネートは、ロンドン大学キングスカレッジ・リサーチフェローの林真由美氏（当時。現在はエディンバラ大学）でした。以下、後述するサットン区の取り組み以外のすべてが、林氏のコーディネートです。

キングスカレッジ病院周辺

　訪問したのは、サウス・ロンドン・アンド・モーンズリー NHS ファウンデーショントラストです。イギリスではメンタルヘルス・トラストと書いてあるところもあり、先進医療と分けることもあります。私たちが訪問したのはファウンデーショントラストで、イギリスにはトラストという名前が付いたものがいくつかありますが、ファウンデーショントラストという格付けをもらっている病院は、NHSの大病院の中でも優良病院であるという証拠です。何が違うかというと、名称はさておき、自主運営の権利が通常のNHSの病院よりも高くなるということです。ファウンデーショントラストとなっているだけで、「ここは優秀な病院なんだ」とわかります。

第4章 サウス・ロンドン・アンド・モーンズリー NHS-FT

　キングスカレッジ病院一帯のショッピング街をみると、普通に生活しているロンドンっ子が地元で買い物する、そんな感じです。スーパーが左手にあって、小さな商店が並んで銀行が並んでいる通りです。このあたりはランベス地区になります。サウス・ロンドン・アンド・モーンズリーの管轄は、ランベスやサザークといった3つか4つの行政区が担当地区になっています。ロンドン内の本当の中心地、ただしテムズ川のいずれも南側になります。

　キングスカレッジ病院前の通りはデンマーク・ヒル（Denmark Hill）という名前の通りで、左右がキングスカレッジ病院の敷地になっています（図4-1）。

　通りの進行方向右手にあるのがメインのキングスカレッジ病院（Kings College Hospital）（写真4-1）、そしてA&E（救急）のエントランスがあります（写真4-2）。奥手のほうには新しい研修センターなどもあります。通りの左手は古いモーンズリー病院（Maudsley Hospital）があります（写真4-3）。モーンズリー病院の現在のメインの敷地は違うところに移っています（写真4-4）。この古い時代のモーンズリー病院は、恐らく保存指定がかかっているのではないかと思われます。古い時代の良い建物は、イギリスは建築物として保存しています。現在NHSは色々なところで再工事しているところがけっこう多いです。

　ロンドンのテムズ川南部のほうは地下鉄の路線があまり発達していません。鉄道の駅があちこちにあり、デンマーク・ヒルの駅（Denmark Hill Station）がありました。

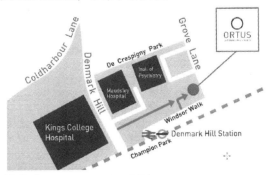

（出所）『MAUDSLEY LEARNING』。
図4-1　配置図

第Ⅱ部　認知症国家戦略の実践

写真 4-1　キングスカレッジ病院（Kings College Hospital）

写真 4-2　A&E（救急）のエントランス

写真 4-3　旧モーンズリー病院（Maudsley Hospital）

写真 4-4　現在のモーンズリー病院
（出所）ダニエル・ペンペンコー氏のプレゼンテーションより（2015 年 9 月 3 日）。

第4章 サウス・ロンドン・アンド・モーンズリー NHS-FT

冒頭、スー・ハウリックさんからチームメンバーの紹介がありました。彼女は臨床専門看護師で、所属しているのはコミュニティ・メンタルヘルスナースのチームです。チームメンバーは、ルイシャム区のメモリーサービスチームマネジャー職をしているロズ・パックさん、ホーム・トリートメント・チームに所属しているエバさん、そして、ダニエルさんは臨床専門看護師で、ランベス区で活動しています（写真4-5）。そして、サービスユーザーのドーリーンさんも同席していました。

写真4-5　左からスー・ハウリック、ロズ・パック、エバ、ダニエルの各氏

最初に、ドーリーンさんからサービスユーザーの体験報告を受けました。

1. サービスユーザーとしての体験談：アルツハイマーの夫の在宅介護

ドーリーン・ブライアント（Doreen Bryant）さん（写真4-6）は、以前夫の介護をしているケアラーでした。そして現在は、モーンズリー病院で高齢者の方々に対してサービスが向上できるように、ボランティアとして活動しています。

介護は身体的にも精神的にもつらい

ドーリーンさんは、アルツハイマーの診断を受けた夫の介護を、在宅で夫がこの世を去る最期の1週間までしました。最期は夫の腰骨の骨折があって入院したそうです。

彼女は、「介護というのが楽ではないというのは皆様もうおわかりかと思います。アマチュアとして、これは自分でやりながら学んでいくわけです」と述べました。介護というのは身体的にも大変でつらいわけです。そして、頭はしっかりとしていなければだめですし、1日24時間週7日の介護をしなければなりません。そして、

127

写真 4-6　ドーリーン・ブライアントさん

その人の人格が崩壊していくのを見ていくわけですから、心労という点でも大変です。それから、実務的なことを実際やっていきます。彼女は、「言ってみれば、これは自分が愛する人のために、自分が親となって活動していくということにあたるわけです」と述べました。さらに「これは大変愛情に満ちた関係というものを、ずっと継続していくことが重要であると思っています。なぜかというと、当事者は大変混乱をしている、そして恐怖心もある、そして安心感を必要としているわけです」とも述べました。

　介護は、大変辛抱強くないといけません。フラストレーションがたまって、どうしても短気になりがちだからです。そして自分のための時間も必要です。なぜかというと、そういった休息がなくては、よい介護というものは継続できないからです。

夫の病状進行

　ドーリーンさんが運が良かったのは、夫の診断を下されたのがモーンズリー精神病院だったことです。最初の段階から大変親切に優しく、そして支援をしっかりしてもらったそうです。そして素晴らしい助言の数々ももらったと言います。そして、同じ運営母体から、地域で活動するコミュニティ・メンタルヘルス・ケアチームのほうに紹介がまわりました。そして対応をしてもらいました。医師からは、「最期のそのときまでこちらのサービスをフルに活用しなさい」という言葉をもらったそうです。

　ドーリーンさんはいいます。「ところがですね、そのアドバイスを私がしっかりと受け止めていたかというと、必ずしもそうではないわけです。なぜかというと、私が思ったのは、こういった介護をするのは私がすべき仕事なんだと思ったわけです。夫も同じように感じて、知らない人が家に入ってくるなんて、嫌だと思ったんです」。

第4章　サウス・ロンドン・アンド・モーンズリー NHS-FT

　しかし夫の病状が進行するにしたがって、ドーリーンさんは病状への対応も変えていく必要がありました。夫は入浴できなくなりました。自分で衣服の着脱もできなくなりました。手先の動きが難しくなり、ボタンをかけることもできなくなりました。そして、空間性をきっちりと捉えることもできなくなりました。さらに失禁コントロールができなくなっていきました。一人で外出することもできない。一人で出てしまったら、道に迷ってしまいます。そして性的な意味で自分の身を慎むこともできなくなってくると、外に出ること自体が難しくなっていきました。

　こういった問題が起こってきましたが、何とか夫婦で頑張っていきました。地方自治体からは失禁コントロールに関する支援などがあり、パッドが支給され、おむつの回収などもありました。しかし、空間的な認識ができなくなるのはどうしよもないことでした。

夫の病状の変化への支援
　衣服に関しては、まったく同じような色合いのスーツを6着そろえました。それは、ボタンはない、ゴムであるといったものです。同じ色にしたのは、どれを着ても見た目がきっちりとなっていて、そういった意味で夫が自分の身なりの尊厳を保つことができるようにできるためです。そして、「さあ、外に行ったときは大変でした。かわいい女の子の近くにはあまり行かないようにしていたわけです。なぜかというと、そういった性的な意味での慎み方というものを、もう維持できなくなったからです」と彼女は述べました。

　どんどんと介護が大変になっていきました。そうすると、ドーリーンさんの夫への接し方も悪くなる。そうして、コミュニティ・メンタルヘルス・ケアチームのほうにお願いをしました。チームは、迅速に対応してくれました。夫のジョンさんは、週に2回デイケアセンターに通所できるようになりました。ドーリーンさんは、「私がそのとき最初に何をしたか。ゆっくり寝かせて頂きました」と述べました。

　それに加えて、夫ジョンさんは2時間のアートセラピーに出席できるようになりました。そして、OTの学生のハナさんの現場実習先がドーリーンさんたちになり、彼女自身のプロジェクトにドー

リーンさんたちがなりました。ハナさんは優しい思いやりに満ちた学生でした。そしてOTの彼女のおかげで、風呂場、ベッドなどの整備、ドーリーンさんが押しやすい、使いやすい車椅子などもそろえることができました。夫のジョンさんとこのOT学生のハナさんとは大変良い関係ができて、彼女は一緒に家族のアルバムをみながら何時間もおしゃべりしてくれたり、2人で外出したりしました。「大変穏やかな中で、かつ効率的にこういったことが行われて、私たち夫婦は大変助かった」とドーリーンさんは言いました。

ドーリーンさんは、ケアの支援に携わってくれた2人がどうなったか教えてくれました。「私たち夫婦を担当されたケアコーディネータの方は、招集されてよい地位に就かれました。学生で実習に来られたハナさんは、合格してコミュニティ・メンタルヘルス・ケアチームの職につき、まさにそれだけの価値がある方々です」と述べました。

そして、ドーリーンさんは、こういった専門家の方々に大変感謝をしているそうです。「トラストのスタッフは、人道的ヒューマニティに溢れた方がたばかりでした」と述べました。ドーリーンさんは、現在介護をされている方に会うと、何というかというと、「私が犯した過ちをあなたは同じようにしてはいけませんよ。いろんなサービスというものを受けることが出来ます。最初からフルで活用しなさい」と言っています。

自分の体験を活かすボランティア活動

ドーリーンさんは、同じような境遇の方に、自分の体験談を話して体験を共有することで安心感をもたらす、ボランティアとしてそういう活動をしています。ドーリーンさんは現在は少人数のグループを作って活動していて、それを軸として、たくさんのプロジェクトに携わっています。

6回のセッションのコースというのがあって、このコースは認知症を知っていくと、いろんな段階でどのような介護をしていけばいいのかをみていくグループです。色々なテーマがその中にあって、食事やレクリエーション（recreation）、そのセッションのシリーズの最後はマネイ、お金です。遺書をちゃんと作って逝きなさいと

か、成人後見人制度の活用の仕方であるとか、あるいは福祉給付金に関することなど含めて話をしています。

　スー・ハウリックさん（写真4-5）は、ドーリーンさんは、「我々が提供するサービスが実務面できっちりといいものを提供しているかという、質の保障をみていくプロジェクトに携わっている」と言いました。「彼女がそういう立場にいて、安全かつ効果的に、サービス提供できているのかチェックします」と言い、「幸い私はドーリーンさんのチェックに合格しました」と笑って言いました。

　介護は長く大変です。心がくじけそうになることもあります。そういったときに、ドーリーンさんが受けたような支援がコミュニティにあれば、介護者は自分自身もくじけずに頑張れるのではないかと思われました。そしてもしそのような介護経験をした人は、自身の体験を活かして、ドーリーンさんがトラストでしているように、グループを作って、同じような立場の人を励ます活動をすることができるといいと考えます。「サービス提供する側にとっても、実際に介護された方のこういった活動は、病院内でもすごく評価が高い」と、スー・ハウリックさんは述べました。

2.　高齢者に対応する活動の概要

　次に、スー・ハウリックさん（コミュニティ・メンタルヘルスナースチーム）から、高齢者に対応している活動の概要の説明がありました。当日配布された資料は、スーさんの説明をもっと詳細にカバーして盛り込まれていました。

キングス・ヘルス・パートナーズの4つの高パフォーミング

　スー・ハウリックさんの所属先は、サウス・ロンドン・アンド・モーンズリー（South London and Maudsley）、その頭文字をとって、SLaM（スラム）と発音して呼んでいます。そしてその中でキングス・ヘルス・パートナーズ（kings Health Partners）というものを構成しています（図4-2）。これは、大変高い能力を発揮している団体・機関が連携をして、そして臨床的な研究を集結させ、そして卓越した

第Ⅱ部　認知症国家戦略の実践

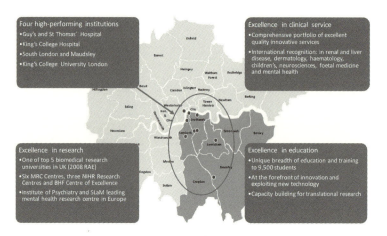

（資料）Mental Health of Older Adults and Dementia Clinical Academic Group（CAG）: Overview of the Service.
（出所）スー・ハウリックさんのプレゼンテーションより（2015年9月3日）。

図4-2　キングス・ヘルス・パートナーズの4つの高パフォーミング

臨床サービス、リサーチ、教育に総合的に対応しています。モーンズリー病院には、バイオメディカルセンターも設置されています。

　何のためのこういったパートナーシップを構築したかというと、臨床上における実務、そして研究・教育、そういったすべてのところで、すばらしい成果を患者のためにあげられるようにというのが目的です。もちろんワールドクラス、世界レベルでなければいけません。

　そのもとに、臨床学術グループ（Clinical Academic Group：クリニカル・アカデミック・グループ）、こちらも頭文字をとって通常はキャグ（CAG）と呼んでいます。これが存在します。

　こういったグループがどんな活動をするかというと、その活動が機能するように大変信頼度の高いエビデンスに基づいた患者ケアおよび治療を、それぞれの専門性のある分野において、色々な専門家が一緒になって提供できるようにしていきます。

メンタルヘルス・オルダー・アダルツ&ディメンション・チーム

　CAGのグループはいくつかあり、スーさんたちが所属するグ

第4章　サウス・ロンドン・アンド・モーンズリー NHS-FT

ループは、メンタルヘルス・オブ・オルダー・アダルツ・アンド・ディメンション（Mental Health of Older Adults & Demention＝高齢者精神医療及び認知症）という分野になります。パートナーシップをどこと組んでいるかというと、スーさんたちが所属するスラム（SLaM）です。それから IOP とは、インスティチュート・オブ・サイカトリー（Institute of Psychiatry）です。精神科医の学術のチームになります。それからこのすぐ近くに病院があります。キングスカレッジ・オブ・ロンドン、医学部をもっているキングスカレッジの学校です。

　患者にとって最善の転帰をつくりあげるために、ケア・パスウェイをもっています。その中で、最良のエビデンスに基づいたガイダンスにのっとり、そして治療を提供していく、これは何の治療かというと、認知症（Dementia）、うつ（Depression）、不安感（Anxiety）、そして精神病（Psychosis）、及び人格障害（Personality disorder）といった症状のためにということです。

　配布された冊子にはパスウェイのことが触れられています。サウス・ロンドン・アンド・モーンズリー NHS-FT のホームページ（http://www.slam.nhs.uk/）をみると、もっときっちりと書いてあります。それからエビデンスについては、英国の臨床の水準を監督し決めていく NICE（イギリスの国立医療技術評価機構：National Institute for Health and Care Excellence）という機関があり、そちらのガイドラインを指しています。NICE は、イギリス政府機関である国民保健サービス（NHS）配下の特別保健機構（special health authority、エージェンシー）の一つで、イングランド NHS とウェールズ NHS に属しています。

モーンズリー・ケア・パスウェイ

　最善の転帰を引き出すために、成果の測定をきちんとしていて、IOP という正式会議の学術院があり、そこで心理学者が活用している測定法を活用しています。図 4-3 はモーンズリー・ケア・パスウェイ（Maudsley Care Pathways）の概要です。より図式化したものが図 4-4 です。

　認知症（Dementia）、うつ（Depression）、不安感（anxiety）、

第Ⅱ部　認知症国家戦略の実践

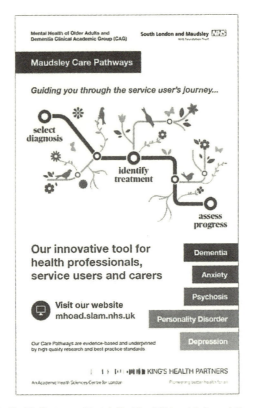

（出所）King's Health Partners., *Mental Health of Older Adults and Dementia : Clinical Academic Group*, An Academic Health Sciences Centre for London,2015,p.26.
図4-3　Maudsley Care Pathways Overview

そして精神病（Psychosis）、及び人格障害（Personality disorder）といった症状のためのパスウェイがあるのがわかります。

　最初はGP、あるいはGP以外のケアプロバイダーによって、チームのほうに患者の紹介がまわってきます。そこで、チームがアセスメントをし、そしてベースラインとなる転帰のほうをまずみます。そこでアセスメントをしたら、どのパスウエイにくるかということが書いてあって、そこが決まったらそれぞれに適した介入をしていきます。介入が終了したら、最初に使ったのと同じ成果、転帰を測定するためにもう一度見直します。もう一度リピートするわけです。それが終わったら、その時点で場合によってはその患者はディスチ

第4章　サウス・ロンドン・アンド・モーンズリー NHS-FT

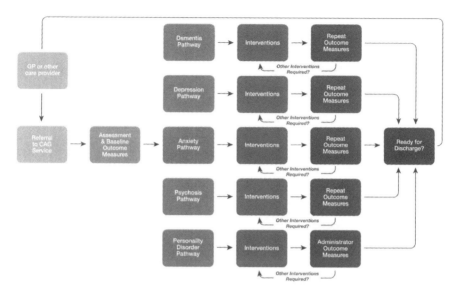

（出所）King's Health Partners., *Mental Health of Older Adults and Dementia : Clinical Academic Group*, An Academic Health Sciences Centre for London,2015,p.28.
図4-4　Maudsley Care Pathways Overview（図式化）

ャージ、これで終了という形になるかもわかりません。あるいは場合によっては、別のパスウェイのほうにまわしていくかもしれません。あるいは別の介入をまたするかもしれません。

担当地域と臨床サービス事業

　スーさんたちは、高齢者精神医療認知症のサービスを専門にしたCAGというグループです。ただチームが担当する地域というのがあって、ロンドン内の地域の人口は12万人になります。そのうちでチームが治療に当たるのは6,000人の高齢者です。パーセントにすれば5％と小さいことがわかります（図4-5）。

　チームが提供している臨床サービス事業はいくつかに分かれています。

　まず、メモリーアセスメントサービスは3つです。それからコミュニティチームは4つです。入院してアセスメントする入院患者アセスメント病棟が3つあります。コンティニューイングケアユニッ

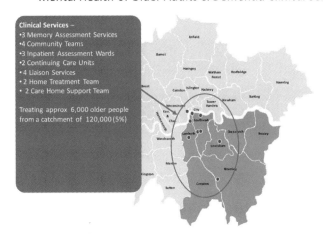

(資料) Mental Health of Older Adults and Dementia Clinical Academic Group (CAG): Overview of the Service.
(出所) スー・ハウリックさんのプレゼンテーションより (2015年9月3日)。

図 4-5　担当地域の概要

ト（継続ケアユニット）は2ヶ所あります。それからリエゾンサービスは4つ、そしてホームトリートメントチームが2つ、それに加えて、ケアサポートチームが2つ存在します。

　アセスメント用の入院病棟は3つあり、通常どんな流れになるかというと、最初はホームトリートメントチームが対応することになります。ただあまりにもリスクが高すぎるということで、これは入院が必要で急性期でのアセスメントをしなければいけない、そういった流れで入院になると考えられます。

　コンティニューイングケアユニットは2つあるといいました。これはどんなところかというと、入所される方の精神医療に関するニーズが、一般のいわゆるナーシングホームのような入所施設では、ちょっと高すぎて、対応できないだろうという方が入所されるところになります。そこで入所者の抱える態度・行動の問題を管理していったり、そしてステップダウンという形で、一般のナーシングホームのほうに移れるようになる場合もあるということです。

　リエゾンサービスというのは4つあるといいました。これは具体

的にどういったところかというと、看護師と医師の混成になっています。こちらは一般内科の病棟などに入院中の方、その患者が精神医療のところでのニーズもあるといった場合、このチームの方がその一般内科の病棟などに行ってアドバイスをし、支援をその病棟でしていくといったサービスになります。

　一番下のケアホームサポートチームというのは、比較的新しく導入された活動になります。具体的に何をするかというと、一般的な高齢者の入所施設というのは、看護師のいるナーシングホーム、あるいは看護師がいない看護度の低いレジデンシャルホームという2つに分かれますが、その両方のところで抱える入所者の問題行動などをどのように管理していくかといったところに訪問をして、支援をしていくサービスになります。これは入所の方だけをみていくだけではなく、運営されているそのホーム全体をみて、「こういうふうに変革していけばいいですよ」というアプローチをとっています。

教育活動

　教育活動を少し紹介します（表4-1）。まず修士課程において認知症の上級ケア、アドバンスケアインディメンシアの名称が修士課程を修了すると修得できます。

　それからあとは、チームリーダー育成のための開発プログラムというものもあります。それからシミュレーションのトレーニングというのがあり、これはリアルライフのシナリオを活用しながら、メンタルヘルス部門におけるスキルなどを身につけられるように学ぶ取り組みです。それに加えて、学習イベントというものがあり、こちらのほうは、身体的な部分と精神医療に関するところをセットでインターフェースといったものがあり、そこの意識を高めるためのイベントです。

表4-1　教育

- Msc Advanced care in Dementia
- Development programme team leaders
- Simulation training
- Kings learning event raises awareness interface between physical and mental health

チームにとってエキサイティングだなと思えるところは、精神医療の病棟といわゆる内科の病棟があって、症状がでてきているのがどっちかひとつだけと分けられない場合があるわけです。そういったときに、協働で取り組むということが、今ではできています。そこがエキサイティングなところです。キングスカレッジ病院の病棟には、そういった取り組みをする特別な病棟ができあがっています。

研究への協力のための患者へのアプローチ

チームでは、「研究のために協力いただけないか」というアプローチを患者にしています。そしてこれは、患者の中でも最新の研究にもアクセスができるようにもなっています。テーマとしては薬剤の治療がひとつ、そしてもうひとつは心理療法における効力がひとつ、あとは認知症の早期、あるいは記憶、メモリートレーニングといったテーマもはいってきます。

表4-2には「コンセントのためのコンセント」（Consent for Consent）と書かれていますが、これは、患者さんのほうにアプローチをして、研究に協力いただけるかどうかという話をしているわけですが、具体的に何かというと、「皆さん（患者）の医療記録のところに、この患者さんはわれわれのほうがアプローチをして、ご自身の医療記録をみていただいても構いませんし、リサーチャーの方がコンタクトをとってもかまいませんよ」というような合意をいただけるかどうかという意味合いです。

ガバナンスの共有

チームは、ガバナンスを共有することになっています（表4-3）。SLaMといった機関のところで、トップダウンのガバナンスの形態から違うものに移行しようと考えています。その中でつくりあげているのがリーダーシップカウンシルで、委員会といったらいいでしょうか。いろんな部門の管理職の方が集まって、このCAGの中での意思決定をする機関にもなります（図4-6）。

それからナーシングカウンシル、看護審議会というものもあります。これは、ナースたちで作り上げている会合の場、フォーラムで、色々なランクの看護師たちが参画をし、そしてチームが所属する

第4章　サウス・ロンドン・アンド・モーンズリー NHS-FT

表4-2　リサーチ

・Consent for Consent
・Drug treatment
・Efficacy of psychological therapies
・Memory training and early dementia

表4-3　ガバナンスの共有

・Leadership Council
・Formed of a wide group of managers
・Meet and be involved in decision making in the CAG
・Nursing Council
・Forum for nurses at all grades to influence the decision making in the CAG
・Move from a top down approach

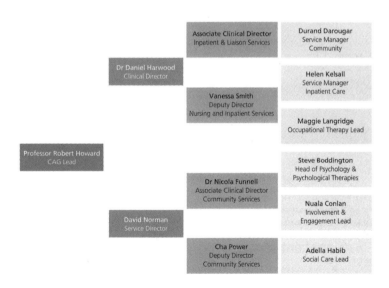

（出所）King's Health Partners., *Mental Health of Older Adults and Dementia : Clinical Academic Group*, An Academic Health Sciences Centre for London,2015,p.17. より作成。

図4-6　CAG management structure (as at March 2015)

第Ⅱ部　認知症国家戦略の実践

表4-4　SLaM の5つのコミットメント

・To be caring, kind and polite
・To be prompt and value your time
・To take time and listen to you
・To be honest and direct with you
・To do what I say I'm going to do

CAG における意思決定のところに影響力をふるえるようにしています。

5つのコミットメント

表4-4は、SLaM といった運営団体、トラストの掲げている5つのコミットメントについて紹介しています。

5つのコミットメントというのは、たとえばチームが職員として、評価を受けるときにも、このところでみてもらえるし、チームが提供する色々なサービス事業の中でも徹底されているのかということもみていく、とにかく仕事をしていくために全員がこれは受け止めて実施をしていくべきものになっています。

1つは、思いやりをもち親切で礼儀正しくあるべき。
2つは、迅速でかつ自分の時間の価値をしっかりみていきなさい。
3つは、自分の声を聞くようにする、そして時間をもっていきなさい。
4つは、自分に対して正直であり、そして直接的であれ。
最後は、口先だけではなくて、言ったことは実行しなさいということです。

ということで、SLaM で働くことが何であるかということを、理解できると思います。

取り組み成果

スー・ハウリックさんのプレゼンに若干補足しながら記述すると、以上のようなものでした。さらに筆者（小磯）の方で、当日配布された冊子の中から、上述した多様な取り組みの成果の一部をみたい

と思います。

　表4-5は、2014年4月から2015年3月までの1年間のうち、これまで述べてきたようなサービスを利用した患者数とその割合をまとめた表です。

　この表からわかるように、Money Serviceが46％と最も多く、Home Treatment Teamsは1％以下と最も少ない結果となっています。Community Mental Health Teamsも40％と介入が多いことがわかります。つまり、この表からわかることは、Money ServiceとCommunity Mental Health Teamsで86％を占有しているということです。地域でのメンタルヘルスでの介入とお金の相談ごとがいかに多いかが理解できると思います。しかし、患者実数が4,625名となっていますが、この人数は管轄区域のコミュニティ・ニーズに見合った数字かどうかはわかりません。しかし、こういったサービスがNHSファウンデーショントラストから提供されていることは、大変重要であるといえるでしょう。

　図4-7は、過去3年間のコミュニティへの紹介数を示しています。2011年4月から2012年3月までの紹介数は5,887人で6,000人に及びませんでしたが、2012年4月から2013年3月では6,890人となり、2013年4月から2014年3月では6,949人と7,000人に近い

表4-5　Who uses our services?

Service Line	Patients	Percentage of our total caseload
Community Mental Health Teams	1,853	40%
Home Treatment Teams	21	<1%
Special Mental Health/Care Home Intervention Teams	81	2%
Money Service	2,155	46%
Liaison Service	85	2%
Psychology and Psychotherapy	320	7%
Inpatients Units	62	1%
Special Care Units	48	1%
Total number of service users to date	4,625	100%

The Table Below provides information of how many people use each of our services, based on a cross section of data from 2014/15.
（出所）King's Health Partners., *Mental Health of Older Adults and Dementia*：*Clinical Academic Group*, An Academic Health Sciences Centre for London, 2015, p.11.

第Ⅱ部　認知症国家戦略の実践

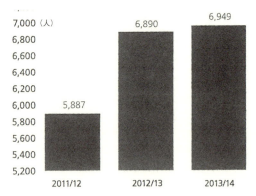

（出所）King's Health Partners., *Mental Health of Older Adults and Dementia : Clinical Academic Group*, An Academic Health Sciences Centre for London,2015,p.11.
図 4-7　Number of community referrals over the last three years

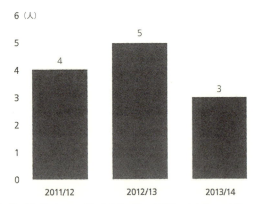

（出所）King's Health Partners., *Mental Health of Older Adults and Dementia : Clinical Academic Group*, An Academic Health Sciences Centre for London,2015,p.11.
図 4-8　Total Number of re-admissions within 28 days over three years

数字となっています。

　そして図4-8は、3年間で28日以内の再入院数を示した図です。再入院数が少ないことが一目してわかります。再入院した数は少ないですが、患者は在宅のまま過ごしたのか、ナーシングホームに入所したのか、については詳しく調べていません。もう少し事業内容の詳細を知るために、ここでは、コミュニティ・メンタルヘルス・チーム、ホームトリートメントチーム、メモリーサービスの事業の3つを取り上げて後述します。

第 4 章　サウス・ロンドン・アンド・モーンズリー NHS-FT

3. コミュニティ・メンタルヘルス・チーム

複雑な人口と住人をかかえるランベス地区

　ダニエル・ペンペンコー（Daniel Pempengco）さん（写真 4-5）が活動しているのはランベスという行政の地区です。所属チーム名は、コミュニティ・メンタルヘルス・チーム・ランベス（Community Mental Health Team, Lambeth）です。ダニエルさんの資格は臨床専門看護師（Clinical Nurse Specialist）です。ダニエルさんが活動をしているコミュニティ・メンタル・ヘルス・チームというのは大変重要なサービス提供を、SLaM という大きな医療機関の中で地元の方々に提供しています。

　チームが管轄するところには 4 つの行政区があり、そちらのそれぞれで活動をしています。具体的な地区名は、サザーク、ルイシャム、クロイドン、そしてダニエルさんが活動するランベス区です。

　写真 4-7 は、区の境界線のところに位置する、ランベスのコミュニティ・メンタル・ヘルス・チームの建物の外観です。

　ランベスという区がどれくらいの区かということですが、人口は 31 万人になります。区の中に地区があり、クラッパム、ソトレッサム、ノード、ウォータールーという 4 つくらいの名前が挙げられます。

（資料）Community Mental Health Team（Lambeth）.
（出所）ダニエル・ペンペンコー氏のプレゼンテーションより（2015 年 9 月 3 日）。
写真 4-7　Community Mental Health Team, Lambeth の建物の外観

第Ⅱ部　認知症国家戦略の実践

　ロンドン・アイ（London Eye は、ロンドンにある観覧車。ミレニアム記念事業により、1999年末に開業した）はランベス区にあり、有名なランドマークといっていい目印のようなものです。オーバル（Oval）というクリケット場、それからランベス・パレス（Lambeth Palace）という英国国教会の大司教の宮殿があります（https://en.wikipedia.org/wiki/Lambeth_Palace）。それは、セント・トーマス病院の脇にあります。

　人口のところでは複雑なものを住人はかかえています。どういった面で複雑かというと、社会的な部分、それから人種的なところです。人種的なところをあげると、アフリカ、カリブ諸島系の黒人の方々がいます。それからポルトガル人の方々もいるところです。ランベス区の現在の人口構成がどうかというと、他の行政区に比べて比較的若い人がいるところですが、この先10年くらいで60歳以上の高齢者が25％増になるであろうという見通しがあります。こういった人口面や人種的な面、近未来の高齢化といったところが、チームが取り組むべき課題です。

出来る限り長く地域社会で自立した生活を続けるために

　ダニエルさんたちは、高齢者のメンタルヘルスを専門領域にしている専門職のチームになります。活動するのはどういったためかというと、対象となる方々ができるかぎり長く自立した生活を、在宅で地域社会の中で続けられるようにということです。

　中にはオーバーラップしているようなところもありますが、それぞれ自分が担当する専門的な業務があります。

　どういった職種の方がいるのか。一番は、精神科医になっています。アセスメントをして診断を下し、薬剤を処方し、そして認知症に関する全体的なことをみていくのが、この精神科医になります。

　そして連携をとっていく職種では、ソーシャルワーカーもいます。彼らはお金に関すること、福祉給付金であるとか、あるいは住宅関連の問題であるとか、そういったところを専門として活動しています。デイケアセンターへのアクセスなどを含めて、対象となる当事者の方々のケア・パッケージといったものをつくりあげていくのが、ソーシャルワーカーです。

第4章　サウス・ロンドン・アンド・モーンズリー NHS-FT

認知行動療法、サイコセラピー、そして家族の方を対象とした活動といったところを、主に担当するのは心理士です。心理学上の側面から対応する職種になります。

その次は、この地域で活動するコミュニティ・メンタルヘルス・ナースという職種、これがダニエルさんのことです。ダニエルさんたちがする業務はアセスメントし、管理をし、そして様々な部分でのコーディネーションをしていきます。

こういったコミュニティ・メンタルヘルス・ナースの多くは、心理社会上の介入（心理社会的アプローチ：psychosocial approach）、サイコソーシャル・インターベンション（psychosocial interventions）といわれる介入ができるような、特別な卒後教育なども受けています。このコースは、心理士のためというより、看護師のためといった介入を指導していくコースになっていて、認知行動セラピーの中に入っていくものです。

看護師として薬を服用させたり、あるいは皮下注射、そういったことも看護師としての仕事でしていきます。そして患者のためのケアコーディネータとなって、OTなどの手配をしたりもします。

次はチームマネジャーという職種です。これはシステムとして、そして必要になるコミュニケーションというものが、きっちりとチームに設置されているのかを管理しているところで、チームマネジャーとしての重要な仕事になります。

そのためには様々な職種のスタッフが、どういった役割をして、どういったことを果たしていくのかを理解していないと、この職は勤まりません。そして高齢者メンタルヘルスといった分野において豊富な経験があり、かつリーダーシップを発揮できないと、果たしていけないような立場になります。

これまで述べてきたチームというのは、包括サービスを提供しますので、これが何を意味するかというと、この職種の人しかチームマネジャーになれないということではなくて、どの職種の方がチームマネジャーになっても構いません。

OTは、それぞれ個人個人がちゃんと生活の中で機能できるように、日々の活動が果たしていけるように、独立して活動をしています。OTは、対象となる患者が最大限に自立した生活を送れるよう

に支援をする立場です。それから OT も看護師もいずれもチームマネジャーになりうる職種になります。

それから忘れてはいけないのが事務職のスタッフです。電話に出て紹介がまわってきたら、それを処理していろんな連絡をする、これが事務職の仕事です。IT なども担当します。

誰を対象とするか

チームが対象とするのはどんな方々かということです。65歳以上、そして地域社会で生活を続けている、そして何らかの精神医療の困難さを抱えている方々です。進行性の記憶障害などを抱えていれば65歳以下の人も対象になります。うつ病をかかえている人、そう病の人、不安症の人、精神病、妄想、精神疾患をかかえる人、それから自分を傷つけるような行動（自傷行動）をされる人も対象です。

次は、患者の紹介がどのようにチームにまわってくるのかということです。一番一般的なのは GP からくるといったものです。ただし、一般病棟で活動をしている精神科のリエゾンナースもいますので、そこからまわってくることもあります。

あとは行政のほうから、福祉の関係のほうからまわってくることがあります。場合によっては親族の方、近隣の方、介護をされている方、自身でネゴして来られてもかまいません。いってみれば誰でもかまわないわけです。

ではどういうふうに紹介がまわってきたときに流れていくのか。まず、紹介がまわってきた、そして適切であると考えれば、これはそのアセスメントをする担当者を決めていきます。そしてすることは、まずはアポをとっていくわけですけれども、通常は電話でアポをとっていきますが、場合によっては患者の方が治療機会がない、携帯電話もないという人もいますから、事前に書面で連絡を取る場合もあります。

どういった内容がこの紹介状の中に入っているかによって、もちろん左右されますが、その次は通常エビデンスにのっとったうえでのアセスメントをしていきます。

MMSE（Mini-Mental State Examination：ミニメンタルステート検査）[1] を使ったり、エース（ACE）といった、そういったアセスメ

ントをしていく場合があります。それから臨床上の症状などを当然みていきますし、そして日々の生活の中で、障害が発生しているようなところもないのかもみていきます。

ホスピタル・アンクシャイティ・アンド・ディプレション・スケール（Hospital Anxiety and Depression Scale, HADS）といった不安感、あるいはうつに関する病院で活用しているアセスメントがありますので、そういった疑いがある方はそれも活用していきます。

患者・家族・介護人へのフィードバック

BPRS（Brief Psychiatric Rating Scale：簡易精神症状評価尺度）という方法を使って精神病、あるいは妄想などがある方はアセスメントします。これが前述で概要説明した転帰、成果を測定していくためのアウトオブメジャー（Out-of-Major）と呼んでいるところになります。

そこまでして結果がでた、そしたらそれをもとにチームでディカッションをします。そこまできたら、それをフィードバックしていくわけです。誰にするかというと、患者さん、あるいは家族の方であったり、介護なさってる方々です。

患者自身、そして、家族の方で、協働（コラボ）で活動していきます。これは、継続して地域社会で自身の生活を続けていけるように、テーラーメイドでつくっていくわけです。

そしてモニタリングということで、どのように成果が進んでいるのかをみていきます。そして、そのあともうひとつ、見直すといった作業がでてきます。

チームが業務上他のサービスを提供する機関のところと連携をしていく場合があります。具体的にあげると、心理サービス、あるいは社会事業・福祉のサービス提供をしているような団体との連携・協働です。

私たちができることは何か

チームにできることは何か、ちょっとオーバーラップするところがありますが、まずエビデンスに基づいたアセスメントを教え、そして心理セラピーをして、提供できる。あとはセラピーの無料のセ

ッションのグループであったり、1対1であったり、それからOTのほうの業務というのもはいってきます。

　ドーリーンさんのときのように、チームは介護をしている方々に情報、そして支援を提供します。そして、入院をしていただくといった、看護サービスのほうも提供しています。これはもう在宅での生活が出来なくなってしまった方のためです。

　たとえば患者が、危機（クライシス）を迎えた場合には、ホームトリートメントチームというまた別のチームのほうとの連携を行います。

　その場合は支援になりうる他の部署、あるいは他の役職の方が存在するようであれば、そちらにいけばフォローアップしてくれるのかの助言、そして間にはいり仲介という役割も果たします。

ケア・プログラム・アプローチの4つの理念

　専門医療福祉として、そして二次医療従事者として提供するサービスの中で重要な点をあげています。CPAとはケア・プログラム・アプローチ（Care Programme Approach）で、4つの理念です。うまく調整ができている、うまくコーディネーションができているケアの提供を目指さなければなりません。そしてチームが目指すところはホリスティックな、つまり全体的アプローチです。その中でアセスメント、治療といったものを調整しながら提供する必要があります。

　その中の、活動の中の4つの理念というものを順番にあげていきます。

　1つ目は、アセスメントです。アセスメントといっても、精神医療面、そして身体的な医療面、両方からのニーズをみたアセスメントです。それに加えて、社会面、環境面での部分もみていく必要があります。そして当事者に、あるいは周りの人へのリスクというものもアセスメントでみます。

　そして2つ目の理念というのは、ケア・コーディネータをしっかり配置していくことです。そのケア・コーディネータが患者が必要としているいろんなケアサービスを整備していく責任をもつ担当者にあたります。このケア・コーディネータが窓口にもなります。誰

の窓口かというと、家族の方、コンタクトをとりたい、あるいは連携をとっていくいろんな機関などの窓口にもなります。

　３つ目の理念というのが、ケア・プランの構築になります。ケア・プランをつくりあげるときには、これは当事者、介護される方自身と家族の方とのコラボレーションになります。ですので、そういった方々にも問題となっているのが何かを特定していただいて、そのソリューションとしては何があるのか、そういったところも特定します。難解な専門用語は使いません。患者の方や家族の方がわかるような言葉を使うようにしています。

　チームが心がけるのは、これは患者が「これは自分のケアプランだな」、所有しているというオーナーシップが感じられるようにしていく。そういうことで、自分が何かエンパワメント（Empowerment、湧活）していきます。

　そして４つ目のポイントがレビュー、見直しです。これは治療を６か月ごとに見直していく、その見直しの際には患者自身、家族の方、介護される方、GPの先生とか、あるいは社会福祉の方とかいろんな方々に参画していただいて、見直しをします。

　介護者の方というのは大変重要視して、ともに取り組んでいきます。なぜかというと、患者ができうるかぎり、可能な限り長期在宅で地域社会で生活を送れるようにする、その鍵になってくるのがこの介護者の方だからです。

　もちろんこういった精神医療の問題を抱えている方々というのは、ニーズが高くなってくるというのは当然認識しているわけです。

　そういったところを誰が満たしていくのかというと、先述したドーリーンさんのお話にあったように、家族、あるいは介護をされる方々になります。

　そういったところからドーリーンさんのような介護される方々に対して、情報提供をし、自身が休めるような休息を与え、そして心の面で支えになっていくことが重要です。

まとめ

　チームが提供する介入のまとめを行います。

　まず１つは、コミュニティ・メンタルヘルス・チームといったも

のは、高齢者の精神医療といったものを専門としている、プロの専門職のいろんな方々で構成されていることがひとつです。

そして患者というのは、65歳以上精神医療面での問題をかかえている方、あるいは認知症の方であれば、年齢に関係なく誰でも、そういった方々が出来うる限り、可能な限り長期にわたって、地域社会で生活ができるようにサービス提供しています。

介護をされる方々といったものに対しての認識もしっかりとあり、支援も行っています。

そして必要とされている、ケアがしっかり提供されているのか、これはシステムとして根付いているのか、そして国レベルで決められた水準を維持できているのか、ということもみていきます。

4. ホームトリートメントチーム

チームの使命は入院を回避するための支援

エバさん（写真4-5）の所属するホームトリートメントチームの説明を聞きました。エバさんが所属しているチームは、担当地区がサザーク区、ランベス区、ルイシャム区になります。もうひとつのホームトリートメントチームはクロイドンという区にあります。ただし提供しているサービスは、ダニエルさんたちのチームが提供しているのと同じです。

表4-6がエバさんたちチームの使命になっています。ランベス、サザーク、ルイシャム区のホームトリートメントチームは、高齢者のために存在するわけです。そして、その人個人を中心にしたアプローチで、集中的に活動をしています。

チームが介入する根底にあるのは、入院を回避するために支援をして、そして最大限のレベルで介護をしていただくということです。

表4-6 Mission Statement

"The Lambeth, Southwark & Lewisham Home Treatment Team for Older Adults aims to work intensively using a person centred approach with service users and their carers during the acute phase of illness. We aim to support clients to reach their optimum level of recovery"

（資料）Mental Health of Older Adults and Dementia Clinical Academic Group（CAG）.

第4章　サウス・ロンドン・アンド・モーンズリー NHS-FT

退院後ということではなくて、ともかく入院を回避するための取り組みということです。

　意識をしっかりもって、脳のレベルを維持してもらう、薬の飲み忘れなどないようにすることもチームの責任下にあります。そして患者の接触です。水分補給なども含めて、しっかりと管理していきます。それにプラスして、介護者の方への支援もチームがしています。

チームの中核をなす人材

　表4-7は、ホームトリートメントチームの中核をなす人材です。まずチームマネジャー（Team Manager）がいます。そして臨床専門看護師（Clinical Nurse Specialist）、たとえばスーさんであったり、ダニエルさんであったり、にあたるわけです。それから事務職のスタッフ（Administrator）がいます。

　それからイギリスの看護資格者、医療従事者の人は、どのランクかというのをバンドという言葉で「帯の中」ということで、第6段階であるとか第2段階であるとか、というように決めていきます。6バンドとか2バンドとかはそういった意味になります。

　まずこの第6級の精神医療ナースが6人います（6 Band 6 Mental Health Nurses）。それから第2級のこちらはサポートワーカーは有資格者ではありません、そして、2等級です（2 Band 3 Support Time and Recovery Workers）。

　それに加えて、臨床専門のナース、OTのスペシャリストは、所属ではなくて、1日とかそのときに来て、チームにはいって活動します（Additional Clinical Nurse & OT Specialist）。ダニエルさん

表4-7　HT Core Team

- Team Manager
- Clinical Nurse Specialist
- Administrator
- 6 Band 6 Mental Health Nurses
- 2 Band 3 Support Time and Recovery Workers
- Additional Clinical Nurse & OT Specialist
- Consultant psychiatrist has recently been appointed

（資料）Mental Health of Older Adults and Dementia Clinical Academic Group（CAG）.

やスーさんはそういった形で臨床ナースとしてチームに参画するということです。

　それから精神科医のコンサルタント医師です（Consultant psychiatrist has recently been appointed）。これは一番高いランキングの医師になります。現在ポストがあいていますけれども、もうすぐ赴任して活動を開始します。

対応する人としない人

　対象となる方々の基準は、先ほどのダニエルさんの話と重複することになります。65歳以上であるか、あるいは認知症発症であれば65歳以下でも対応します。

　逆にチームが受け持たない方々は誰であるのか。65歳以下、ただし例外としては認知症の診断がおりている方ということです。薬物、あるいはアルコールの乱用、あるいは依存症がある方は対応をしません。それが起因であるという方々です。

　チームのベースとなっている基地はどこにあるかというと、モーンズリー精神病院の中にあります（写真4-4）。高齢者の専用の病棟があって、そこのところがベースにもなっているということです。

　チームが活動するのは365日で休みはありません。週7日、ただし、対応する時間は少し変わります。月と金は朝9時から夜9時まで、そして週末に関しては朝10時から夕方の6時までになります。

　そして提供するサービスは、4段階の治療プロセスを活用しています。最初はアセスメント、そしてケアの計画をたて、そして実際の治療計画を実施し、そして最後はその結果がでて退院となります。

紹介はどこから来るか

　チームはどこから患者の紹介を受け付けているかです。ひとつは先ほどダニエルさんが紹介したコミュニティ・メンタルヘルス・チームからまわってきます。それから精神病院の入院病棟等の中からまわってくるのもあります。

　コミュニティ・メンタルヘルス・チームからエバさんたちにまわってくるときにはどういった状態かというと、患者がクライシスを迎えているといった状態です。そして、このチームだけでは対応が

第4章　サウス・ロンドン・アンド・モーンズリー NHS-FT

できずに、エバさんたちのチームに応援がくるということです。
　ホームトリートメントチームのいわゆる受け皿としてのキャパシティは、1日に2回患者を訪問し対応できるだけのキャパはありますが、通常は1日に1回の訪問で対応しています。
　そういった状況から回復してもらうために、入院を管理するために、チームが介入するわけですから、患者自身へ、そして家族介護者の方々に協力を得ながら活動しています。
　それからチームは入院が必要になってくるような場合に、活動をする場合もあります。たとえばもう在宅のほうでは無理であるといったときには、入院前のときにチームが介入し、そして入院後退院が調整されるときに、チームがまた介入するといった場合もあります。
　それから場合によっては、次の病院のほうから精神医療リエゾンといった部署を通して紹介が来る場合があります。
　キングスカレッジ病院（Kings College Hospital）、セント・トーマス病院（St Thomas Hospital）、ルイシャム病院（Lewisham Hospital）、これはどういった形になるかというと、たとえば救急です。救急のほうに来て、そして精神医療のほうでの介入が必要であるということで、エバさんたちのチームのほうに連絡がきます。あるいは、一般の病棟のところで入院されていた。ただし同様に精神医療での介入が必要だというときに、要請が来ることもあります。

フローチャート
　紹介を受けたときにどういった内容になっているかを、フローチャートの図解であらわしてあります（図4-9）。場合によっては紹介がきて、チーム自体が介入することが適切でない場合もありますから、その場合はわけてこうなっているということをあらわしています。
　場合によってはチームがアセスメントをして、ホームトリートメントチームだけの対応ではリスクが高すぎるという場合には、入院ということもあります。
　表4-8は、2015年1月〜7月までの統計数字です。縦軸には上から1、2、3、4、5、6、7月とあって、上の横軸は「紹介がまわっ

第Ⅱ部　認知症国家戦略の実践

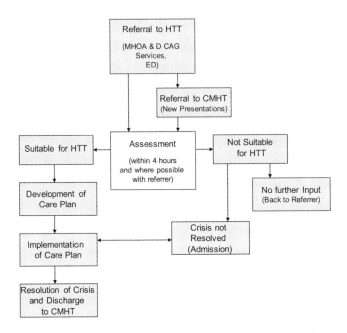

（資料）Mental Health of Older Adults and Dementia Clinical Academic Group（CAG）．
（出所）エバさんのプレゼンテーションより（2015年9月3日）。
図4-9　フローチャート

表4-8　Statistics January –July 2015

Month 2015	NO of Referrals	Accepted	Rejected
January	25	8	16
February	38	19	19
March	36	17	19
April	25	15	10
May	24	15	9
June	31	12	19
July	29	10	19

（資料）Mental Health of Older Adults and Dementia Clinical Academic Group（CAG）．
（出所）エバさんのプレゼンテーションより（2015年9月3日）。

てきた数」、「チームが受けた数字」、そして一番右側のところは「チームでは対応しない」ということで却下した数字です。

第4章　サウス・ロンドン・アンド・モーンズリー NHS-FT

2 交代制の勤務体制

　ホームトリートメントチームは、大変印象的です。このチームの体制は、どれくらいの人口エリアを考えているでしょうか。12人がチームにいます。具体的にどんな職種かは表4-7の通りです。3つの行政区（サザーク区、ランベス区、ルイシャム区）が管轄区となりますので、ざっとした目安で8万人くらいの人口のところです。月に30ケース前後扱っているわけです。シフトは昼間と夜間とどうでしょうか。朝9時か夕方5時のシフトがひとつ。午後の1時から夜9時までのシフトの2交代制です。24時間体制といいましたけれども、ホームトリートメントチームが対応していない時間帯というのがあります。時間外の対応は病院の入院病棟のスタッフのほうが対応するという形で、24時間という体制になるということです。このチームの職員の方の体制は2交代制になります。

5.　メモリーサービス

メモリーサービスの活動の背景

　ロズさんはルイシャム区のほうのチームマネジャーになります。

　メモリーサービス（Memory Service）は3カ所で活動しています。ロズさんの所属するルイシャム区、そしてもうひとつはサザーク区とランベス区で対応し、もうひとつはクロイドンというところになります。（クロイドン・メモリーサービスについては後述します。）

　どのメモリーサービスも活動する内容は3つとも類似していますので、ロズ・パックさんのほうからは、メモリーサービスの活動の背景的なところ、政策的なところを、ポリシーを含め話していただきました。（メモリーサービスは、日本では「認知症初期集中支援チーム」といわれています——小磯。（清水暢子ほか2015参照））。

　まず英国においては、国全体の認知症に対する戦略、ナショナル・メンタルヘルス・ストラテジー（National Mental Health Strategy）が2011年にだされています。政策の話です。認知症を抱える方々の生活向上のためにということでつくった戦略です。

　この戦略が発表されて、それに対する対応ということで、メモリーサービスが設置されました。いわゆる戦略の中の3つのキーポ

イントというテーマがあります。これは最後まで聞いていただくとこれがこういうふうにつながるんだなと理解できます。

最初に、認知症に関する認識というものを向上させ、そこから早期の診断になり、そしてそういった認知症を抱える方々の生活の質向上のために、取り組むということです。

認知症に対する戦略としては、いろんなものが発表されていますが、いずれにしても3つのテーマで紹介をしたものが、その中心にあるような形であると理解できます。色々でていますが、一番新しいものとしては「首相の課題」というタイトルになっています。『プライム・ミニスターズ・チャレンジ・2020年』(Prime Minister's challenge on dementia 2020) です。

メモリー・サービスは記憶アセスメントを提供

ルイシャム・メモリー・サービスが提供するもの、それはクロイドンでも同じことをやっていて18歳以上、つまり成人であれば誰でもということで、記憶アセスメントを提供することが内容です。

早期の段階でみていくわけですので、軽度、中度の方も含んで介護していきます。すでに診断がおりている人は、認知症の対応をメモリーサービスではしません。ですから結局は診断を受けていただけるように、早期の段階でメモリーサービスがでていくという考えです。

この目的は、国が作成した、ナショナル・ディメンシア・ストラテジーという認知症戦略とすべて呼応していることになります。

安全でそして思いやりがあり効果的なサービス提供を入院に、そして介護者のほうにしていき、きっちりとした診断をくだしていき、そしてその際提供するケアというのは、テーラーメイドでその人にあったものを作り上げていくということです。

ですので、アセスメント、診断、そして治療の3つがポイントです。記憶障害のある人をみていくのは、メモリーサービスだけというわけではありません。結果、この人この後神経科とかいろんなところにまわして、みていきますが、そのトリアージをしていくということです。

それから後、たとえばビタミン不足であるとか、ほかの何か起因

が見落とされていないか、GPがこのあたりを確認していくようにしています。

それからいろんな話を聞いていきます。本人から聞きますが、介護されている方の話も聞きます。なぜかというと、同じことを本人が言われるのか、あるいは介護者の方の目からみて話を聞くのかでは変わってくるからです。あるいはあとは内科、精神科などのいろんな病歴があるのかどうかということもみていきます。そして、日々の生活をどのようにしているのか、というところもみていきます。

記憶力や障害がどうかというテストをしていくわけですけれども、実際活用しているのはミニ・メンタルステート・エグザミネーション（Mini Mental State Examination（MMSE））とかエース（the Addenbrooke's Cognitive Examination（ACE - Ⅲ））です。

2つのテストは記憶に関するもので、全員にしていきます。それで終わる方もいれば、例えば脳のスキャンとか、あるいは神経心理テストとか、必要に応じて患者に対して必要なものを活用しています。

アセスメントを活用して診断

アセスメントを活用して診断というところにはいります。

診断をくだすときには、他専門職種のチームでの対応になります。このチームの中には顧問医として精神科医、看護師、OT、ソーシャルワーカー、実はロズ・パックさん（写真4-5）はソーシャルワーカーです。それからあとは心理士などもはいります。それから臨床看護師もはいります。

診断についての話は、患者の方、あるいは家族の方などに配慮しています。というのは、これはやっぱり個人差があるからです。診断がおりた、それに関して色々知りたいという人もいれば、あまり知りたくないという人もいますから、その人の希望に応じるようにしています。

残念ながら、いろんなことを言っても結局覚えてもらえないことがありますので、診断がおりたときには、たくさん書面で参考の書類を渡します。

メモリーサービスには連携をとっていくところがあります。これ

はどういうことかというと、実際身体上の健康に関して問題があるかどうか診ていく必要がありますから、こちらは高齢者診療科の先生方が活動されます、ルイシャム病院とパイプを持って連動しています。

メモリーサービスが何らかの処方をすすめていく場合があります。それは何に基づいて検討しているかというと、国のほうの臨床のいろんな基準を決めていくナイス（NICE）という機関があり、それがだしているガイドラインに沿って、認知症のための薬を処方すべきかどうかといった判断をしています。

認知症とともにうまく生きるための助言

こういった薬の処方だけではありません。ほかにもいろんな取り組みを患者のためにします。これは「認知症とともにどのようにうまく生きることができるのか」といったところでの助言です。

あと活動していく中で、いろんな非営利のNPOの団体がありますから、そういったところとつなげていったりもします。ひとつ、ふたつ例を出すと、ひとつはマインドケアという団体があります。こちらの非営利の団体は認知症の方々への情報提供、助言といったことをしているところです。あるいは介護者支援のためには、ケアラーズ・ルイシャムといった団体が活動しています。実務的なところで、いろんな支援をしていくときに、こういった団体などは大変大きな役割を担っています。（ケアラーズについては、サットン区ケアラーズについて後述します。）

それだけでなく、テクノエイドをすすめることもあります。これは具体的には、ガスを出しっぱなしで忘れていないかといったら、センサーをつけていくとかです。あるいは徘徊防止のために、何か器具を設置していくとかの話です。

それから例えば、何らかの介護の支援が必要である時には、これは行政の福祉課のところにつないでいってあげることもあります。あるいはこういった診断がくだされたら、心理的なところでニーズがでてくるかもしれませんから、そこで心理士にもつなげることもあります。

それからメモリーサービスが活動していくところは、認知症のま

だ初期の段階の方々をつかまえていくところのわけです。そこで活動をしているがゆえにできるところもあって、これは将来に対する計画、助言ができる。日本も同じものがありますけれども、成人後見人制度にあたるようなものが英国にもあり、そういったことに関して、話をしたりすることができます。

　それから、メモリーサービスがしていく業務の中で、認知症の研究に関するところで、あちらこちらへいくとこういうことができますよと、そういった紹介をすることがあります。というのは、認知症というのは治るための薬は存在しないわけですけれども、さまざまな治験というのがありますから、患者さんによっては、そういったところで、自分も積極的に何かしてみたいという方がいるかもしれないので、紹介をしていくということです[2]。

現在直面する課題

　最後は、メモリーサービスが現在直面している課題についてまとめます。

　国の認知症戦略で、認知症に関する認識を高めていくことがあります。そこから需要が高くなりすぎて、それに対応しなければだめなんだという高まった需要、これが課題のひとつです。国のいろんなところで、待機を強いられる患者がけっこういます。それだけ需要が高まっていて、供給が追いついていないことが背景です。

　それから長寿ということがあります。こちらは身体的に健康で長生きをされて、でもメンタルのところが障害になっています。それを支えていくために、非営利のNPOのような団体や、あるいは社会福祉のところなど、支援が必要になってきているのが課題でもあります。

　そういったところの資源の問題といったところです。ドーリーンさんの話もあって、これだけいろんな支援が受けられて、どうのこうのと私たちは聞きましたけれども、あれと同じレベルの支援をすべての方にするのは、やはり限られた資源、財源の不在という問題があります。

　ロズ・パックさんが個人的に関心を寄せているのは、この3つ目の課題ですけれども、住人がすごく多様なわけです。そういった多

様な住人の方が、それぞれニーズをいろいろもっている、それにどうやって見合うものを提供できるのかが課題です。

これはダニエルさんの説明にもありましたが、いろんな人種の方がたくさん住人として生活しているという話がありました。そこにつながっていくわけです。ロンドンは、国全体で見ても大変いろんな人種が生活をしている地になるわけです。そういうところで、具体的な課題としてでてくるのは何か、英語をしゃべらないかもわからないです。そうすると、通訳を介してということになるかもわからない。それから文化的なところで、その方の文化的な認知症の理解と、私たちがもっている理解に差があることもありえると思います。

ということで、どういった国から来た人なのかに全く関係なく、質の高いサービス提供をするためには、このあたりが課題となってくるということです。

6. 日本への示唆

メモリーサービスの介入

ホームトリートメントチームが受けなかったケースがありました。メモリーサービスチームで診断率を上げるのにしないということでしたが、そのサービスは他のプログラムサービスに移行していくということでしょうか。まず、ホームトリートメントサービスが受けなかったのはどこかというということでいうと、場合によっては入院ということになるかもしれません。メモリーサービスは診断がついている人は対応しないですけれども、継続して移行していくのでしょうか。診断がおりてメモリーサービスの対応が終わったところで、サービスはどこにつながれるでしょうか。また、メモリーチームはどれくらいの期間介入するのでしょうか。

まずどれくらいメモリーサービスが介入するかというと、これはアセスメントをして診断がおりて、そして治療を開始したところまでメモリーサービスがはいっていますが、すごくダイレクトでわかりやすいケースであれば6か月くらいだそうです。すごく複雑なケースでは、12か月とか18か月という場合もあるそうです。

例えば、うつの症状がでているときには、まずGPのほうにまわ

して、もどして、そしてうつの治療をして、そして記憶がまた回復しているのか向上するのかといったところをみたりします。そういったところが複雑でいったりきたりして、時間がかかるという意味です。

どこに引き継いでいくか

そのあと、どこに引き継いでいくかは、その方がどれくらいの重度であるかということにもよります。たとえば、まだ初期の段階、軽度であればGPです。かかりつけ医の先生だけが対応する場合もあります。あるいは、連携をしていく中で非営利の団体などが活動しているので、そういったところで認知症アドバイザーがはいって、自立した生活を続けられるように支援していく場合もあるかもしれません。あるいは、もうちょっと必要な度合いが高くなってくると、ダニエルさんのコミュニティ・メンタルヘルス・チームがはいってきたりするので、ケースバイケースです。

病院の入院サービスについて、一般的にメンタルヘルスに関しては、入院の平均在院日数はどれくらいでしょうか。目安ということでいえば、2か月か3か月くらいだそうです。その中には福祉部門で、行政から何かアレンジが必要になっていて、それを待つ間帰宅できなくて入院という方も含んでいることがあります。

病院では認知症の専門の病棟に入院させるのでしょうか。1つは認知症の患者専門の病棟があります。機能精神障害（ファンクショナルメンタルヘルス）の問題がある患者さんに対応できる病棟が、それとは別にもう2つあります。3つのうちのどこかに入院ということになります。

IT管理は課題

記録の管理ということで、それぞれの記録はどのようにされているのでしょうか。ITを使っているのでしょうか。

これは全部電子版をもっていますので、どこの部署の方でも患者の医療記録にアクセスできます。それは普段のアセスメントも全部です。1本化されています。ただし、ITで管理しているところにも実は課題があります。病院は病院で1本化ですが、GPが使って

いるシステムは別で、加えて行政の福祉のほうで使っているシステムも別なので、ここのところのインターフェースはできていないことが課題です。

注

1) ミニメンタルステート検査は、認知症の診断用に米国で1975年、フォルスタイン（Folstein）らが開発した質問セットです。30点満点の11の質問からなり、見当識、記憶力、計算式、言語的能力、図形的能力などをカバーします。
2) この点では、ロバート・ハワード（インタビュイー）インタビュアー小磯明、「イギリスのアルツハイマー研究の最先端」『文化連情報』No.455、2016年2月、pp.22-27参照。

文献

King's Health Partners., *Mental Health of Older Adults and Dementia : Clinical Academic Group*, An Academic Health Sciences Centre for London,2015.

Living well with dementia : A National Dementia Strategy.（https://www.gov.uk/government/uploads/system/uploads/attachment_data/file/168220/dh_094051.pdf）.

MAUDSLEY LEARNING（http://www.maudsleylearning.com/）.（2015年9月3日入手）。

National Mental Health Strategy（https://www.sch.gov.qa/health-strategies/national-mental-health-strategy）.

Prime Minister's challenge on dementia 2020.（https://www.gov.uk/government/uploads/system/uploads/attachment_data/file/414344/pm-dementia2020.pdf）.

South London and Maudsley NHS Foundation Trust（http://www.slam.nhs.uk/）.

オルタス・ラーニング・アンド・イベントセンター（http://www.ortusevents.com）.

清水暢子ほか「特別報告　英国調査その2　英国の認知症初期集中支援チーム『メモリーサービス』」石川県立看護大学『石川看護雑誌』Vol.12、2015年、pp.135-141。

ランベスパレス（Lambeth Palace）（https://en.wikipedia.org/wiki/Lambeth_Palace）.

ロンドン・アイ（London Eye）（https://www.londoneye.com/）.

第5章 継続的ケア・ユニット
―グリーンベール・スペシャリスト・ケア・ユニット―

クロイドン、ランベス、東のほうに行くとサザークという区があります。そしてルイシャム区があって、4つの区の境界線くらいにきました（写真5-1）。クロイドン区にはメモリーサービスがあります（後述）。

1. グリーンベール・スペシャリスト・ケア・ユニット

コンティニューイング・ケアという位置付け

私たちは、ランベス区にあるグリーンベール・スペシャリスト・ケア・ユニット（Greenvale Specialist Care Unit）を訪問しました。担当者は、アマンダ・トンプセル医師（Dr Amanda Thompsell, Consultant, South London and Maudsley Foundation Hospital Trust）です（http://www.cqc.org.uk/location/RV5C5/contact）（写真5-2、3、4、5）。

グリーンベールは、正式にはナーシングホームではなく、コンティニューイング・ケア（continuing care）という位置付けだそうです。急性期の精神病院に入られた方が、まだナーシングホームに行くにはちょっと無理だということで、一時施設で瞬間的に色々な介入をして、落ち着かれたらナーシングホームに移ります。そのナーシングホームにつなぐときに、ここの中間施設がサポートをするそうです。

イギリスではけっこう珍しいモデルになっている施設で、施設の中で「ナマステ」というセラピーをしています。ナマステというセラピーのエビデンスが出ているホームです。

第Ⅱ部　認知症国家戦略の実践

写真5-1　ランベス区へ向かう交差点

写真5-2　グリーンベールの看板

写真5-3　施設の外観

写真5-4　施設の前は公園

写真5-5　施設の正面入口

写真5-6　左からメアリーさん、ロニーさん、ヘレンさん、ロイさん

施設とスタッフ

　施設の責任者はロイさん（男性）です。その右横がヘレン・レスナーさんです（写真5-6）。彼女は、挨拶だけで、このあとすぐ仕事に戻りました。施設では心理士をしている博士です。副所長は2人いて、ヘレンさんの横がロニー・ペイさん、そして一番左がメア

リーさんです。

アマンダ・トンプセル医師はその日は仕事で来られませんでした。会議室での写真と録音はかまいませんでしたが、施設見学をするときは患者の問題があるので、患者の撮影は一切できません。施設の空間を撮る時にも、責任者の許可が必要でした。

まず施設の概要の説明がロイさんからありました。施設の名称は、「グリーンベール・スペシャリスト・ケア・ユニット」です。サウスロンドン・アンド・モーンズリー NHS ファウンデーション・トラストの一部という形で運営されています。そして高齢者の方が入所される施設になっていて、認知症の方々が入っています。この施設に入所される方々の背景としては、認知症以外にも何らかの精神疾患などを抱えている方もいます。それからもちろん何か身体上の病気を抱えている方もいます。地域社会で生活するのはもう難しい、高いレベルにおいてのケアが必要であるということで、入所される方々です。

施設のキャパシティは 28 床あります。すべての病床が占有されているわけではありません。それには理由があります。現在 28 床のうち 19 人の患者が入所しています。なぜ 28 床のうち 19 人の入所なのか理由がありました。1 か月後に施設の改修・改装が予定されているので、フルのキャパシティで稼動していないということでした。

それから職員は、職種でいうと、看護師、そして看護資格はありませんが、ヘルスケアアシスタントという職種の方、それに加えて顧問医の先生、そして心理士、OT（Occupational Therapist：作業療法士）、ST（Speech-Language-Hearing Therapist：言語聴覚士）、PT（Physical Therapy：理学療法士）、通常の英国の病院などでアクセスできるような医療従事者の職種は、この施設にそろっています。

OT、ST、PT に関しては、常勤ではありません。そのスタッフは、かけもちで、この曜日はこちら、違う曜日はどこか違うところに行くという形です。OT の方は、週に 2 回か 3 回くらい、この施設のほうに担当で来ます。それから ST（言語聴覚士）の方は、週に 2 回この施設のほうに来ます。この言語聴覚士の方はけっこう上

のランクのセラピストで、南ロンドンの担当地区の中で、いろんなところをまわっていて、そのうちのひとつがここです。それからPTの方は週に3回くらい来ます。1回のセッションで3時間から4時間くらいです。来るときに、週のうちの1回は一人だけで来られて、週のうちの2回は二人のPTが来ます。ということで、常勤ではないということです。

患者はどこから来てどこへ行くのか

　平均在院日数はどれくらいでしょうか。月単位ではなくて、何年という話になります。具体的には2、3年くらいです。最低でも2年とかそれくらいはいるそうです。平均入所期間を短縮したいという取り組みがあります。ただ目標が何日とかはちょっと難しいです。どういうことかというと、6か月周期だからです。見直しをして、いまこちらのほうに入所されている方が、継続してこの施設にいるべきかの基準を満たしているかどうかの見直しは、半年ごとにしています。

　具体的な例をいうと、この施設に現在入所されている方のニーズが、より身体的ニーズにより高まってくるのであれば、別の入所施設のほうに移ってもらうほうがふさわしいと考えます。何のプライオリティがあるのかということをみていきます。

　たとえば、もともとこちらに入られた背景として、認知症から大変難しい行動をとられるような方であったとします。時が流れて、それがちょっと緩和されている場合があります。そうしたら地域のほうの、いわゆる普通のケアハウスに移れるかどうかを考えていくということです。

　この施設の患者さんはどこから来て、そしてどこへでて行くのか。通常は入院患者がこの施設に紹介されて、移ってくることになります。急性期の病棟というのは、モーンズリー病院ともうひとつのベスレム・ロイヤルというメインの病院があり、その2つのうちの入院病棟からこちらの施設に来ることが多いです。直接地域で、在宅で生活されていて、そこからこの施設に来ることはありません。

　どんな流れのパターンかというと、通常は患者が在宅で医療を受けている。そうするとそのときに、コミュニティケアチームの方が

介入しています。そこで患者の様態が悪くなり、クライシスになってしまうと入院になります。その次に、この施設に来るといったイメージです。

　患者はここからどこへ行くのでしょうか。通常であれば、この地域の高齢者の入所施設、ケアホームなどに移ります。ただし、他の身体上の疾患などが一番の問題であるというニーズがあるとなれば、ここからスペシャリスト・ケア・ホームといった違うタイプのところに、これもやはり地域社会にあるところですけれども、移っていくこともあります。最近そういったケースもありました。

　ケアホームに移る場合が通常あるといっても、必ずしもロンドン内とは限りません。家族の方と相談して、家族が他の地方に住まわれているのであれば、そちらでということもありえます。

ケア提供のプロセス
　「在宅からの入所はほとんどない」のはどうしてでしょう。これは、ケア提供のプロセスにきっちりとした枠組みがあって、在宅の方が何か介入が必要になったら、最初に出動するのはコミュニティケアチームがでることになっているからです。コミュニティケアチームが最初なので、この施設からいきなり行くわけではないからです。コミュニティケアチームが、一人で住まうのはもう無理だと判断したら、次にどこに紹介をまわすか、そのルートは決まっていて、病院の病棟です。コミュニティケアチームからこの施設に来るというのは、枠組みとしてないわけです。

　なぜ病院のほうに行くかというと、在宅で生活が無理だったら病院に入院する、そこで投薬したりいろんな手を尽くして、また帰宅させることができないかという、いろんなことをするわけです。その段階を経ることなく、いきなり入所というルートは、システムとして存在しないということです。

　この施設への入所ルートというのは、病院のベッド調整をしているところからのルートです。たとえば例をあげると、「1年間うちでずっと入院しています」という患者がいて、「どこかベッド空いていませんか」と、グリーンベールに連絡がきたりします。それで空きがあれば、その患者の概要情報を見せてもらって、「可能性と

してあるな」となれば、その病棟のほうにグリーンベールのスタッフが出向いて行って、判定をくだして受けるか受け入れないか決めるわけです。そんなルートになります。

判定委員会

　6か月ごとに入所判定をします。もし身体的なことで他の施設を探して、たとえばグリーンベールをでなければならないという家族の方で、もめたりすることはないのでしょうか。聞いてみると、「いつもそうです。家族の方がここでなければいやだとか」、もめるそうです。どういった形になるかというと、グリーンベールから他の入所施設に移る、つまり、この施設に継続して入所する資格がないと判定します。そうすると、家族の方が「いやいやそれは困る」「こちらにいさせてほしい」ということになるわけです。そしてどうするかというと、施設の決定に対して反する申し立てを家族がします。申し立てをしたら、サウスロンドン・アンド・モーンズリーという運営母体の内部の判定委員会のところで再審査をします。「この施設でくだした判断が適切であったのか」を再審査するということです。家族の申し立てを受けて、そういうふうにします。その時点でこの運営母体のほうでもやはり適切であると、この方は移るべきであるとなった、その時点で家族の方はもう一度、それに不服申し立てをすることができます。その2回目の不服申し立てをもしされたら、次はどこが審査するかというと、外部の判定委員会というのがあります。内部の判定委員会ではだめなので、外部の判定委員会のほうが審査をして、その外部の判定委員会でも「この方はこの施設でみてもらう資格がない」と判定したら、家族はもうそれで従うことになります。やはりそういった不服申し立てをすると判定、判定で時間がかかります。「今も実はそういったケースが一つあります」とロイさんは述べました。

設立と体制

　この施設はいつできたのでしょうか。8年か10年前です。この施設はもともと難しい入所者を扱う施設ではありませんでした。なぜ8年、10年かというと、メアリーさんもこちらのほうで8年く

らい勤続されていますけれども、もともとは一般的な意味での入所施設でした。それがどんどん何となく難しい方の特別な位置づけになってきて、そして今のような形になったということでした。運営はもとから NHS です。

　副所長のロニーさんと所長のロイさんの二人は、勤務してちょうど 20 か月になるそうです。二人はもともとはこの施設の姉妹施設で勤務していたそうですが、やはりいろんな財務面の圧迫があって閉鎖となりました。もうひとつここと同じような施設があるそうです。そこよりは、規模でいうとグリーンベールのほうが 2 倍の大きさになります。

　28 床の施設のスタッフは何人いて何の職種でしょうか。まず看護職は有資格の看護師が 11 人です。それから 40 人の体制で残りの 29 人は看護有資格者ではない看護アシスタントになります。早番、遅番、夜間（夜勤）という 3 シフトになっています。それから 40 名の看護スタッフ全員がこちらの施設の直接の雇用というわけではなくて、レギュラーでそういった看護エージェンシーのところから派遣という方も含んでいます。

ナマステプログラム
　こちらの施設で有名な「ナマステ」とは何か。薬剤に頼らないタイプの「触感」というタイプのセラピーだそうです。具体的にはアロマセラピーやマッサージなどを含んでいます。それから回想療法なんかも含んだアクティヴィティです。アメリカのシマード（Simard）教授という方が、このナマステという名称を使ったそうです。内なるスピリッツを見るという意味合いで、ヨガで使われていた言葉を、ナマステという言葉を拝借したということでつけた名前だそうです。アメリカ人のシマード教授は、ソーシャルワーカーだったそうです。もともとこのシマード教授がかかわっていたホームのところに認知症を患っていた方が入っていて、いつでもみんなから無視されている状況であることに気がついて、何とかして、そういった方々の存在が注目してもらえるものを何かできないだろうか、というところからつくりあげられたそうです。

　このナマステというプログラムは、繊細なアクティヴィティです。

部屋があって、そちらのほうに患者が行ってマッサージがあったり足を洗ったり、クリームを手に塗ってもらうようなことがあって、音楽も流れているといった感じです。

ターミナルケア期の薬剤投与

　認知症の人に対して、薬はドネペジルとメマンチンを使ってるのか聞きました。メマンチンとドネペジルを使っているとの答えでした。トンプセル医師が処方すると思いますが、ナイスのガイドラインでもそれを認めているのでしょうか。

　こちらの訪問医であるトンプセル医師は、薬の処方について大変慎重です。ですので、スタッフもそれに沿うような形でと配慮しているそうです。とにかく慎重で、何でもかんでも処方して患者に害がでないようしています。ECG（electrocard iograph, 心電図）とか色々な観察をきっちりとしていて、血圧も定期的に測って、そして血液検査なども怠らないようにして、処方しています。処方するときには、薬剤師も関与しての供給になります。それから処方する際には、入所されている当事者の方、家族などにも話をした上でするそうです。もちろんジェネリック薬品を使っています。ドネペジルのジェネリックで、あまり広く使われているわけではありません。やはりこの施設に入所している患者は、かなり認知症のほうも重度になってきている、いってみれば認知症のスペクトラムで最期のほうの段階にきていますので、処方するにしても何をするにしても慎重にということのようです。

　この施設では最期のターミナルケアまでするのでしょうか。「そうです」との答えでした。緩和ケアなどもします。終末期のケアがありますので、この施設ではそういった際に連携をとるのは、有名なセント・クリストファーズ・ホスピス[1]です。そちらのほうとの連携というか協働というのもあるということでした。緩和ケアのほうは痛みの度合いなども確認しながらしているとのことでした。

　家族の方が、どれくらいの頻度で見舞いにくるのでしょうか。家族によっては毎日見舞いに来る方もいます。大変頻繁にこられます。やっぱり働いている家族の方がいますので、こちらのほうに見舞いといっても難しければ、たとえば電話で様子を伺うということもし

ています。メアリーさんは、「家族の方が来られてランチだけを一緒に食べるとか、夕食を一緒に食べるとか、そういうこともされていますね」と述べました。

　私たちは2組にわかれて施設をみせていただきました。その後また集合して、質疑応答をしました。

スペースは男女別が国の方針
　全館は3つのウイングにわかれています。施設は男性用のウイングと女性用のウイングで入所のスペースをわけていて、男女別にしています。これは国の方針になっていて、男女をわけていなければCQC（Care Quality Commission, ケアの質委員会）といった医療関連の施設を監督管理しているところから罰金対象になります。

　男性と女性で個室をわけていますが、人数は半分半分ではありません。今は女性の方が多くて、1つのウイングだけでは女性が入れないので、2人の女性が男性のウイングのほうに入ってしまっていますので、それでは違反ということになってしまいます。それでどうしたかというと、そこにもともといた男性はひとつのウイングのほうに入って、空き室も含めて女性が2ウイングを活用しています。

　以前には病床数が足りなくて、やむを得ず男性と女性の区画をわけることができなかった時期がありました。やむを得ず男女の生活のスペースをわけることができなかったときはどうしたかというと、夜勤のナースが1人、女性の病室の前で番をする必要がありました。男女をわけられなかったら、女性の部屋の前では男性が入ってこないように門番をする必要があったということです。

　それに関して責任者であるロイさんは、定期的に状況などの書類の整備などが必要だったそうです。

　「これがテレビ室になります」とメアリーさんが言いました。そして、「さきほどそこに立っていた男性は、1対1で看護師が観察をしなければいけないといった患者さんです。ジェームスさんです」と言いました。

1対1の観察

「そういう1対1の観察が必要な方は今どれくらいいらっしゃるんですか」と質問しました。「そのときそのときによって様々です。なぜかというと、同じ方でも1対1の観察が今週必要だと思われても、見直しをしたら必要がない、リスクが低くなった場合には1対1の観察から外します」とのことでした。「そこから踏まえて聞いてください。先週は1対1の観察が必要な方は5人いました。で、今週は下でみられた男性のおひとりだけです。残りの4人の方は、その方たちの見直しをして、もうリスク度が下がったので、1対1の観察はもう必要はないとなって、今のところは男性ひとりだけです。ただあの人は1日24時間のうち20時間くらい1対1の観察が必要と判定が出ている方で、かなりスタッフの負担が大変です」とロイさんは述べました。

20時間みないといけない人はリスクある人というけれども、どんなリスクがある人なのか理解しにくいです。そこで聞いてみると、「すぐにきれたりするということです。短期できれる」。どういうことかというと、「音楽とかの音が変わったり、それから人が動いたりするので、パッといらいらしてきれる」。ロイさんは、きれるというか、いらつくという表現をしましたが、はっきりいうと暴力的になるということだそうです。あと室温など、室内環境の温度の変化でも、そんなふうになったりするとのことでした。

彼とはまた別に、食事のときだけ1対1のケアが必要という方がいて、これは嚥下の問題の方だそうです。

入所者の部屋（男性）

典型的なベッドルームです（写真5-7）。この施設には多床室はありません。すべて個室になっています。写真をとってもOKでした。家族の方には出来る限り入所される方のライフストーリー、その方の人生のファイルをつくって差しあげるそうです。やはり患者を中心に据えたケアを提供する際に、こういった家族からもらったものを参考にしていくそうです（写真5-8）。

部屋の中にはシャワー室はありません。別にあります。お手洗いなども共有化されています。「自分の家具を持ち込むことはできる

第5章 継続的ケア・ユニット

写真 5-7 男性入居者の部屋

写真 5-8 メモリーブック

写真 5-9 ノブのないロッカー

のか」聞いたところ、「こういった家具の持ち込みはしていただいておりません。というのは、首を縛ったり絞めてしまったり家具関係で問題がでるといけませんから」とのことでした。

部屋の中にはむき出しの棚があります。これは古いタイプの棚になっていて、ノブがないタイプでした（写真5-9）。それからハンガーも金属のタイプは絶対使いません。それは首を絞めてしまう恐れがあるからです。「シーツや写真や飾りは持ち込んでくださいね」ということで、家族の方に奨励はしています。テレビやラジオは個人のものだそうです。でも家具は持ち込みなしでした。

中庭と食堂

夏場はけっこうこのガーデンを活用します（写真5-10）。でも塀があって、誰もこの庭から外に出られない作りになっています。ランチタイムにはテーブルを出して外で食事をしたりもします。

サンルームになっていて、いろんなアクティヴィティや食事のスペースとして活用しているところもあります（写真5-11）。ガーデニングもけっこうきれいにしているそうです。残念ながら最近亡くなられた入所者の方の介護をされていた方が、ガーデニングが好き

写真 5-10　中庭

写真 5-11　サンルーム

で、こんなふうにきれいにしてくださったそうです。

　ヘルウェイさん。エシーさん。マーシアさん。ヘルスケアアシスタントの職の方になります。大変経歴の長い3名です。職員のメリーさん、マーゼルさんとも会いました。

　娘さんがお見舞いにきていました。メアリーさんは「ここが食堂になります。さっきのお嬢さんの娘さんはやっぱり近所にお住まいなので、できるだけ時間があったらお昼を一緒に食べにきてください」と奨励しているそうです。

　家族の訪問があるということですが、たとえばあまり訪問できないような家族の方を入所させる方はいるのでしょうか。答えは、「両方いらっしゃいます。身寄りがない方もいますし、家族がいるけれども事情があって見舞いにしょっちゅう来れない方もいます」ということでした。「ひとりはアイルランドから来ている方がいて、家族がアイルランドなので、よく電話をしていますが、高齢になっているので、どんな調子かを話をしたりしています」と説明してくれました。

　ティーピーというニックネームの女性が食事をしていました。それを、ヘルスケアアシスタント職員が側についていました。「気をつけなさいね」「お口にいっぱいいれちゃって」と話していました。口いっぱいにパンを詰め込んでいたその女性をみながら、とても呑み込めない程の量だと私には思われました。

　「お気づきかと思いますけれども、こちらは、女性入所者用のウイングになっています。ということで、女性用のお手洗いです。ち

ゃんと女性用と書いてあります。中には手すりがついています」とメアリーさんが説明してくれました。

入所者の部屋（女性）

　女性の部屋は男性の部屋よりも広い部屋でした（写真 5-12）。食堂にいたエミリアさんの部屋です。「何で広いのか」尋ねると、「この建物はもともとこういった特殊な入所施設ではなくて、普通の高齢者の入所施設でした。その時代にこの部屋は2人部屋でした。今は国のガイドラインが変わって、個室でしかいけないようになったので、昔の広いままの2人部屋がそのまま個室になって、広いタイプの部屋が2部屋あります。1970年代くらいですから、30年、40年くらい前ですから改装しないといけません。はじめての改装ではないと思います」。メアリーさんの説明でした。

　出窓には家族の写真が飾ってあります（写真 5-13）。部屋の中にはノブのない備え付けの家具がありました（写真 5-14）。

　ベッドのところにエアーマットレスのポンプが設置されているのが写真 5-12 からわかります。褥瘡防止のためです。褥瘡ができそうな方のために、空気を送って褥瘡を予防するための

写真 5-12　女性入所者の部屋

写真 5-13　出窓には家族の写真

写真 5-14　ノブのない家具

第Ⅱ部　認知症国家戦略の実践

写真5-15　特殊なバスタブ

エアーマットのポンプです。それもやはりこの施設で購入したわけではなく、必要があればレンタルで借りて来るそうです。

バスルーム

バスルームは介助ができるようになっています。ひとりで入浴が許される方はいません。すべて誰かが監督しているそうです。バスルームは全部同じようなデザインになっています。特殊なバスタブになっていて、全部このタイプです（写真5-15）。各ウイングに1カ所ずつバスルームが設置されています。だから3つあります。

週に2、3回入浴するそうです。ただ毎日体を洗って欲しいという方もいますし、週に1回くらいという方もいますし、あとは日本人ではないので、バスタブではなくてシャワーでいいという方もいますので、シャワールームがまた別にあるということです。お風呂に入りたくないという方には、シャワーでかまわないわけです。

ナマステルーム

期待したナマステルームは写真が撮れませんでした。おばあさんがメーキャップしていました。そのそばにいた2人の男性がナマステプログラムを開設したベテランだそうです。「みなさんこのナマステプログラムを受けてらっしゃるのですか」と聞くと、「そうです」との答えでした。

誰かがナマステの責任者というわけではなく、シフトで勤務についている方はできる限り、入所されている方にナマステルームを活用するように奨励しています。どの音楽を選ぶかということは自分たちで相談して買うわけではなくて、近くのセント・クリストファーズ・ホスピスが、「こういった音楽が適してますよ」と、おすすめのものがありますので、その中から選ぶということです。

音楽といってもいろんな分野があります。私などはクラシックとかがいいのかと思うのですが、選んでいるのはセント・クリストフ

ァーズ・ホスピスの専門家の方だそうです。これはシマード教授がつくりあげたプログラムなので、その手引きもあるわけです。それで、ナマステのセッションをするときには、優しく落ち着くようなムード音楽だったり、あるいはくじらの鳴き声だったり、それからナマステのプログラムが進んでいくと、今度は覚醒をさせるためにもうちょっと元気の出る音楽に変えていったり、灯かりももっと照明をあげていったり、これも全部独自にやってるわけではなくて、そういう構築されたものがあって、それにそってやっているそうです。

　自分で起きられる方は、昼間は起こしているそうです。入所されている方は、朝はちゃんと起きています。一度ベッドルームから出てもらいます。それで午後になると、お昼寝タイムでお休みになる方もいます。自分の部屋を間違える人もたまにいるといいます。あちこち廊下を歩いて、違う人の部屋を開けてしまう人もいるそうです。

　「夜眠れないときは、オイルとか塗ったりしているんですか」と聞くと、「そうですね。ちゃんとホットミルクを就寝前にあげたりします」との答えでした。「画期的に元気になった方はいますか」と聞くと、「本当に最終段階のような方しかこちらにはいないので、そんなケースはないです」との答えでした。

栄養士とSTの役割分担

　「食べ物は、栄養士の方がかかわっているんですか」と聞くと、「栄養士の方がちゃんといますが、メニューはそれぞれひとりひとりのテーラーメイドの食事ではない」とのことでした。たとえば体重が減り始めているのであれば、これは栄養士が体重減少しないようなメニューにします。チョイスメニューがありますが、ひとりひとりのテーラーメイドではありません。

　「栄養士の採用基準はあるんですか」の質問に、「栄養士の方はこちらに直で常勤でいるのではなくて、母体になるスラム（SLaM）にいて、たとえば体重がかなり減ってきて心配という患者がいれば、そちらの栄養士にアクセスする」とのことです。

　あとは職員の募集に関しては、たとえば栄養士の方はもちろん別

ですし、この施設が直接看護師やスタッフを採用することはなくて、つまり現場でするのではなくて、スラムの母体の方で採用します。少し歩いているとナースステーションがありました。「こちらがナースステーションになります。NHSですから無料です」とメアリーさんから説明がありました。

　食事の形態はきざみ食、もしくはミキサー、どういうのがあるでしょうか。嚥下障害のある方は大体入所者の半分くらいにそうするそうです。そのときに対応するのは、施設のST（言語聴覚士）がアセスメントをします。その入所者にあったケアプランをつくっていきます。このSTの方が作り上げた食事の形態になります。ミキサーなんかでピューレ状になっているのがひとつです。もうひとつの形態は、フォークでつぶせるくらいのものがひとつのタイプです。もうひとつは柔らかいものというのがもうひとつのタイプです。ソフトということのようです。もうひとつは固形ではなく液体です。コーヒー、ジュースとかです。

　そういったものがリスクになる方は、たとえば液体にとろみがつくようにするとか、そういったその方にあったものがあって、ケアプランにそって対応します。飲み物にはとろみをつけるといいましたけれども、とろみをどのくらいつけるかというと、またわかれるそうです。カスタードクリームくらいとか、日本のカスタードクリームではなく、ケーキにかけるカスタードクリームくらいのとろみとか、あるいはシロップくらいのとろみとか、色々細かく決めてあります。

　それは栄養士ではなくて、STがついてケアプランをつくるということです。「胃ろうの方いらっしゃいますか」と聞くと、今胃ろうの方はいないけれども、「かつては胃ろうの方もいました」との答えでした。

　嚥下の問題はSTです。栄養科の問題ではありません。栄養に関する問題のことは栄養士になります。嚥下に関することはSTの管轄になります。ですので、この施設だけでなくて嚥下だけの話であればSTが登場します。ただし、通常はSTだけが単独でするのではなくて、栄養士とも話をして、ともにつくっていくというケアプランになります。病院の中ではたぶんNST（Nutrition Support

Team, 栄養サポートチーム）[2)] でケアプランを作る人は誰かという話と同じです。この施設でも、専門職のチームで話し合って、嚥下のケアプランを作るということです。

精神科医の勤務体制と GP の対応

「看取りをするときには、昼は常勤医師がいますが、夜はどうしていますか」と聞きました。医師はいますが、その医師は精神科医のわけです。ですから、そういった最期の看取りのときに立ち会うとか、そういったことはありません。施設のほうに GP が訪問して、時間外で何かあれば、そのチェックインの先生が来ます。最期の看取りのときに、医師がその場にいなければだめだということはないです。必要に応じて GP が往診という形でします。死亡診断書は当然 GP が書きます。

「医師も常勤ではないですね。週に何時間とか決まってるんですか」と私が聞くと、「精神科医の顧問医の先生は、月火水と週に 3 日来ます。月火水のうち、朝 7 時に出勤されて夜の 7 時くらいまでいます」とのことでした。そして、「一応何かあれば電話で相談させていただくことは可能です。この時間外に電話で相談するというのはきっちりとした職務ではなくて、個人的な好意で時間外でも連絡してきていいですよと、医師のほうで言っていただいている、そんなアレンジですので、正式な意味での勤務形態ではないです」とも述べました。

「家庭医の先生は来られるんですか」と聞くと、「GP の先生はひとりでしか診療してませんので、複数の GP の診療所のほうから先生が週に 3 日間こられます。診察は 1 時間半、こちらのほうにこられて患者の診察に当たります」との答えでした。「時間外はどうなのですか」と聞くと、「これは一般住民の方と全く同じです。GP の診察時間外の時には、時間外の連絡先があって、そこへ連絡してそしてどうなるのかということです。国全体としてシステムがあって、一般の住民と変わらない」ということでした。

2. 日本への示唆

自分の力で患者を持ち上げるのは許されない

「19名の入所者中車椅子の方は何名いるのか」聞いてみました。「女性で3人車椅子を使っています。男性は5人使っていますので、合計8人が車椅子です。あとは、ご自身で車輪つきの椅子をもっている方がいて、それを活用して朝起きるとお茶にいって、ナマステルームのところなんかも時間の節約になります」と説明してくれました。

車椅子対応のときの排泄の場合に、ほとんど全員がトイレにいくそうですが、車椅子対応の方だと移乗が大変です。そのときもひとり待機でしょうか。これは、イギリスでは自分の力で患者さんを持ち上げることは許されないので、持ち上げ器という器具を使います。風呂場のところにそういった器具があったの見ましたが、ああいったものを活用して、バスルームにもトイレにもあったので、それを使います。日本のように看護師や介護士の方が一人でするのはイギリスでは許されません。そういったことに関してのトレーニングや研修もきちんとあります。

そういうふうに1対1で連れて行くことによって、泌尿器科の感染も軽減できたし、あるいは便秘の解消もありました。褥瘡などの改善でも効果がでています。

どこまででもケアプランを作る

ライフストーリーを常備しているということでしたが、日本でもユニットケアということで、個別ケアみたいな形で24時間対応します。たとえば極端な話で、朝型の人間もいれば夜型の人間もいます。生活スタイルが、例えば、入浴も午前中に一斉に入浴という場合が施設では多いですが、その個別の対応はどの程度するのでしょうか。

「これはどこまで患者の方を中心に考えてケアプランをつくるんですか」ということで、「どこまででも」というのが答えでした。「どこまででも」とはどういうことですかと聞くと、看護・介護されるスタッフの方がシフトで3人4人くらい自分の担当がいるわけ

です。それで、ライフストーリーでその方のかつての生活がどうであったのかがもとにありますし、朝お風呂に入りたい方はその方の希望であれば沿うようにできるだけしますし、あるいは中には風呂にははいらないんだ、拭くだけで十分という方がいれば、そちらも尊重します。だからどこまで詰めていくんですかというと「どこまででも」です。

グリーンベールはNHSだから無料
　ナーシングホームだと入居費用が800ポンドかかりますが、グリーンベールでは利用者は無料です。普通のナーシングホームは福祉なので応能負担です。グリーンベールはNHSですから無料です。負担はありません。
　日本の開業医だと、おむつなどの備品は有料です。イギリスでは、入院しているのと同じことなので、そういったおむつなんかも全部グリーンベールにいる間は個人で負担することはありません。

人材不足への対応は課題
　ケアする人の不足はどうでしょうか。有給の看護も介護も両方とも継続して働いてもらうことは課題だそうです。まず資格をとって、最初からこういう施設で働きたいと思う専門職の方はいなくて、たとえばもっと急性期の精神医療の機関で働きたいと思ったりします。高齢者ではなくて成人でももっと若い層のところで、もっと働きたいと思ってこういうところにすぐ来るわけではありません。
　グリーンベールでもここで働くことで、「こういったパッケージというのを提供できますよ」というものを用意したそうです。この施設で働きながら修士号をとることができるとか、そういった魅力あるようなものを包括的に提供するように心がけているそうですが、やはり人材不足は課題だそうです。
　ロイさんが来てから改革されたそうです。ロイさんは、グリーンベールに来る前は19年くらい同じような施設にいました。メアリーさんはもう20年以上こういった場で活躍されているとのことでした。生活費がやっぱり高くつくのがロンドンですので、看護師にとってやっぱり厳しい環境だとも言っていました。

注

1) 1967年、シシリー・ソンダース博士により設立された62ベッドを持つ独立型ホスピス。その後まもなく在宅ケア、さらにデイケアも始めます。患者は、病院、ホスピス、家庭と、その時々に適切な場所に移り、継続したケアが受けられるようになっています。対象は悪性腫瘍が中心ですが、難病やエイズなどの終末期患者も受け入れ、多職種によるチームで包括的なケアを実践しています。

   症状マネジメント、心理社会的問題、家族のケア、ケアの質の評価など、緩和ケアに関する多方面の臨床研究を実施しています。教育研究センターでは、緩和ケア従事者へさまざまな教育プログラムが開講され、国内だけでなく海外からも多数の参加者があります。また、世界中の会員に向けて、緩和ケアに関する最新の情報提供サービスが行われています。まさに、緩和ケアの臨床・研究・教育の世界の中心的存在です。

2) NSTとは、入院患者に最良の栄養療法を提供するために、医師、看護師、薬剤師、管理栄養士、臨床検査技師、言語聴覚士など職種を越えて構成された医療チームのこと。NSTは入院患者の栄養状態を評価し、適切な栄養療法を提言・選択・実施します。そして患者の栄養状態の改善・治療効果の向上・合併症の予防・QOL（生活の質）の向上・在院日数の短縮・医療費の削減などを活動目的としています。

文献

グリーンベール・スペシャリスト・ケア・ユニット（Greenvale Specialist Care Unit）(http://www.cqc.org.uk/location/RV5C5/contact).

第6章 クロイドン・メモリー・サービス
── Croydon Integrated Mental Health of Older Adults, SLaM NHS-FT ──

2015年9月5日、私たちは、クロイドン・メモリー・サービスを訪問しました（http://www.slam.nhs.uk/our-services/service-finder-details?CODE=SU0204）。

クロイドン・メモリー・サービスは大変有名です。メモリー・サービスの典型と考えてもかまいません。担当者はデイビッド先生（Dr David Matthews PhD DClinPsy, Consultant Clinical Psychologist, Lead Clinician, Croydon Memory Service）です。

1. クロイドン・メモリー・サービス

クリスタルパレスというサッカースタジアムが見えてきました。その近くに、ヒーバーズ・デイケア・サービス（Heavers Day Care Services）の建物があります（写真6-1）。その中に、デイサービスが2つ（Willow Day Services, Marsh Day Services）、セントラル・クロイドン・コミュニティ・チーム・フォー・オルダーアダルツ（Central Croydon Community Team for Older Adults）、

写真6-1　建物の外観

写真6-2　デイケア・サービスの建物の中にメモリーサービスがある

アルツハイマー・ソサイエティ・クロイドン・ブランチ（Alzheimer's Society, Croydon Branch）、そしてクロイドン・メモリー・サービスはありました（写真6-2）。

自己紹介

クリス・ニューマンさんの資格は臨床専門看護師です（写真6-3）。分野としては、認知行動セラピーを担当しています。クリスさんは、クロイドン・メモリー・サービスの副ディレクターで、このサービスが立ち上がった2003年以来勤務しています。

ハナ・ドゥーイさんは臨床心理士です。メモリー・サービスには2年間勤務しています。

バーバラ・ダンクさんの資格はOTです。コンサルタントOT、顧問OTといって、格上のOTです。メモリーサービスに勤務して3年になります。しかし常勤ではありません。メモリー・サービスで活動する以外は、テクノエイド部門のリーダーという形で活動をしています。

クリニカル・アカデミック・グループ（CAG）があって、その部門の中のアシステイドテクノロジー、日本ではテクノエイドと呼んだりしている部門がありますが、その分野のリーダーを努めています。CAGの勤めとメモリー・サービスでの役割と両方あります。

実際のメモリーサービスの活動を聞けるとあって、みんな興味深々でした。まずプレゼンテーションを聞きました。そのあと、途中で一旦休憩をいれた後に、ディスカッションしました。

写真6-3　左からバーバラ・ダンクさん、クリス・ニューマンさん、ハナ・ドゥーイさん

2000年以前と以後の高齢者への対応

最初に、クリス・ニューマンさんから、クロイドンメモリーサービスの概要とその目的について説明を聞きました。取り上げるテーマは、国における認知症への取り組みが1つ目、それからクロイドンメモリーサービ

スについてのバックグラウンドの説明が2つ目です。そして現在活動しているチームについての説明が3つ目です。

バーバラさん、ハナさんの2人からは、対応するサービスの過程、プロセス、どんな形で紹介を受けアセスメントをし、診断を下し、治療、そしてそのあとどうなるのかという説明を受けました。また若干数字についての説明も受けました。

「時間軸でいうと、2000年の前はどうであったのかということです。2000年以前の高齢者に対するところの表現はどういうふうに表現しようかと迷っていたのですけれども、あまり財務的な整備がされていなかった対象として、そしてしっかりとしたところでのサービス向上といったところがなかった時代でした」とクリスさんは述べました。

2000年にだされた報告書があります。報告書のタイトルは「フォーゲット・ミー・ノット」（Audit Commissions, 'Forget-Me-Not' Report, 2000）、花の名前で「忘れな草」だったりとか「私を忘れないで」という意味合いですけれども、今まで見過ごされていた高齢者のメンタルヘルスなどに着目をして、支援をするためにだされた文書です。出版したのが、オーディット・コミッションという監査の機関です。

それともうひとつは、2001年に出された別の文書になります。こちらは国のフレームワークで、ナショナル・サービス・フレームワークの一番上の頭文字をとってNSF（NSF, *for Older People; mental health as one of its eight priorities,* 2001.）というものです（The National Service Framework for Mental Health, 国立研究開発法人国立精神・神経医療研究センター）。その対象は高齢者、そしてメンタルヘルス、そしてそのなかで優先課題としていくつかとりあげています。その具体的に含まれていた優先課題というのが、認知症の早期発見、そして診断を下し、治療をしていくことでした。

リビングウェル・ウイズ・ディメンシア、認知症とよい生き方をしていきましょう（Living well with Dementia : A National Strategy, 2009）ということです。こちらがまた別の出版物で、高齢者のこういった向上を目指す活動の中でだされたものです。

その中で3つのキーポイントがあります。これはサービス向上を

目指すためのポイントです。1つ目が認識度を上げていくということ、2つ目が早期の診断と関与、3つ目はより質の高いケアの提供です。

140万人の認知症と500億ポンドのコストの予測

この文書の中で、全国的な数字でみていったときに、次のような国の姿が浮かびあがります。

1つ目は、英国全体において、認知症の人口は70万人ほどであるということです。65歳以上の方の認知症の方々が1万5千人ほどであるということ、そして1万5千人ほどの方々は少数民族の認知症の方である。こうした数字を出し、正式に診断がおりているのは、だいたい50％であるということです。

こういったところの数値関係は、どんどん大きくなっていくことは、みんなの認識になりつつあります。そして、そういったところにかかる予算も、拡大していくという見通しになります。ひとつの数字として、コストとして必要になるのが170億ポンドというのがでています。

早期の診断、そして介入は、もちろんそういった方々のQOL（生活の質）向上ということもありますが、それだけではなく、増大する予算に対応することでもあります。

2008年から2038年の予測は表6-1のようになります。2008年にかかったコストが170億ポンド、これが2038年になると、500億ポンドを上回り、認知症の人数も70万人から倍の140万人になります。

表6-1 2008年から2038年の予測

year	2008	2038
People with Dementia in the UK	700,000	1.4Million
Estimated Cost	£17billion	Over £50billion

"if spend money now to improve the quality of life for people with Dementia and their we will save money in the future as well as make things better for everyone concerned"

（資料）South London and Maudsley NHS., *CROYDON MEMORY SERVICE*, 4 Sep 2015.

第6章　クロイドン・メモリー・サービス

メモリークリニックとメモリーサービスは違う

　それからまた別の文書で、2012年にだされた認知症に関するものがあります。アルツハイマー協会がだしています。タイトルはナショナル・チャレンジで、実はさきほどの文書は認知症とうまく生きていこうという、そういったことを書いていましたが、「認知症となんかうまく生きていけないんだよ」ということで、この文書がアルツハイマー協会からだされました。

　より認知症の方に優しい社会をつくっていこう、認知症に対応するためのネットワーク、そして研究を拡大していく、ということがはいっています。

　認知症の方々のケアとして、介入をしていくサービスのなかに、3つの大きなものがあります。まず1つ目がコミュニティ・メンタルヘルス・チームです。そして2つ目はメモリークリニック、そして3つ目がメモリーサービスです。

　メモリークリニックとメモリーサービス、これをわけています。メモリークリニックのほうは、薬による治療、そしてメモリーサービスのほうはより包括的なサービスになります。

チーム構成の変化

　クロイドン・メモリーサービスのチーム構成の説明がありました。一番上にあるのが、顧問臨床心理士（Consultant Clinical Psychologist）です。この方がチームリーダー（Team leader）になります。そのもとに上級ソーシャルワーカー（Senior Social Worker）、そして一次医療アクセスワーカー（Primary Care Access Worker）、そして、臨床専門看護師（Clinical Nurse Specialist）、そしてまたスタッフの格付けでいうと、精神科医（Staff Grade Psychiatrist）がはいっていて、常勤換算にすると0.7人分（0.7wte）ということです。それから事務職（Administrator）、そしてこちらは心理士のアシスタント（Assistant Psychologist）の方、そして一番下が0.5日（0.5day）とはいっていますけれども、上級の医師の方、顧問医レベルの精神科の先生（Consultant Psychiatrist）という構成になります。

　これが発端時になりますから、2003年のときです。現在のサー

第Ⅱ部　認知症国家戦略の実践

表 6-2　チーム構成の変化

The Team at Inception 2003	The Team-Ourrently 2015
Consultant Clinical Psychologist（Team leader）	Consultant Clinical Psychologist（Team leader）
Senior Social Worker	Clinical Psychologist
Primary Care Access Worker	Clinical Nurse Specialist（Band7）× 2
Clinical Nurse Specialist	Nurse（Band6）
Staff Grade Psychiatrist（0.7wte）	Occupational Therapist × 1.5
Administrator	Assistant Psychologist
Assistant Psychologist	Specialist（0.5wte）
Consultant Psychiatrist（0.5day）	Administrator × 2
	Assistant Psychologist
	Consultant Psychiatrist（0.2wte）
	(Senior Social Worker)

（資料）South London and Maudsley NHS., *CROYDON MEMORY SERVICE*, 4 Sep 2015.

ビス自体が拡大していますので、現在のチーム構成が表 6-2 の右側です。

活動の原点の哲学

　メモリーサービスには活動の原点の哲学があります。1つ目は、一般的にみんなで対応するということです。どういうことをいっているかというと、職種別に自分に関することをするのではなく、チームの中の誰もがアセスメントをして診断をし、そしてフィードバックをして、そして治療を提供するという取り組みをするということです。

　包括的であるというのが2つ目です。全体的なパッケージとイギリス人はよくいいますけれども、いろんなものを全部盛り込んで提供するということです。そして途切れ目がないということで、たとえば社会福祉のあたりとか、他と連携を取っていくべき慈善団体などと、まん中にギャップが出来ず流れるようにしていくというのが3つ目のポイントです。

　そしてスキルをシェアしていくというのが、その次の点です。ソーシャルワーカーの方がECG（心電図）を使ったり、あるいは臨床心理士が本来はしないような仕事をしたりということです。

　こういった取り組みをすることによって、より教育的でありうるということ、お互いに対して教育をすることができ、そしてクライ

第 6 章　クロイドン・メモリー・サービス

アントに対して、最善のものを提供することにつながるわけです。ニーズ先導型で対応をする、そして病例（a case of disease）には最良のベストプラクティスを構築していきます。

診断目標は 60％

では現在のサービス状況です。こちらに紹介がまわってくる数は、月間平均 102 件ほどまわってきます。このクロイドンという地区において、ターゲット設定をしている診断は 51.3％です。それは以前のターゲットで、それはもうクリアして現在は 59.2％で、目標は 60％の診断を目ざしています。ここで、クリスさんからバーバラ・ダンクさん（写真 6-3）に、説明はバトンタッチです。

次はどういった過程ですすんでいくのかです。最初紹介がどこからくるのかというと、これはもう絶対的に大多数でいうと GP からです。とはいっても、他から来ないというわけではありません。2次医療サービスのところ、具体的にはコミュニティ・メンタルヘルス・チームからであったり、神経科からであったり、あるいは病院のリエゾン役をしているホスピタル・リエゾン（Hospital Liaison）と呼ばれるチームから来る場合もあります。

紹介をこちらにまわすときには、「こういったことをきっちりと連絡してください」と、お願いしていることがいくつかあります。1 つ目がどういった問題、とくに記憶に関する問題などがはいっているかを教えてほしいということ、それからその方の今までの病歴です。医療の記録のことが 2 つ目です。それから 3 つ目が、認知症に関する血液検査、スクリーニング、これはきちんとしてくださいということ、あとは介護者の方など、コンタクトができる方の詳細を教えてくださいということです。

メモリーサービスが提供するのは包括的なジェネリックなアセスメント

バーバラさんは、「われわれが対象とする活動の決め方の基準をいくつかあげています」と述べました。

まず年齢からいうと、就労年齢以上ということです。あとは記憶に関する問題などを、少なくとも 6 か月以上継続してもっている人だということです。

表6-3　Process-Refferal

Referrals made by GPs	95%
Secondary care consultants	2%
Adult Mental Services	1%
Other referral sources	2%

（資料）South London and Maudsley NHS., *CROYDON MEMORY SERVICE*, 4 Sep 2015. より作成。

　それに加えて、日々の機能に関して何らかの変化がみられているかも聞く基準になります。それからあとは、介護される方々からのレポートです。というのは、クライアントがこんなふうに変わって来たといった介護者からのことも、判断の基準にいれます。
　数字でみると一目瞭然です。GPからの紹介は95％、残りは2次医療からです。他のチームから来ていることがリストアップされています（表6-3）。
　メモリーサービスが提供するのは、包括的なジェネリックなアセスメントです。アセスメントしたとき、職種に関係なく同じことをします。ナースがアセスメントするかもしれないし心理士かもしれないし、ドクターかもしれないわけです。そしてそのクライアントは、その方が担当でずっとみていくことになります。
　メモリーサービスが、最初にすることでかつ一番重要なことは何かというと、患者の合意を得る、コンセントを得ることです。そのときに、メモリーサービスのこういったことをするとメリットはこれです、デメリットはこれですと、きっちりと話をします。
　このようにアセスメントをするわけですが、大変幅広くみていきます。これは記憶に関する問題、これをどうみているのか、それから日々の生活のスキル、これに対してどうなのか、それから病気の前はどうであったのか、そういったこともみていきます。そして、医療記録、あるいはメモリーサービスの認知度とか、そういったところもみていきます。
　それからムードに関してみるのはすごく大切なことです。それ以外に精神系の症状などがでていないかということももちろんみます。そして介護者の方からも話を聞きます。

第6章 クロイドン・メモリー・サービス

スクリーニング・メジャー

スクリーニングは、患者、介護する人、オプショナルの三者に使用するものがそれぞれあります（表6-4）。

特定をするときにスクリーニングをするわけですが、何を使うか、これはもう標準化されたミニメンタルステートエグザミネーション（STANDARDIZED MINI-MENTAL STATE EXAMINATION（SMMSE）です。メモリーサービスのスタッフのほうに紹介がまわってきたら、最初に全員の方がされるテストはこれになります。全部で30点満点のスコアになっています（表6-5）。

認知度アセスメントもわりと使われているものです。日本語バージョンがあります。100点満点のスコア式でより包括的に総合的にカバーされています。色々な側面をカバーしています。日本でも使われています。

メモリーサービスに紹介がまわってくるクライアントでも、皆さん全員がアデンブルクス（ADDENBROOKE'S COGNITIVE EXAMINATION-ACE-Ⅲ）のテストをやれるかというと、必ずしもやれない、しかしながらこの標準化したミニメンタルステートエグザミネーションテストは必ず全員にしてもらいます。

病院のほうの不安感、そしてうつのスケールでみていくテストもあります（The Hospital Anxiety and Depression Scale）。これは、不安感であるとか、うつであるとかそういったことだけではなく、クライアントのムードを感じていくものです。

あと、オプショナルという形で活用するのが一番下に書いてある、

表6-4 Screening Measures

Patient	・STANDARDIZED MINI-MENTAL STATE EXAMINATION (SMMSE) ・ADDENBROOKE'S COGNITIVE EXAMINATION-ACE-Ⅲ ・The Hospital Anxiety and Depression Scale
Carer	・The Adult Carer Quality of Life Questionnaire (AC-GOL) ・Bristol Activities of Daily Living Scale ・Neuropsychiatric Inventory with Caregiver Distress Scale
Optional	・Beck Depression Inventory/ Beck Anxiety Inventory ・Cornel Scale for Depression

（資料）South London and Maudsley NHS., *CROYDON MEMORY SERVICE*, 4 Sep 2015.

表6-5 SMMSE

STANDARDIZED MINI-MENTAL STATE EXAMINATION (SMMSE)

	QUESTION	TIME ALLOWED	SCORE
1	a. What year is this?	10 seconds	/1
	b. Which season is this?	10 seconds	/1
	c. What month is this?	10 seconds	/1
	d. What is today's date?	10 seconds	/1
	e. What day of the week is this?	10 seconds	/1
2	a. What country are we in?	10 seconds	/1
	b. What province are we in?	10 seconds	/1
	c. What city/town are we in?	10 seconds	/1
	d. IN HOME – What is the street address of this house? IN FACILITY – What is the name of this building?	10 seconds	/1
	e. IN HOME – What room are we in? IN FACILITY – What floor are we on?	10 seconds	/1
3	SAY: *I am going to name three objects. When I am finished, I want you to repeat them. Remember what they are because I am going to ask you to name them again in a few minutes.* Say the following words slowly at 1-second intervals - **ball/ car/ man**	20 seconds	/3
4	Spell the word WORLD. Now spell it backwards.	30 seconds	/5
5	Now what were the three objects I asked you to remember?	10 seconds	/3
6	SHOW wristwatch. ASK: *What is this called?*	10 seconds	/1
7	SHOW pencil. ASK: *What is this called?*	10 seconds	/1
8	SAY: *I would like you to repeat this phrase after me: No ifs, ands or buts.*	10 seconds	/1
9	SAY: **Read the words on the page and then do what it says.** Then hand the person the sheet with CLOSE YOUR EYES on it. If the subject reads and does not close their eyes, repeat up to three times. Score only if subject closes eyes	10 seconds	/1
10	HAND the person a pencil and paper. SAY: *Write any complete sentence on that piece of paper.* (Note: The sentence must make sense. Ignore spelling errors)	30 seconds	/1
11	PLACE design, eraser and pencil in front of the person. SAY: *Copy this design please.* Allow multiple tries. Wait until person is finished and hands it back. Score only for correctly copied diagram with a 4-sided figure between two 5-sided figures.	1 minute	/1
12	ASK the person if he is right or left-handed. Take a piece of paper and hold it up in front of the person. SAY: *Take this paper in your right/left hand* (whichever is non-dominant), *fold the paper in half once with both hands and put the paper down on the floor* . Score 1 point for each instruction executed correctly.	30 seconds	
	Takes paper correctly in hand		/1
	Folds it in half		/1
	Puts it on the floor		/1
	TOTAL TEST SCORE		/30

Note: *This tool is provided for use in British Columbia with permission by Dr. William Molloy. This questionnaire should not be further modified or reproduced without the written consent of Dr. D. William Molloy.*

Provided by the Alzheimer's Drug Therapy Initiative for physician use.

(出所) ダウンロード (http://www2.gov.bc.ca/assets/gov/health/health-drug-coverage/pharmacare/adti_smmse-gds_reference_card.pdf.

　ベック・デプレッション・インベントリー (Beck Depression Inventory)、あるいはベック・アンクシャイティ・インベントリー (Beck Anxiety Inventory)、こちらのほうでうつ度、不安度というものをみていく場合がありますし、場合によってはコーネル・スケール・フォー・ディプレション (Cornel Scale for Depression)

を活用してうつの度合いをみていく場合があります。
　介護者の方に記入して頂くタイプがあります。これが成人QOL（The Adult Carer Quality of Life Questionnaire（AC-GOL））の表になります。日々のいろんなことができるかどうかが重要ですので、そちらは介護者の方にブリストル・アクティヴィティズ・オブ・デイリー・リビング・スケール（Bristol Activities of Daily Living Scale）を使ってみていきます。これは、「こういった期間に、どれくらいクラアントの方の日々のスキルに変化がでてきたのか」というところをみるために活用します。精神医療の面です。問題を抱えているクライアントであれば、メモリーサービスで神経精神インベントリー（Neuropsychiatric Inventory with Caregiver Distress Scale）というものがあって、介護者の方にプラスしていきます。これは、日本語バージョンはないので英語だけになります。

クリニカル・ミーティングと実際の過程
　実際の過程で、そのあと何をするかというと、専門的なチームが手伝いながら活動するMDT（Multi-Disciplinary Team）のアプローチです。週1回のチームミーティング（Team Meeting）があります。その週のときに、もうすでに終わったアセスメント、そしてその方々のケアプランをどうするのかというミーティングになります。
　集中的なケアプランであるとかフォローアップでこういった検査をする、あるいはさらに介入を強化するとか、そういったところを掘り下げてミーティングをするために、別の機会が週1回あります。これをクリニカル・ミーティング（Clinical Meeting）といっていますが、みんな忙しいので、この2回目のミーティングをさらに掘り下げて話し合いの場にします。
　サービスユーザー、そしてその方の介護者の方、そしてサービスユーザーのGPの方に対して、メモリーサービスからその後に必ずフルレポートを提出します。
　さらに検査を続けて、CTかMRIか、スキャン自体が必要かどうかも検討します。CT、MRIだけでなく、ほかの特殊なスキャン（Structure head Scan）などを使う場合もあります。
　神経心理学アセスメント（Neuropsychology Assessment）も同

僚のなかに専門分野のスタッフがいますから、場合によってはすることもあります。

　日々の生活能力に関してみるために、OTアセスメント（Occupational Therapy Assessment）を追加でする場合もあります。アセスメント・フォー・モーター・アンド・プロセスという、また別の機能に関するアセスメントがあって、頭文字をとってAMPS（AMPS Functional Assessment）と呼んでいて、これを使う場合もあります。

　CTやMRIはどこにあるのでしょうか。モーンズリー病院の神経科診断のところにあります。

　「そんなに時間を待たないでできますか」と聞くと、「われわれが希望するくらい迅速にはいかないですけれども、やっぱり3週間くらい」とバーバラさんの答えでした。現在の待機時間はMRIもCTも3週間待ちだそうです。

診断後のケア

　バーバラさんの説明の後、ハナ・ドゥーイさんの説明に移りました（写真6-3）。ハナさんからは診断に関する説明、そして診断後のケアについて説明がありました。メモリーサービスでは、ICD10という名称の診断に関する基準を活用しています。日本でも同じくICD10を使っています。グローバルです。ICD10はアルツハイマー型、脳血管型の認知症のために使っていて、まだまだ珍しいレビー小体とか前頭葉型とか、あまりまだ広がっていない脳のタイプに関しては、マニュアルとしてきっちりとした基準でみることができないものがあります。そういった場合には、コンセンサス・クライテリア（consensus criteria）ということで、合意のある基準を活用しています。

　レビー小体、そして前頭葉の方の認知症などの話です。リードコード（Reed Codes）といわれるGPが活用しているコードがあり、これを活用します。なぜかというと、GPが医療記録を正確につけることが可能になるようにと配慮してです。

　なぜそういうことをするかというと、GPに認知症ですと連絡を入れたにもかかわらず、記録に残っていなかったという例があった

からです。クロイドン区で活動する、この診断が下された数値というのが正確に反映されるように、取り組みをしているわけです。

　そしてメモリーサービスが、この診断に関して話をするのはクライアントだけではなくて、介護者の方にもです。なぜかというと、双方に大きな影響がでてくるからです。

　最初のアセスメントのときに、認知症の診断がおりる可能性という話をしていますので、「この時点でまさか、大ショックということにならないように配慮をしている」ということを、ハナさんは言いました。

フィードバックの仕方

　フィードバックの仕方は、クライアントと介護者の方にメモリーサービスに来てもらってミーティングをする、場合によってはこちらから自宅へ訪問することもあります。

　そこの時点で再度、コンセント、合意に関して説明をします。「こちらのほうから、家族の方がいらっしゃる前で、お話をさせていただいてもかまいませんか」ということで合意を得ます。

　そして、認知症の診断というのは、どんな状況であってもプロバブル、可能性という確断というわけではないです。ですから、それがいったい何を意味するのかといったところも含めて説明をします。

　それからあとの認知症に関する色々発生する表面的な問題があります。たとえば運転をどうすべきか、運転免許証を発行する機関のほうに診断がおりたときに報告をする義務があります。そういったことを話をするのが具体例です。

　それからあとは、日本における成人後見人制度に関する話です。それからもちろんそれ以外のケアニーズです。こういったところを必要とされるようであれば、その段階で話をします。

　そして診断とはいったい何を意味するのか、将来が診断によっていったいどうなるのか、そしていろんなことを、やっぱりクライアントも介護士の方も知りたいこともあります。重要なことは、クライアントと介護士の方からの質問を受けることです。

　いろんな考え方があると思いますが、その内投薬はひとつになりますので、この治療の選択肢は何があるのか説明します。

具体的にどういった介入があるのか

そしてこのクライアントに対して、何らかのそういった薬の処方を提案するかどうかは、メモリーサービスで行うクリニカル・ミーティングのところでします。そこでは可能性としてあるのは、処方をするのであれば、それを話します。それからあとは投薬する以前にヘルスチェックが必要になりますから、具体的には心電図や血圧測定、体重身長測定をします。

チームドクターの精神科医の先生に、ケアコーディネーターのほうから、薬を使う場合であれば、「処方をすることに決定しました」と報告をしてもらいます。

この時点で、「どういった介入が具体的にあるのか」は、もうすでに説明しています。まずは、薬の処方ということがあります。ドネペジルとかガランタミンも使いますし、メマンチンや抗うつ剤なども併用する場合もあります。なぜかというと、これだけではなく並行して他の疾患なども抱えている方がいるからです。

それ以外の活動としては、患者のほうを看護師先導型のナースクリニックのほうにまわす場合があります。もしかしたら、心電図検査を再度しなければならないことがあるからです。

そういったところに加えて、体重の増減に関するアドバイスであるとか、あるいは禁煙をするためのアドバイスなどをする場合があります。

シンギング（singing）・フォー・ブレイン、「脳のために歌いましょう」ということとか、アルツハイマーソサエティとか、そういったNPOの活動がありますから、場合によってはそういったところへ紹介していくことも有効と考えれば、それを用意する場合もあります。アルツハイマーソサエティに関しては、クロイドンでは大変定評があって、通えるようなカフェを運営しています。

私たちが説明を受けているこの建物の中で、提供しているグループ活動というのがありますし、他にもあります。まず1つ目は、認知症という診断を理解するためのグループ（Understanding Diagnosis in Dementia）、それから2つ目に、マネージング・メモリー・グループ（Managing Memory Group）ということで、記憶力というものをどのように確保するのかという意味合いでのグルー

プです。それからあとは、個別にサイコソーシャルセラピー（Psycho-Social Therapy）というのをオファーする場合もあります。

　場合によっては、福祉のほうで、ケアや介護が必要な場合もあります。たとえば、デイセンターに通所されたほうがよいとか、あるいは介護のほうの休息が必要であるかもわからないといったときには、社会福祉事業の領域で、行政のほうに連絡をしていく場合もあります。

　それ以外にも、他の医療関係のチームやその他の何らかの他の種類の会のほうにつなげていく必要があれば、メモリーサービスのほうでその段取りをします。

　後でバーバラさんがもう少し細かく話をされましたが、OT のセッションで意識を高めるための OT セラピー（アウエアネス・セッション：Awareness Session）というのがあります。

グループの活動

　グループにおいての活動があるという話をしました。まずは、認知症という診断を理解するためのグループ（Understanding Diagnosis in Dementia）。これは5週間のプログラムになっています。ウィークリーで提供していて、メモリーサービスがグループセッションになる場合もあれば、また違うところで提供する場合もあります。これは、教育啓蒙するためのグループ活動です。ただ加えて、他の診断がおりたクライアントであるとか、その方々の他の介護者なんかとの出会いの場にもなるところです。

　これは大きく前半後半とわけていて、前半に関してはこの認知症患者のケアのいろんな側面について話し合う場になっています。たとえば治療の選択肢はどうであるとか、それからあとはメモリーサービスの財務面に関することであるとかです。そういった臨床とは関係ないところをいろんな側面も含めて話し合う場になります。

　後半のセッションに関しては2つにわけて、患者だけのグループと介護者だけのグループにわけての場になります。こちらはクリスさんが開発構築しました。クリスさんは、「チームと一緒にしましたよ」っていっていますが、彼女自身の修士課程のプロジェクトになっていて、評価も彼女がしています。

2つ目は、サイコロジーチームがつくりあげていったグループになります。マネージング・メモリー・グループ（Managing Memory Group）です。このグループに関しては、フィードバックを色々してもらって評価をして、そして色々変更すべきところはしていった活動です。これも全部で5週間のセッションですが、最初4週間でこのプログラムをこなして、その後2週間なり4週間なり、間をあけてそのあとまた次の週にセッションをするということで、合計5週間使います。

これは記憶に関するテクニックに関するもの、それから記憶に関するゴールを設定して、それに向けて取り組むといったプログラムです。

記憶のテクニックというところでインターナル、内なるものとエクスターナル、外なるものにわけています。主に外のものを使います。「どういった意味で外のものというのですか」と聞いたところ、「カレンダーとか外部のものを使っていく記憶に関するテクニック」とのハナさんの答えでした。

これは自分の頭の中でするものがインターナル、内部の記憶テクニック、自分の外にあるもの、たとえばカレンダーなど、そういったものが外部という形でわけているということです。

メモリーサービスにおけるOTの活動

メモリーサービスにおけるOTの活動に関しては、またバーバラさんのほうから説明がありました。

まずOTですが、このチームには常勤換算で1.5人分所属しています。ケア・コーディネータとして他のチームメンバーと同様に行っていく活動と、そしてOTならではの活動と、両方があります。

ADL（Activities of Daily Living, 日常生活動作）に関するアセスメント、そして家の改修とか補助器具などを支給すべきか、みていくOTの仕事があります。それに加えて、テクノエイドを活用することによって、記憶に関する障害を補うという意味がもちろんあります。さらに、自宅の環境の中でのリスクマネジメントの意味合いも、つまりリスク軽減に寄与するためのものとしてみています。

またチームは、クライアントの方、あるいは介護者の方に「いろ

んな研究活動などの調査にご協力いただけますか」などと聞いていきます。そして、バーバラさんが手がけているランダマイズ・コントロール・トライアルは、出来る限りどういったサービスが活用できるかをクライアント、家族の方にきっちりと説明することの重要性がリサーチで証明されています。

ですので、何をしてるかというと、そういったいろんな福祉器具などのデモンストレーションセンターがあって、そこに当事者の方、あるいは介護者の方に行っていただいて、今すぐ活用する、あるいは将来的に活用が可能であるといった紹介をする機会があります。

今まで転倒などの過去があれば、そのための活動もします。あとは火災とか、いろんなリスクが考えられます。そういったところで消防署と連携をとったりもします。

メモリーサービスにおける心理士の活動

ハナさんから「心理士がどういった活動をするのか」という説明がありました。これはハナさん自身が、あるいは補助心理士がするということで考えます。まず1つが、ニューロサイコロジカル・アセスメント（Neuropsychological Assessments）というのがあります。それで見ていくのは複雑なケースなのか、あるいは高機能であるのかをみます。診断が違えばどういった違いがでるのかというところもみていきます。サイコロジー・アンド・サイコセラピー・サービス（Psychology and Psychotherapy Services）というのが関連してあります。別に提供することになる、サイコロジカルセラピー（Psychological Therapy）という心理士療法もあります。

ハナさんとクリスさんはそちらのサービスのほうでの活動もありますので、実際のセッションを提供する際にはハナさんやクリスさんがする場合もあります。認知行動療法の中で提供できます。家庭への家族への介入というのもそこであります。サイコダイナミックスセラピー（Psychodynamics Therapy）というのもあります。

介護者対象の活動もあります。それから機能アセスメント、これは難しい行動を呈している方を対象にしています。チームの中には3人の看護職もいて常勤で所属しています。

それから、記憶障害に対して、処方された薬剤に関して問題があ

れば、ナースの診療というのもあります。そういったナースが提供する活動としては心電図、それからフォローアップのヘルスチェックもあります。心電図があり、そして脈をチェックし血圧をモニタリングし、そして健康な生活をおくれるようなアドバイスをし、運動、体重維持というのもあります。

　それ以外にも、チームが協働している団体、あるいはチームのほうから患者を紹介していく団体などがあります。その団体のひとつにはアルツハイマー・ソサエイエティがあります。新しい取り組みとして、アルツハイマー協会がディメンシア・アドバイザーの役割をする人を雇って、提供しているサービスです。チームはそのアルツハイマー協会への支援をしています。

チームは長期にわたってクライアントに対応しない
　この時点で留意が必要です。チームのところで受けるクライアントは、ずっと長期にわたってチームが対応するということではありません。介入をして、場合によっては落ちつかれた時点でディスチャージします。その期間はどれくらいかというと、6ヶ月くらいだそうです。それ以上長くいられる方はあまりいないそうですが、サイコセラピーとかいろんな療法を受けていることで、それよりも長い方も中にはいるようです。

　ただ一旦チームがディスチャージして、再度チームに戻されるケースがあります。再度新しいニーズが発生して、GPのほうからまた紹介がまわってくるケースです。

　それから全国で活動している他のNPOでエイジUKというのがあり、高齢者支援団体になります。そちらのほうを紹介する場合もあります。それからあとは行政のほうからいろんな福祉給付金が受けられる資格が発生するかもわかりませんから、そういったところへの助言というのもします。そのうちのひとつ名前を出すと、アテンダンス給付金というのがあります。当事者に対し支給されます。

　それから入所施設に関しては、レジデンシャルケア（Residential Care）と呼ばれるタイプのものがあります。そういった入所施設へのルートが必要な場合には、福祉課のほうから行くという場合があります。

第6章　クロイドン・メモリー・サービス

それ以外は、いろんなグループでクラブを作って、活動に参加してもらうことができます。たとえば、「一緒にランチ食べましょう」というランチクラブとか、それからいろんな民族出身の方がいますから、その民族ごとに作っているグループ、例えば中国人のグループとかです。

それからクロスロード（Crossroad）という活動があります。このクロスロードとは何かというと、介護者の方に提供する休息のプログラムになります。

それから、この建物の階下にシッティングサービス（Sitting Services）というのがあります。このシッティングとはベビーシッターとかそういう意味合いで何とかシッター、面倒を見るという意味です。在宅に訪問して誰かが面倒を見てくれるという、そういったサービスで、そういうのもあります。

表6-5は、2003年からの累計の数字になります。紹介がまわってきた数は6,980件です。男性2,652件、女性4,328件です。紹介がまわってきたにもかかわらず、一切そのクライアントと会わなかったというケースが15%あります。これは何かというと、紹介があるにもかかわらず、こちらのほうにアポにこられなかった方がたです。あるいは他のメンタルヘルスチームにまわされた、あるいは亡くなられた、引越しされたというのが理由です。総計6,980件の中に1,047件の患者をみなかった数字が含まれています。

表6-6を見てください。上が2005年から2015年までの年度が書かれています。表の左側が1月から12月までの月を示しています。

表6-5　Summary of referrals since the clinic opend to April 2015

Referrals：6,980
Male：2,652
Female：4,328

Not seen 15%（1,047）
・Declined（with capacity）
・transfferd to CMHT
・Died
・Moved out area

（資料）An Academic Health Sciense Centre for London.

第Ⅱ部　認知症国家戦略の実践

表6-6　Mean Referrals Per Month

	2005mean 23/mth	2006mean 29/mth	2007mean 33/mth	2008mean 38/mth	2009mean 47/mth	2010mean 50/mth	2011mean 63mth	2012mean 85/mth	2013mean 67/mth	2014mean 84/mth	2015mean 102/mth
January	23	28	35	40	45	39	65	86	75	87	98
Frbruary	22	27	26	27	50	43	68	91	70	81	106
March	21	31	24	30	66	52	56	79	61	85	106
April	23	27	35	31	58	42	52	90	62	72	100
May	24	26	37	37	46	52	54	85	62	85	100
June	23	34	45	35	40	42	65	88	66	71	-
July	17	29	29	45	51	50	46	77	74	106	-
August	23	26	40	38	41	48	68	91	78	71	-
September	25	35	32	50	27	48	49	85	58	87	-
October	26	28	27	38	48	61	68	95	80	96	-
Novemver	19	33	27	48	48	80	80	90	59	91	-
December	31	35	40	38	41	46	79	68	59	79	-

（資料）An Academic Health Scienses Centre for London.

第6章　クロイドン・メモリー・サービス

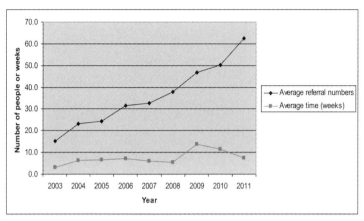

（資料）An Academic Health Scienses Centre for London.
図6-1　Waiting Time by Referral Number

　この表の何に注目すべきかというと、2005年の1月には月間の紹介がまわってくる数は23くらいの数でした。それが2015年5月段階では100という数字になってきているということです。これはなぜかというと、国の中で色々なところでメモリーサービスがありますが、クロイドンのメモリーサービスは、すごくしっかりと根づいているわけです。それで、GPが紹介をまわしやすいということです。

　図6-1をみるとわかりますが、2003年から211年までの月平均紹介数（Average referral numbers）が右肩上がりに上昇しています。2011年は月平均63人です。待機待ち（Average time (weeks)）については、2009年に10週間を越えましたが、2011年時点では10週間以内におさまっています。

　図6-2は、どういった認知症のタイプに診断がおりているかを示した図です。

　脳血管性が左から3つ目です。前頭葉型はまだまだ数が少ないです。それから軽度の認知症がでているというマイルドインペアメントという診断もくだしている場合もあり、右から2つ目になります。15％くらいの方が一切の障害がなしという数字がでているのは一番右です。アルツハイマーは一番左で35％強です。

　図6-3は初期のMMSEのスコアです。みると、26から30が高

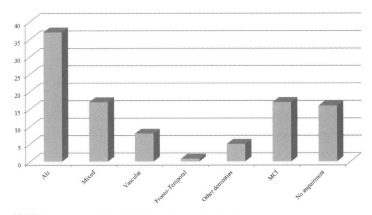

(資料) An Academic Health Scienses Centre for London.
図6-2　Diagnosis

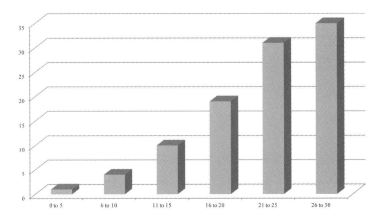

(資料) An Academic Health Scienses Centre for London.
図6-3　MMSE Scores Initial Assessment

得点をあげていますから、本当に初期の段階の方をチームが対応していることがわかります。しかし図をみると数値の低い人もいますから、ずいぶん遅くになってからメモリーサービスにまわってきたんだな、とみられる人もいます。

2. 日本への示唆

地域における認知症有病率の推計値
　日本でも今、認知症の診断率を引き上げています。それに必要なのは、その地域における認知症の有病率の推計値です。イギリスの場合、その推計値というのは多分在宅調査を行って、各地域に置き換えて、推計値を出しているのだと思います。地域ごとの認知症患者の推計値はあるのでしょうか。
　クロイドンの最初の基になる推計の数字というのはCCGから、だから発注側の団体のほうから来ます。それは国全体の数字を見て、それから出しますが、それに使うものとしては、例えば国勢調査であるとか、使えるものがあるということです。そしてそれをどこが出しているかというと、国の保健省、そしてNHSイングランドです。クロイドンの推測される認知症の人口の数というのはCCGのほうからきます。

診断を拒否する人へのアプローチ
　メモリーサービスは本人の同意があってはじめて活用できます。日本では地域によって、本人が診断を拒否したりする方がけっこういます。そういう方へのアプローチとはどういう部署が担っているのでしょうか。
　そういった問題はクロイドン・メモリー・サービスにもあります。まず自身がメモリーサービスに来られるということは、問題を抱えているわけですけれども、それでもまだ自身で判断をするだけの能力があるという方であれば、その方が自身で決められるか、そういった希望は尊重するようにします。
　ただし臨床上のリスクがある場合があります。つまり、その方自身の安全性に関するリスクがありそうだということです。たとえば徘徊されるのではないかも含めて、そういった場合でその方が拒否をされたときには、メモリーサービスのほうから違うサービスを提供できるところに紹介をまわしていきます。たとえば、コミュニティ・メンタルヘルス・チームのところに、その方をまわすなどの対

応をします。

　メモリーサービスのほうも、こういったことを望まれない方であれば、やっぱりアセスメントをする前か、もしくは最初の時に、いろんな話をだしてもらいます。すると逆に不安感が募る場合があります。その際、いったん帰ってもらって、じっくり考えて頂き、それで気が変わる人もいます。

ケアコーディネーター
　いろんな専門職の方がケアコーディネーターになられています。専門職からケアコーディネーターになるまでの間に、どれくらいトレーニングされてケアコーディネーターになるのでしょうか。
　まず、メモリーサービスの方で雇用が決まった、その方々は専門職種の方としてすでに経歴があるわけです。その中で、ケアコーディネートするような内容の仕事も恐らくはしていたわけです。ですので、たとえばここで雇用されたら、標準化してこれだけのプログラムで育成をするという形ではしていません。その方がどれだけニーズがあるのかをみて、ケアコーディネーターの仕事ができるようなオリエンテーション、イントロダクションをして、初期トレーニングをする場合があります。あるいは誰かスーパーバイザーを付けて監督しながら、活動するケースもあります。その方にあったように対応することで標準化します。どれだけトレーニングするかということはありません。

メモリーサービスの社会への貢献
　メモリーサービスへのアクセスが、2003年から2015年で増えています。その結果、社会に対してどういう貢献をしていると感じているのでしょうか。
　GPはメモリーサービスがなかったら困ってしまいます。患者をディスチャージすることになったのは、それほど古いわけではありません。依然は認知症の方をこちらの記録の中でずっともっていて、そのままにしていたわけです。いったん切ってディスチャージしてしまうことはしていませんでした。ただチームのメンバーが提供するサービスは、スペシャリストが提供する大変特殊なサービスであ

るわけです。

　あとはアウトカムです。どのように測定するのかということです。認知症自体は悪化するしかないわけですから、チームメンバーが活動することで、その方の認知症が回復することはないわけです。

　それから薬です。服用して3か月か6か月たって安定していけば、MMSEやQOLの測定をしたり、ムード測定したりいろんなことをします。そういったことをみていけば、介護者の方に対して貢献できたのか影響を良いように出せたのかをみていくこともできますし、認識があるのかどうかもみていくことができます。

　ただ、国の、政府側の見方としては、やっぱり優先課題としてでているのは診断率をアップするというところにあります。この分野におけるメモリーサービスはいろんな情報などを構築していて、量が多いわけです。なぜかというと、この分野で上からプレッシャーがくるからです。ということで、診断率を上げることに徐々に貢献していると考えています。

　実は医療サービスを発注するCCGという機関のところと、クロイドン・メモリー・サービスは大変良好な関係があって、またメモリーサービスのチーム強化ということで、さらに人員を増やせるような予算を取り付けています。というのは、需要のほうが、クロイドン・メモリー・サービスのもっているリソースを、さらに超えてしまっている状況になってきているからです。

薬を減らす

　ナショナルストラテジーの柱の1つに、薬を減らすことがあります。それはどうでしょうか。

　これはもう目を見張ってちゃんとチェックしているそうです。もちろん貢献していると思っています。本当に少なく抑えて処方しているそうです。NHSの中にメモリーサービスとは全く別にあるケアホーム介入チームが立ち上げられています。そういったところの活動もあります。たまたまそのチームがこのビルの中にベースをもっています。

第Ⅱ部　認知症国家戦略の実践

施設内見学

　私たちは、ディスカッションの後、施設の中を見学しました。基本的に写真撮影の許可はでませんでした。

　最初にみた部署はコミュニティ・メンタルヘルス・チームでした。次に、メモリーサービスチームの部署を見ました。メモリーサービスのチームは2チームありましたので、それぞれのオフィスを見学しました。事務員もいましたが看護学校の実習学生もいました。事務員の部屋もありましたし、診察室もありました。

　1つの部屋には、まだペーパーバージョンだったときのファイルがたくさんファイルキャビネットにありました。

　また、同じ建物には入所されている方々の建物もありました（写真6-7）。そこには入りませんでしたが、中庭が窓からみえていました。

写真6-7　入所者の建物と中庭

文献

An Academic Health Scienses Centre for London.
Audit Commissions, *'Forget-Me-Not' Report*, 2000.
Living well with Dementia : A National Strategy, 2009.
NSF, *for Older People ; mental health as one of its eight priorities*, 2001.
South London and Maudsley NHS.,*CROYDON MEMORY SERVICE*, 4 Sep 2015.
SMMSEダウンロード(http://www2.gov.bc.ca/assets/gov/health/health-drug-coverage/pharmacare/adti_smmse_gds_reference_card.pdf.)
クロイドン・メモリー・サービス（http://www.slam.nhs.uk/our-services/service-finder-details?CODE = SU0204）.

第7章 サットン・ケアラーズ・センターとアドミラルナースの連携

　はじめに、アドミラルナース・チーム・リーダーのエイミー・ペパー（Ms.Amy Pepper, Adminal Nurse Team Leader）さんから紹介がありました。アドミラルナースはエイミーさん含めて2人が来ました。サットン・ケアラーズからもやはり2人が来ました（写真7-1）。そして行政からサンドラさんも来ました。さらに今回は、実際介護されていたケアラーのアンさんも来ていただいて、6人での対応になりました。

1. サットン・ケアラーズ・センターの活動

　サットン・ケアラーズ・センターのアマンダ・クイーンズさんから、活動概要の説明を受けました（写真7-2）。

サットン・ケアラーズは非営利慈善機関
　今回のセッションでは、アドミラルナースとサットン・ケアラーズがどういった形の連携で活動しているか、そこにポイントをおい

写真7-1　サットン・ケアラーズ・センターの外観

写真7-2　サットン・ケアラーズの活動について説明するアマンダさん

て、認知症の人を抱える方の支援について説明を受けました。その中で、このサットンという地区でのユニークな取り組みについても触れられました。

サットン・ケアラーズという団体は、大変小さな非営利の慈善機関になります。運営費は公的な資金源に頼っています。サットン・ケアラーズには、国全体で活動している上層機関のケアラーズ・トラストがあります。その傘下の中で地元で活動します。チームは有給の職員の数が16人、ボランティアを50人以上かかえています。

ケアラー＝介護する方の定義は何でしょうか。人によってこの定義が違います。サットン・ケアラーズの定義は、「身体的なあるいは精神的な何らかの障害を抱え、あるいは具合が悪い方、あるいは弱者である方、そういった方がたとえば近隣の方であってもいい、親戚の方であるかもしれない、子供かあるいはご自身の伴侶であるのか、友人なのかご家族なのか、いずれにしてもそういった方を支えていればあなたはケアラー、介護者である」ということです。

介護される方の年齢は色々な年齢です。仕事をしているかもしれないし、していないかもしれません。いずれにしても、介護ということをするのとはまったく別の、日々の様々ないろんなことをうまく組み合わせながらこなしている方々です。いってみれば、アマンダさんたちみたいな人がケアラーなわけです。ケア、介護していくことで、いろんな影響がでてきます。もちろん影響といったときには、いわゆる否定的なネガティブな意味合いでの影響というのもありますが、それだけではないです。ポジティヴな前向きな影響もあります。つまりこういった介護していくことによって、自身が成長を遂げていくということもあります。自身がいる周りの環境にうまく馴染んでいく、というのもあります。そして自分自身を、あるいは介護を通して付き合いをしている周りの方々を、よりよく知っていくといったよい面があります。ただし、そういった介護される方というのは、やはりどこを中心にみてくかというと、自身が介護しているその当事者の方のニーズに目を向けるわけです。介護される方自身のニーズをあまり考えられない、そういったところで、その方々のために支援をしていく団体が必要なわけです。

第 7 章　サットン・ケアラーズ・センターとアドミラルナースの連携

どういった支援をしているのか

　サットン・ケアラーズ・センターという場合、支援センターはどういったことをしているのか。ベーシックな情報提供、相談に対するアドバイスです。そして、そこから進んで本格的なカウンセリング、つまり心の支援もしていきます。それからあとは、収入をどれだけ最大限とっていけるのかという経済的なアドバイスもしていきます。そして実務的なところでの支援もしていきますし、あるいはいろんなイベントや活動などを通して、介護の人の息抜きというか、その支援をしていくことになります。

　そういった一般的な支援とは別に、特別な支援活動もしています。そのうちのひとつは、若いケアラーの方の支援です。若いというのは24歳以下ということになっていて、そしてまたメンタルヘルス（精神医療）に問題を抱えている家族を支えている介護されている方の支援、これも２つ目の特別な活動になります。それぞれ責任者が管轄ごとにいます。アマンダさんの同僚のカレンさんが成人のケアラーで、介護人の方のサービス事業の責任者になっています。アマンダさんは、メンタルヘルスの家族の方などの介護をしている人の、サービス部門の担当になります。

　あとから説明を受けるアドミラルナースの活動部門に関しては、アドミラルナースの所属団体、そしてサットン・ケアラーズの機関の両方がパートナーシップという形で、連携を取って対応しています。

活動と目標

　「ピアサポートというのは何か」というと、同じ立場の人たち同志が支えあっていくということです。つまり、ほかのケアラー、介護している人からの支援、介護です。収入をできるだけ最大限に引き上げていけるように支援をしていく、つまり実務的な面でのサポートという中にそれは入っていますが、ほかにも色々入ります。

　どのようにしていくかというと、やはり介護にあたる家族の方に、行政から支給される福祉の給付金です。給付金を受ける権利があるけれども、必ずしも受給されていないので、そのあたりを最大限に受けられるように支援していくということです。出来る限り健全に

生活してもらうために、いってみれば補完セラピーです。アロマとか色々ありますが、それは身体的な部分、あるいは心の面といったセラピーであって、活動のひとつになっています。

　それから重要な活動としては、介護をされる方が声を発して、それが必要なところに届くようにしていくということです。それからあとは医療保険面、あるいは社会的な面、そういったところの必要性を訴えていくところの支援があります。これは自身が関与をして、実際ケアラーの方々が活動できるように支援していくという取り組みです。

　活動をしてサービスを提供していく中で、やはり目標に挙げているものがあります。介護をしていく中で、最大限その方の能力を発揮できるように支援していくという、これがひとつ目の目標です。それで、介護される方々の健康・健全さを向上させていくというのが2つ目です。家族の中で緊張感というものがでます。そういったものを軽減していくことが3つ目です。そして若いケアラーの方々を啓蒙していくことが4つ目です。そして介護される方々、あるいは周りにいる方々が精神保健・医療の面で問題がでないように、あるいは身体的な意味での健康さを損なわないように防止をしていくということです。予防していくというのが最後の目標です。

　大変大きな目標になっています。これはサットン・ケアラーズ・センターだけではできません。いろんな団体、パートナーなどと手を組んで初めて達成できます。ということで、連携をとっていくパートナーはたくさんいますが、今回はその中でとくにアドミラルナースと、どのように活動しているのか、説明を受けました。

ローカルレベルでの活動の流れ

　このサットンという地において、なぜアドミラルナースのニーズがあると、サットン・ケアラーズ・センターが考えたのかという点です。アドミラルナースの活動に関しての特徴的なところは何かというと、アドミラルナースは活動する中で必ず中心にはケアラー、介護をされる方々を真ん中に据えて考えるわけです。そういった支援提供モデルです。1つ付け加えたいのは、サットン・ケアラーズ・センターの活動というのも、やはり介護をする側、ケアラーの

方々を中心に考えているわけです。

　ローカルレベルでの活動の流れを紹介します。ローカルレベルで診療するファミリードクターに当たるGPと呼ばれる一般医の先生方には、出来る限り早期に認知症を特定していかなければいけないという取り組みがあるわけです。このサットンという地区においては、そういった活動があまり出来がよくなかったというのがその背景にあります。

　サットンといった地区のところで、いわゆる介護をされる＝介護者のケアラーの方々と話をしていると、やはり心の面で大変さがあるんだといわれます。そして認知症と診断されてその症状がでてくる、そういった中で家族の絆が損なわれたりするわけです。そういったところをどうしていくのか、というところが問題になってきています。

　その中で喪失感というものが発生します。認知症を発症したことで、その方を失ったような喪失感というもの、その人の人となり、その人自身の人格というかパーソナリティ、あるいは、その認知症を発症された方が家族の中で担っていた役割というのがあります。それも失われてしまうことがあるわけです。

　こういったところをきっちりと支援をしていかないと、リスクがどこにでてくるのか、ということです。まず家族がバラバラになってしまう。そして介護される方もその中でリスクを負っていく。そして最終的には、ダメージを受けるのは認知症になった当事者の方です。家族の方、大きくいえば地域社会、コミュニティ全体も入ります。それからそこまでいってしまうと、それを支えていくリソース、いろんな意味での資源、そういったところもきつくなってくるといった問題がでてきます。

プロジェクトを通じた連携：ドロップイン

　サンドラさん（後掲の写真7-6）は行政の方です。行政が先導型でアプローチをして、このサットンというところにプロジェクトを立ち上げる、そういった流れになります。このプロジェクトにはユニークさがいくつかあって、そのうちの1つは何かというと、地方自治体＝行政とサットン・ケアラーズ・センターのような非営利の

機関と連携するところがまずポイントです。

　そのプロジェクトは、日々の活動の中で、サットン・ケアラーズ・センター、そしてエイミーさんたちアドミラルナース、このお互いが支援をし合うという形になります。具体的には、アドミラルナースのエイミーさん（写真 7-4）が、サットン・ケアラーズ・センターのオフィスを基点に活動しているということです。

　その活動のひとつとしては、毎月、ドロップインと呼んでいる、アポなしで介護者の方が立ち寄れるような日を設けています。そういったところで介護者の方が来られる、その中で「ああこれはアドミラルナースのニーズが必要だな」とサットン・ケアラーズ・センターのほうが特定して、結びつけていくことになります。

　このプロジェクトを立ち上げたのが2014年の8月です。その中で、アドミラルナースのエイミーさんが対応し必要といって、ドロップインという活動で29人のケアラー、介護される方々が支援を受けています。こういったサービス提供の規模自体はやはり小さいわけです。ですので、ターゲットを絞って活動をしております。アドミラルナースのエイミーさんは、より複雑な家庭などを対象としていたり、あるいはこのまま放っておくと、後により大きな支援が必要になってくるであろうという方々を対象として、つまり予防といった側面で、活動に的を絞っています。

高いレベルの迅速な支援

　あとはおそらくケアラーとしてニーズがたくさんあろうと思われる方々、本人にしてみれば自分の周りの方々が認知症の診断を受けたことをうまく消化しきれないということで、公式な支援というものを模索するまでに至ってないような方々です。そういった方がいるという連絡がくれば、エイミーさんを介して対応をしていく取り組みもしています。

　サットン・ケアラーズ・センターのほうから、8ケースくらい事例をエイミーさんのほうにまわしました。「これはいずれもかなりリスクがあるな」ということで、ケアラーズセンターが特定をし、大変高いレベルで迅速な支援をアドミラルナースのエイミーさんのほうにしていただくことになったわけです。あるいは場合によって

は、「今まさにこの時点ですぐに支援をしないと」というタイミングの方もいます。そういったところで、エイミーさんのほうがそのケアラーの方々と会って、その方々が必要であろう支援をアクセスできるようにずっと対応してきました。

その一方で、サットン・ケアラーズ・センターが支援したという、逆のパターンというのは何かというと、サットン・ケアラーズ・センターの職員が大変こういった専門的なエキスパートな方々が身近にいて、支援を受けることにもなったということです。

そういったケアラーの方の紹介を、アドミラルナースのエイミーさんのほうからサットン・ケアラーズ・センターの団体のほうにするケースもあります。たとえばちょっと難しい事例で、収入源を最大限にするのに難しそうなパターンの家庭の方であるとかです。あるいは住宅給付金などのところで、支援が必要であるような方が、その中に入っています。

アマンダさんの説明は以上でした。次に講演したアンさんは、彼女自身が介護するケアラーの方です。

2. Ann's story

脳血管性認知症の母親の介護

「『サットン・ケアラーズ・センターのほうからぜひ皆様へ』といわれたとき、私は大変嬉しかったわけです。なぜか。私がサットン・ケアラーズ・センターにできることがあったんだな、こんなにたくさんのことを私のためにしてくれたセンターの役に立てるんだと思ったからです」。アンさんはこのように話を切り出しました（写真7-3）。

サットン・ケアラーズ・センターをアンさんが訪れたのは4年前です。大変ラブリーな自分

写真7-3 母親を介護した経験を話すアン（Ann）さん

の母親と一緒に行ったそうです。それでコーヒーをいただき、スタッフの方々が大変優しい、フレンドリー、そして「こういったとこでいろんなことができるんですよ」と、その中で教えていただいたそうです。

　アンさんは、「最初にあの話をしましょう」と言って、自分の話を始めました。アンさんは一人っ子で、わりと両親が晩年になってからの38歳のときにできた子どもだそうです。それ以来20年一緒で、大変愛情に溢れた家庭でした。母親は泌尿器科のほうの感染が結構何度も繰り返し発症するような感じでした。血圧の関係でソーディアムの含有が高いといった症状を抱えていました。

　アンさんの家で母親を介護していましたが、せん妄がでましたので、病院に入院という形になりました。そして、2012年7月12日に脳血管性の認知症の診断が下されたわけです。大変なショックをアンさんは受けて、大変辛い時期でした。そこでまず母を失ったような、自分がもう遺族になってしまったような、そういった時期だったそうです。「毎日レンガを背負っているようなそんな重荷でした」「もう拷問のような日々といったらよろしいでしょうか。こういった病気になってしまった母をみているのもそうだし、そして母の症状自体も拷問のようでした」とアンさんは述べました。

アローン・ケアラー・サポートの支援グループをつくる
　母親の入所施設はナーシングホームです。ちゃんと看護師がいるレベルです。つまり介護の必要性が高い方々の入所施設を探さなければだめだと言われました。それからアンさんが生まれ育った家、母の家、これを処分して、そこからの売却の費用を母の入所費用にしなければだめだ、これだけでひとつの大きな話でした。

　この時期、母親の入所施設を探さなければだめだ、そして母の家を処分してと、この時期は定期的でなくアトランダムに思ったときに、サットン・ケアラーズ・センターに行き、そこで泣いたそうです。アンさんが行って涙を受け止めてくれたのがカレンさんでした。そしてアドミラルナースのエイミーさんとは月1回のペースで会いました。支援をしていただいて、アンさん自身が強くならなければいけませんから、「スイミングしなさい、日曜大工しなさい」と、

第7章　サットン・ケアラーズ・センターとアドミラルナースの連携

いってみれば認知症あるいはアンさんをとりまくそういったシチュエーション、ここからちょっと気をそらせるようにしていたそうです。エイミーさんのアドバイスは本当にアンさんの助けになったそうです。

　それからアンさん自身がリラックスしなければいけません。そのためセンターのメディテーション（meditation：瞑想）に参加をしました。それから大変安い料金でマッサージをしてもらいました。足部のマッサージ、リフレックスロジー、セラピーもしてもらいました。そしてその中で、ジャネットさんという、彼女も一人っ子でそして介護している方ですが、その方と出会いました。そしてカレンさんのほうの支援を受けて、同じような状況の方でグループを組んで、お互い支援していくことは出来ないだろうかという形で、アローン・ケアラー・サポート、つまり一人で介護をしなければならない方の支援グループといったものを作っていきました。

　このグループの中では本当にフレンドリーで、そういった中でお互い支えあって、そしてわかり合える、理解できるところがすごく大きかったそうです。たとえば一人っ子で、母親を介護している方とか、あるいは一人っ子ではないけれども、自分ひとりが自分の兄弟を介護していくというシチュエーションの方もいました。

マンツーマンのカウンセリング
　大変悲しいことですが、2014年の末頃になってくると、アンさんの母親の状況が悪化しました。大変暴力的になったりもしました。母親の認知症という病気はもう終盤戦になってきました。その中で支援をもっと受けなければやっていけないくらいになっていました。アンさんの支援の受け方は月1回のペースでしたが、この頃は週1回、毎週月曜日に支援を受けていたそうです。これはマンツーマンのカウンセリングでした。母をもうすぐ失う、そういったところでの悲しみという、これに対するカウンセリングでした。「本当にもう正直言って、サットン・ケアラーズ・センターがなかったら、私はいったいどうなっていたんだろうかという状況です。今回私の体験を皆様とシェアできるということで、大変嬉しく思っている次第です」と、最後に述べました。

写真7-4　説明するエイミー・ペパーさん

3. アドミラルナースの活動

もともとメンタルヘルスナースの資格者

　アドミラルナースはどういった活動をしているかということと、大きく捉えて行政の中で、福祉の中でどのような位置付けなのか、というところもあわせてエイミーさんから説明を受けました（写真7-4）。

　アドミラルナースは、もともとは認知症の分野を専門としていた看護師で、とくに位置付けとしてはメンタルヘルスナースです。イギリスは成人看護と精神医療看護にわけています。ですので、もともとメンタルヘルスナースの資格者で、近年はこの資格の枠を広げて、いわゆる一般看護師の資格をもっている方も適切な経験をもっている方であれば、アドミラルナースになれます。

　臨床の現場で、あるいは介護をされる方々との深い経験をもっており、そして様々な看護職としての介入をしてきた。その中でQOL（生活の質）向上のために貢献してきました。

Why 'Admiral' Nurses?

　そもそも「アドミラル」とは「海軍の提督」という意味です。「提督看護師」と、何でそんな名前なんだと、いうことです。写真7-5は、ジョセフ・レヴィという男性です。実はこのジョセフ・レヴィさんが認知症になってしまう。そのときにその当時家族の方が、もう20年以上前になりますが、ケアラー、あるいは家族の方に対する支援というのが十分にされていないと考えたわけです。

　「アドミラル」という名前は、創始者であるジョセフさんはすごくセイリングが好きで、提督みたいにセイラーキャップをかぶっていて、ニックネームが「ジョー提督＝アドミラル・ジョー」と呼ばれていたので、そこからアドミラルナースと呼ばれるようになりました。

　どういったタイプの支援を、アドミラルナースが家族の方々にし

第7章　サットン・ケアラーズ・センターとアドミラルナースの連携

ていくのか、大変幅広くいろんな部分で支援をしていくということがひとつです。それから2つ目は、局部的なものではなくて全体的なもの、ホリスティックというアプローチだということです。

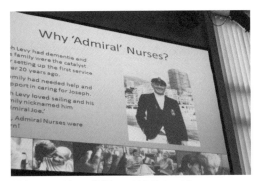

写真7-5　ジョー提督＝アドミラル・ジョー

介護家族のパートナーの位置づけ

　最初にアセスメントをします。そして介護する家族の方々のパートナーの位置づけになって、そして介入をし、啓蒙教育をしスキルを身につけてもらうようにします。なぜかというと、大変難しい行動・態度をとられる当事者の方々への対応を、介護する家族の方々はするからです。

　そして、家族の方々や介護をされる方々の心のケアというものもしていきます。認知症というのは、ジャーニー（旅）です。その中で、どのようにリスクができていって、どのようにそれに対処していくのか。あるいはどういうところで、社会福祉というものをつけていかなければいけないのか。これも変わってくるわけです。

　このサットンという地区におけるアドミラルナースの活動のユニークさ、特徴は何かというと、自治体のところに設置しているということです。

　このあとのサンドラさんからは行政の立場から、どんな課題をもち、どんな活動を実際しているのか説明を受けました。

4．サットンという地区

役所の上層管理職の理解

　サンドラさんはもともとソーシャルワーカーです（写真7-6）。

第Ⅱ部　認知症国家戦略の実践

写真7-6　行政の立場から説明するサンドラさん

そして情熱をもって今まで対応してきたのが認知症の方々です。ですから大変なパッション（情熱）をもっています。サンドラさんはそういったところを専門としていましたので、現在は行政の中ではこの部門のサービス主任をしています。一緒に活動している中では、病院で活動するチームもいれば、地域社会において、高齢者の方を支援していくチームもあります。そういった活動の中で、サンドラさんが思ったのは、こういった認知症を抱える方々の家族を、支援していく必要性があるなということでした。サンドラさんが自分の仕事を通して感じたこと、見出したことがひとつここにありました。近年のイングランドにおけるこういった部門での活動に関しては、限られた資源をどのように使っていくかに着目しすぎて、こういった介護される方々、家族の方々のスキルを持っているというところを見落としてしまっていると、感じたわけです。

　行政、役所のほうの、いわゆる上層管理職の方々も理解をし始めたことは何かというと、今までみたいに予算を支給しましょうと小切手を書いて、家族に渡すだけではだめだということでした。なぜかというと、そういったお金を支給しても家族の喪失感や悲しみや痛みといったものは、それだけで何とかできるものではなかったわけです。あと「ハイ、このサービスを提供しますよ」と、パンパンと出していくだけで、それで改善できるかというと、そういうわけでもないわけです。そのようなことが、マネジメントしている役所のほうでもわかってきました。

ディエイブルメント（できなくなったことをできるようにする）

　実は幾つかのよい状況が合致するような状況がでてきました。サンドラさんの上にいる管理職の方々の何とかしたいという動きがでてきたとき、サンドラさんはもともといた人間を中心に据えて、支

援をしていく活動に熱意をもってきました。それからすごく重要なことですが、予算が確保できたということもあります。これまではNHS、国の予算からなくなりました。リハビリに当たるような活動のために、支援のサービス提供をしなければいけない。これは地域ごとでしているわけです。地域のヘルスサービスが提供しますが、それをするようにという指示がでたのは政府のほうからでした。

　アドミラルナースですけれども、「ディエイブルメント」、つまりリハビリ、いろんな意味でかつてできたことができなくなってくるわけです。それをまたできるようにしていく、これを「ディエイブルメント」という英語の言葉でいっています。「エイブル」というのは「出来る、可能にする、できなくなったものが」。それはある意味リハビリといえると思います。アドミラルナースの役割というのは、心理的なところでのリハビリであるということです。心理的にできなくなったことが、また出来るようになったということです。

あと3人雇用するヘルスサービス予算を確保

　そのときの政策の時期からいうと、医療ケア、そして福祉ケア、ソーシャルケアというものを、できるかぎりうまく融合していきたい、そしてそれができるようになれば家族が必要としているようなことが、縦割りではなく途切れることなく流れるように受けることができるようになる、これがひとつです。これがすごく推進力となっていきました。もうひとつはお金の面です。経済的な側面で、入院ということは、たとえば計画なしに緊急の入院はお金がかかりますから、それを抑制してゆきたいということがあったわけです。それは、認知症の方は、緊急の入院というのがよく出がちであったからです。

　サットンというこの地区において、アドミラルナースの活動を設置していく、根付かせていくということです。これはパートナーとして、ひとつはケアラーズセンターというところがありますし、サットン区が取り組みをする中で、戦略上のパートナーと位置づけているほかの団体もありました。そういったところと連携を取りながら、患者グループ、認知症の方々とか、こういったところのお金のかかる緊急の入院を抑制できることで、それに加えて介護者の方々

の健全さも狙ってということでした。

　このような活動をスタートしたのが1年半くらい前になります。そういった活動の中で、スペシャリストであるアドミラルナースのエイミーさんを、このプロジェクトのために雇用することが可能になり、12ヶ月あるいは18ヶ月くらいこういった形で活動してきた中で、どれだけプロジェクトが効果を発揮できたのかを、実際デモンストレーションが可能になりました。大変嬉しいことに2015年春に、この効果が大きかったと評価してもらって、もう3人雇用するだけの地元のヘルスサービスの予算を確保するところまでこぎつけました。そういった拡大をすることができました。

　サンドラさんはエイミーさんに、「3ヶ月でやってください」といいました。何を3ヶ月でやってほしいといったかというと、実際すでに医療サービス、社会福祉サービス、そして非営利団体のサービスがあって、すでにあることをかわってやってほしいというのではありません。「ギャップを埋めていただけるような活動を、どこで展開できるのかを見つけていってほしい」と言いました。エイミーさんは臨床上の専門看護師です。その中ですでにあるところで、「ここをやっていきます」といっても、それは意味がないわけですから、「こことここの間が抜けていますよ、ここでやりましょう」というところを見つけて欲しい。これを3ヶ月でやってほしいといったわけです。

　ここからまた、サンドラさんからエイミーさんのほうにバトンタッチしました。

5. プロジェクトの評価とアドミラルナース付設の意義（エイミーさん）

エイジェンシー間の連携が課題

　「どの範疇でサービス提供するのかを見出していったのか」、その中で「どういった評価を受けたのか」の説明を、エイミーさんから受けました。

　大変大切なことは、オーバーラップして何かを提供しないように

第7章　サットン・ケアラーズ・センターとアドミラルナースの連携

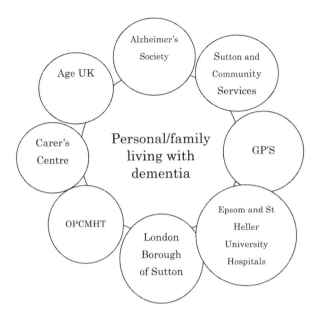

（資料）The London Borough of Sutton Admiral Nursing Service and the Sutton Carers Center: Working together to benefit families living with dementia.
（出所）2015年9月3日プレゼンテーション資料。

図7-1　Scoping the Service

すること、これはすごく重要なことです。すでにサットンではいろんなところがいろんな活動をしていました。アルツハイマー協会、エイジUK、高齢者支援団体、それからケアラーズセンターなどもあったわけです（図7-1）。

エイミーさんが最初の3ヶ月でしたのは何かというと、いろんな団体にいって聴き取りしたそうです。その中で、どこでも言われたのは「アドミラルナースはニーズが絶対ありますよ」ということでした。

ではどこに隙間、ギャップがあって、抜けているのか。ひとつは複雑な事例の中で、いろんなそういった機関、エイジェンシーがあって、その間のリエゾンです。間を通過していくような、そこにまずギャップがあるといわれました。それから次のギャップは、介護される方が自分の心、心理的なところを含めて感情、これをなんと

かうまくまとめていけるようなスペシャリスト、専門看護師の介入が必要だといわれました。

　それから、家族間でいろんな対立がでている場合があります。たとえば、家族がそれぞれみんな「これがいい」と言って、バラバラの意見をいう、あるいは認知症の方と一般の方の思うところが違ったり、そういったところに入る人が要ると。

　それから緊急の介入支援が必要とされる場合があります。これはどういうことかというと、介護者の方自身が壊れてしまうのではないかというようなハイリスクです。その場合には、どのようにすれば彼らを支援し、必要なところを満たしていくのか、場合によっては、その方自身の介護する役割自体をとってあげないとだめな場合もあったわけです。

　エイミーさんは、このように述べました。

プロジェクトの評価

　3ヶ月間くらいかけて色々なところと話をして、いろんなところにギャップが出ていることをまとめて、このプロジェクトの推進委員に話をしました。それで、こういったところを基準値としてみていかなければだめであると話をしていきました。

　エイミーさんたちがどういった仕事をすべきかを話した推進委員会は、すごく重要なところです。この推進委員会の中には、関係各位の団体の代表や介護をする人たちの代表、そういった方がはいっていました。

　しっかりと活動に対する評価をみていく必要があるわけです。なぜか。まず介護をする方々にとっては、きっちりと効果的な支援ができているかがひとつです。それに加えて、お金を使いますから、その活動に必要とした予算に見合うだけのサービスのプロジェクトの提供ができるかどうかも、評価する必要がありました。

　最初は成人のケアラー、大人の方の介護者のQOLがどうであるかということをみていく問診表というか、アンケート調査を行いました。これは自己診断です。介護する方が自身で質問書に答えるタイプのもので、7つの分野にわけました（図7-2）。ひとつは介護をすることに対しての支援をちゃんと得ているのか（Support for

Caring）ということです。それから介護に対するチョイス（Caring Choice）、そして介護からくるストレス（Caring Stress）、お金に関すること（Money Matters）、5つ目が自身の成長に関して（Personal Growth）、それからあとは価値があるかどうか（Sense of Value）ということ、それから介護をする能力に関して（Ability to Care）、という7つの項目にわけてやりました。プロジェクトで介入を受けた方々が、この質問に答えて、介護したあとに自身のQOL改善のために有益であったかどうかを評価しました。

そしてあとはお金の面での効果です。費用対効果がどうであったかをみるためのものをふりかえってしました。その中では、たとえば入所施設に入ることになったとか、あるいは介入することによって、一般的な病院への入院を防ぐことができたといった側面からです。支援に介入したことで、費用を抑制することに貢献することができたかどうかをみました。

たとえばハイリスクがあります。これだけお金がかかりそうだというリスクがあると、その特定したハイリスクのところで、介入することによって、そのお金が必要になってくるという状況を回避することに役立つのかどうか、というところを評価します。

その中で、コスト抑制に貢献できたということであれば、実際どれだけのコスト抑制に貢献できたのか、そういったところも全部載せて評価をしました。1年経ちましたので、その成果を振り返っての評価を紹介していきました。

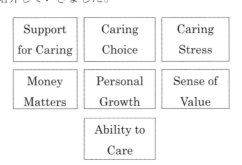

（資料）The London Borough of Sutton Admiral Nursing Service and the Sutton Carers Center: Working together to benefit families living with dementia.
（出所）2015年9月3日プレゼンテーション資料。

図7-2 Adult Carer-Quality of Life Questionnaire

QOLの向上とコストセイブへの貢献

　最初のアドミラルナースはエイミーさんひとりです。この1年間でサービス提供をできたのは84家族に対してでした。その中で、家族の方々が最後に自分のQOLが改善したのかどうかのアンケートに、自身で回答して調査に協力いただきましたが、その中ですべての介護者の方が、QOLの向上に貢献できていると答えています。とくに介護に対する支援は、3つの項目（介護に対する支援、介護からくるストレス、介護のための能力）の中で、顕著でした。

　QOLの改善に関するレポートだけではありません。コストセイブができたかも一緒に付けます。その際には、緊急の入院、あるいは救急への診療が回避できたのか、あるいは入所施設へ入ること、あるいは不適切なケアを回避、あるいはそのケアを遅らせることに貢献できたかが含まれていました。

　2つの側面といっしょに、現在まとめている最中だそうです。簡単にラフな算出方法でコストセイブの話をすると、行政に対するコストセイブ、国の医療の中でのコストセイブと2つに分けて数字を上げられます。行政に対してコストセイブはおよそ1年間で25万ポンドほど、それから国の医療制度に対するコストセイブのほうは1年間で4万ポンドほどになるというのがラフな数字です。

アドミラルナースを地元に付設する意義

　エイミーさんは、地元にアドミラルナースをちゃんと付設することによって、どれだけ地方行政にプラスになるかで話をまとめました。

　まずひとつは、成人の弱者を保護していくところです。このセルフガードに、大変貢献することができたことがあります。いろんな業務にあたる方の支援も、地元のローカルレベルでのアドミラルナースがいることによって、可能になります。それからあとは、家族がバラバラにならずにすんだことも、支援の効果があったことになります。それからたとえば、具体的に、認知症の方が家族に虐待されている、そういったときにちゃんと見極める必要があるわけです。故意にそういった危害を加えたのか、あるいは介護をする方がスキルがないがゆえに、そういった結果になってしまったのか見極

める必要があります。それで家族がそのままちりぢりにならないように、いっしょにいられるように、ソーシャルワーカーがみていく必要がありますが、そのソーシャルワーカーの業務そのものもアドミラルナースが支援することができる。これもアドミラルナースが地元で活動しているからです。

それからあとは、臨床従事者としてのリーダーシップが発揮できるところも重要なポイントです。それで、地方自治体、そういった行政といった外でもアドミラルナースの同僚、ナース職の方にも、専門看護師として支援をしていくことができます。それはどういったところかというと、入院病棟内でもありますし、場合によっては地域看護精神医療といった分野で活動している看護師がいますから、そういった地域の中でも病院でも、両方で支えられます。

場合によってはすごく今自分が難しい患者のケースと対応しているとか、あるいは相談をしてアドバイスをしてほしいというように、看護師、その他の専門職の方が思われたときに、アドミラルナースが地元にいることで、コンタクトが楽にとれてアクセスもでき、アドバイスできます。

クリニカルリーダーシップは、あまりきっちりとしたトレーニングコースという形では提供していません。これをもうちょっとフォーマルな形で提供することにもつながると、エイミーさんは考えていました。いわゆるコンサルタンシー活動というのが、アドミラルナースは地元で出来る。それからベストプラクティスしていく際に、この良いやり方を推進していくのに大きな役割をアドミラルナースが担うことができると、エイミーさんは述べました。

今後の展望

エイミーさんは、この先の展望も話しました。「大変幸運です。もう3人アドミラルナースを採用するだけの予算枠をいただきました。もう決まっている方もいますし、あともう1人だけ採用枠が残っているので選ぶ必要があります」と述べました。

アドミラルナースの数が増えますから、活動ももうちょっと幅広くすることができる、つまりより多くのケアラー、あるいは家族の方への支援活動が可能になります。ということで、こういった方々

を対象にアドミラルナースが支援をしていくという必要要件、これも調整することができます。より多くの方を支えていくことができますから。それからあとは、今までできていなかった、今度は新しく家族、あるいは介護者の方々が自身で申し出て、この支援を申請することもこれで可能となるはずです。

ケアラーズセンターでやっているようなノーアポで立ち寄るドロップイン方式、これをやっぱり根底において開発していきたいと述べました。場所を、たとえば、一番ローカルな場所のGPの診療所のほうが、アクセスしやすいということもあろうかと思います。

「それからわれわれがするコンサルタンシー活動といったことも、幅を広げて強化していきたい。ひとつは病院の中で、入院病棟というのは家族に対する支援というのがあまりできていないのかな、と思われるところです。それからあとは、地元のGPの診療所などのところへも広げていきたい」とエイミーさんは述べました。

「評価に関しても、広げていきたい、強化していきたいと思います。それで、今考えているのは、地元の大学の外部評価をしていただいて、こちらのコスト効果も含めてまとめていきたいと考えています」とも述べました。

「アドミラルナースという活動は本当にうまく機能している」とエイミーさんは思っています。まず家族にとっていい具合に機能していく支援モデルです。それからいろんなサービスが提供される中で、発生しているギャップと残っているギャップを埋めていくにもうまくやっていけると思っています。それからあとは、コスト効率です。お金の部分、それから質といった両方の面から大変価値あるものが提供できているとエイミーさんは考えています。

いろんな側面で、いろんなやり方で、対応できる大変柔軟性のある多様なモデルであるということができます。それからあとは明確に地域、つまり地方行政です。こちらのほうにも大変有益であるとまとめました。

6. ディスカッション

アドミラルナースのプログラムは、NHS全体の政策的なかかわ

第 7 章　サットン・ケアラーズ・センターとアドミラルナースの連携

りとは、どのような関係になっているのでしょうか。全国ではどうなっているのでしょうか。

　NHS 全体の中に組み込まれて、全国展開というわけではありません。あくまでもまだこういった非営利の団体のディメンシア UK というところが推進していて、そこに頼っています。ただし、このアドミラルナースの活動のために、依頼を発注する側は色々あって、サットン区は行政のほうが発注したわけです。中にはそこの地域の NHS のローカルレベルの医療サービス発注の機関（CCG）、そこからくる場合もあります。そういったことでは、NHS と関係があります。

　素晴らしい活動をされているエイミーさんは、どんな経歴で、雇われる前にどんな活動をしていたのでしょうか。

　エイミーさんはアドミラルナースになる前は認知症患者、とくに問題行動の難しい症例の患者の方々を、急性期病院で看護をしていました。ただし、いろんなセットアップの中で仕事についていて、コミュニティクライシスサービスの中で、地域社会での活動もしていました。あるいは中間期ケアを提供するような医療の現場でも活動していましたし、それからいつも介護する家族の方などとの対応という仕事もしていたそうです。

　アドミラルナースになるために、必ず最低 3 年間認知症の家族を抱える方々との活動経験がなければだめというのがもう一つあります。ですので、現在はサットン行政の役所のほうに雇われていますが、それ以前の活動は NHS ですから、国のほうの医療の看護師のスタッフであったということです。

　これから雇われる三人は、CCG の予算なのかサットン区がやっているのか。答えは、「CCG」です。地方自治体サットン区役所と国の NHS の CCG とそれからケアラーズセンターという民間の、3 者が認知症ケアでアドミラルナースを軸にして、ギャップを埋めながら活動を始めた、大変おもしろいケースであると考えられました。

第8章 ディメンシアUK
―アドミラルナースの貢献―

2015年9月2日、ディメンシアUKで、ヒルダ・ヘイヨーCEO（Ms.Hilda Hayo）、イアン・ウェザーヘッド氏から、ディメンシアUKとアドミラルナースについての説明を聞きました。イアン・ウェザーヘッド氏に会うのは、2014年11月に東京で開催された「認知症サミット日本後継イベント」での来日の際の講演以来、10カ月ぶりです。

1. アドミラルナースとは何か

私たちが説明を受けたのは、ヒルダ・ヘイヨー（Ms.Hilda Hayo）さんで、ディメンシアUKのCEOです。それに加えて、チーフ・アドミラルナースで、アドミラルナースはたくさんいますがその中のトップです（写真8-1、2）。

年間介護費用は260億ポンド

いろんな疾患を抱えて高齢化しているということで、そこから医

写真8-1　ディメンシアUK・CEOのヒルダ・ヘイヨー（Ms.Hilda Hayo）さん

写真8-2　レクチャーの様子

療部門、社会福祉部門のところで、いろんな問題がかなりでてきています。

長期ケアにはお金がかかります。それに加えて認知症などをかかえていれば、さらにかかるわけです。アルツハイマー協会が年間にそういったところにかかる費用、コストがどれくらいかを算出しました。年間の費用は、何と260億ポンドであろうと、算出しています。

かかるであろう費用は、約260億ポンド、ただし実際はそのうちの170億ポンドくらいが介護であって、残りはその患者である高齢者の方々の家族などが、無償で提供しているだろうといわれています。

複数のいろんな疾患を抱えていることからくる困難さが指摘されています。まず2つ具体的にあげると、1つは循環器系です。そしてもう1つは糖尿病が問題になってきています。

英国においては、現在は認知症の予防というところに焦点をあてるようになってきていますので、発症してから治療ということではないということです。

「昨日も予算獲得の方々と懇談する機会をもちました。その中で出席されていた方はNHS UKの方、パブリックヘルスUKの方、などでした。この1年くらいで、かかってくるリスクのことなどを話したわけです。その中でYUという話をしました。YUとは何かというと、若い時からそういった自分たちの生活に関して、取り組んでいこうということです。若いうちといっても、実は40歳以上から生活を変えていかねばということです。個人的には40歳ではもう遅い、もっと早い時期にと思います。とはいえ、どこかをスタート地点にする必要がありますから、40歳からということになったわけです」と、ヒルダさんは述べました。

予防・診断・対処

心臓、そして脳、これをどのように保つかということをまず焦点にして、ではどこに着目すべきか。まず食生活、そして運動量を増やしていく、喫煙を減らしていく、アルコールについても考える必要があるでしょう。グラス一杯のアルコールはよいでしょうが、ボ

トルになったらこれはやっぱりよくないわけです。そういうことで、心臓、そして脳に影響があると思います。

　予防、予防というふうに言っていますが、その一方ですでに認知症を抱えて生活している方を忘れてはいけません。ですので、診断後にどういうことをしていくのかということも、やはり考えています。

　2014年のテーマは、診断ということがポイントでした。早期に認知症の診断を下していくということです。国内の地域によっては、実際認知症を患っている方の30％くらいしか、診断を受けてないという数字も出ています。

　首相の掲げている数値は70％です。認知症を抱えている方の70％は、診断を受けるということを掲げています。目標にちょっと手が届かなかった約65％まで引きあがっています。ヒルダさんは「かなりいい前進ではないかと思います」と述べました。場所によっては、この診断パーセントは倍増しているわけです。

　「何で診断してもらわないの」と聞くと、だいたい返ってくる答えは、「もし診断がおりたらどうすればいいんだ。治療は何をしてもらえるの。どうやったら治るの」という話になります。やっぱり高齢者が診断をしてほしいのは、その先に何があるのかが気になるからです。

　現在のポイントというのは、どこに焦点があたっているかというと、予防ということがひとつです。それに加えて、診断がおりたあとの対処ということになります。ということで、診断がおりた後の、アドミラルナースの活動が見込まれます。

　ヒルダさんは、「これは家族によっては診断がおりた、そのあとの必要とする情報は比較的少なくて構わないんだ、何をすればいいのか、そして、どんなところから寄付金を、お金を引っ張ってこれるのか知りたい。どういった様々な支援サービスにアクセスすればいいのか、といった程度でいい家庭もあれば、もっといろんなところでの支援を必要とする家庭もあるわけです」と述べて、たとえば、「こういった中で、家族の関係が壊れてしまう。いろんな家族間の関係がでてきている。そういったときに、アドミラルナースが活躍できます」と述べました。

なぜ「アドミラルナース」なのか

「ではここのところでちょっと時間をさかのぼってみましょう」と、ヘルダさんは言いました。25年ほどさかのぼります。とある男性が脳血管性の認知症と診断を受けます。男性の家族の方が困られたわけです。この当事者の男性は、いろんな行動態度が変わってきたわけです。ジョセフ・レヴィさんという男性が当事者の方でしたが、家族の方はこの男性と対応をなさっていた精神科の先生と話をしたわけです。けっこうお金のある家庭だったんです。そのときの会話はこんな感じでした。

「どうしましょう。どうやったら家族として支援できますか。お金を出して、病院でスキャナーを買っていただくようにしましょうか」。そんな話になったわけです。「それとも、何とかわれわれのほうで支援をして、同様に認知症のいる方の支援で何かしましょうか」といったわけです。

その中で、二本柱でできることがあるのではないか、と家族の方は考えました。ひとつは、同じような立場の方々にいろんな啓蒙、教育といったところ、プラス支援といったものを提供していこう、ということでした。もうひとつは自分たちが受けていた、つまりジョセフさんが受けていたような看護師からの対応を、そういった方にも受けてもらうようにすればいいのではないかということでした。

家族の方が出されたお金は、一部はディメンシアUKの認知症に関する色々なトレーニングのプログラムを構築するために使いました。そしてもうひとつは、家族と対応されるような看護師の開発というか、育成のために使おうと、そしてそういった看護師のことを何と呼ぼうかと考えたわけです。「メンタルヘルスナースという言葉は使いたくない」といって、この当事者のジョセフさんはジョー提督、アドミラルジョーというニックネームでセイリングが好きだったので、アドミラルナースにしようとなりました。

アドミラルナースは、診断を受けた当事者の方々のために活動するものではなかったわけです。診断を受けた当事者と家族のためのナースであったわけです。当時の環境は、精神医療という環境の中でした。

アドミラルナースが実際何をするのか

「25年前の話です。もういっぺん、今の時点まで戻ってきてもらいましょう」とヘルダさんは言いました。現在のアドミラルナースは診断を受けた当事者を含んで、活動対象にしています。それと、家族のない方もいて、その方でも支援を受けることになっています。ヘルダさんは、今している仕事に加えて、実際アドミラルナースの活動もしています。ヘルダさんが今かかえている事例の中でひとつ出すと、「44歳の男性で、家族はいますが絶縁」という形です。その方でもアドミラルナースの対象になります。その方の家族は一緒に暮している方が家族という考えです。

アドミラルナースが実際何をするのか、ということです。表8-1には8つ書いてあります。エッセンスは、最初の3つくらいのポイントでカバーできています。最初の「家族と関係の中で活動していく」では、関係がやはり崩れてしまうわけです。そうすると、複雑で苦しくなる、ところが良い関係といったものを家族がキープできれば、認知症の方を抱えていても、よりよい形で暮していけるわけです。

2つ目には、「家族とのパートナーシップ」という形で活動をしているわけです。それから関係というのは、片方に自身がいて、当事者がいて、認知症の方と一緒に生活をされる方がいるわけです。その中のバランスみたいなものが崩れると、関係が崩れていきます。

3つ目のところが大変重要なポイントになります。スペシャリスト、専門家がアセスメントしていく、そしてエビデンスに基づいた

表8-1　What does an Admiral Nruse Do?

- Family & relationship centred approach
- Work in partnership with family
- Specialist assessment & evidence based intervention
- Promote and implement best practice
- Provide supportive education
- Provide biopsychosocial support for the carer and person living with dementia
- Care management & liaison with other professionals and organizations
- Work in a consultancy and/or supervisory role

（資料）Hilda Hayo., *Dementia Care, The admiral Nursing Contribution*, DementiaUK, 2 November 2015.

第Ⅱ部　認知症国家戦略の実践

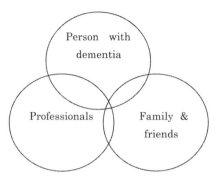

（資料）Hilda Hayo., *Dementia Care The Adomiral Nursing Contibutuion*, Dementia UK, 2 November 2015.

図8-1　Relationship centred approach

介入を行っていく、これは重要なポイントです。

上述した「その関係」といったものを中心に据えたアプローチは、図8-1になります。

英国における3つの間違った認識

英国における間違った認識が3つあります。そのうちの1つ、「アドミラルナースは高くつくものなんだ」。これは間違っています。そのコストという意味で考えれば、一般の地域で活動する地域看護師と何ら変わりません。

そして2つ目の間違った認識、「アドミラルナースというのは、介護にあたってる方だけしか対象にしないんだ」。これも間違っています。というのは、やはりこれは携わる方全員を対象にしないと、その関係というものをキープできないわけですから。だから介護に当たっている方だけが対象だというのは、間違っているわけです。

3つ目は、「アドミラルナースは、認知症アドバイザーと同じような支援しかしない」。英国には、認知症であると診断が下されたあとに、「認知症アドバイザー」という方が来て、あれこれ色々な情報を提供してくれます。「こういったときにはこちらに行ったらいいですよ、あちらに行ったらいいですよ」と、そういったことを教えてくれます。それと同じだという方がいますが、違います。アドミラルナースというのは、スペシャリストです。実務家で、実際

に仕事をするわけです。そういった当事者・周りの関係というところに焦点、ポイントを絞って、自分が介入して活動をしていく、このディメンシア・アドバイザー（認知症アドバイザー）という方々は、情報提供して「はい、さよなら」になるわけです。それとは全然違います。

サポート提供の仕方

図8-2の三角形は、サポート提供の仕方をみていくときに、どこのところが地域看護師のところなのか、どこがアドミラルナースなのか、どこがアドバイザーの仕事なのか、を表しています。

1つ目は、三角形のピラミッド型の底辺で活動している方です。左側が地域看護師（District nurse）、認知症サポートワーカー（Dementia Support Worker）といっています。ここは「認知症に関して認識があればいい」というレベルです。認知症を患っている方と生活をしている方で、最低限これだけは必要というのはやはりこのレベルです。認知症に関しての認識があるということです（Demetia aware）。

2つ目ですが、認知症の方を対象に仕事ができるスキルをもっている方です（Demetia skilled）。これがどのレベルになるかというと、やはり効果的に活動をするとなると、スキルが必要になってくるということです。たとえば、急性期病院というのを例にとります。急性期病院であれば、たとえば厨房で働く人とか、あるいは物を移動させたり患者さんを移動させたりするだけの、そういったレベルの方々は認識があればいい、ただし、その上の方になれば認識だけでなく、スキルも必要になってきます。このように認識とスキルをわけます。

家族の方が認知症の診断を受けた。そうすると、当事者の方の行動も難しくなってきて、すごく大変になってきた。そのときに家族が必要としているのは、スペシャリストの人がほしいわけです。それがこのトップレベルのところです（Dementia Specialists）。

このレベルで支援対象となるのは家族の方だけではなくて、他の医療従事者になるわけです。そういった方々も支援していく必要があります。そして専門家として、アセスメントをし、そして支援を

第Ⅱ部　認知症国家戦略の実践

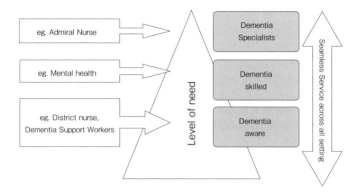

（資料）Hilda Hayo., *Dementia Care The Adomiral Nursing Contibutuion*, Dementia UK, 2 November 2015.

図8-2　サポート提供の仕方

そういった他のヘルスケア従事者に提供していくことになります。このレベルでアドミラルナース（Admiral Nurse）が必要です。

どういった環境でアドミラルナースが活動するか

では、どういった環境でアドミラルナースが活動するのでしょうか。急性期病院内での活動は、さきほど述べました。スペシャリストとして働いています。地域社会で働いている方もいます。例えばケア・ビレッジと呼んでいるような環境団体にもいます。あるいはメモリークリニックの中で、あるいはホスピス入所施設、一次ケア部門、つまり慢性疾患をかかえた人などが生活している治療を受ける場です。そういったところは、必ずしも急性期の病院だけではないです。

図8-3は認知症のパスウェイを表しています。アドミラルナースが活動するところは、ここで段階的に表しているパスウェイのすべての段階で携わっていきます。

まず、診断前での活動というのがあります。具体的にはどういった場合かというと、例えば、「お父さんがお母さんが、あるいは妻が夫が認知症ではないかと思うんだけれども、診断を受けるための診察に行かないんだ。どういったところで診断をしてもらえるでし

第8章　ディメンシアUK

Supporting families affected by dementia through the treajectory of the disease

（資料）Hilda Hayo., *Dementia Care The Adomiral Nursing Contibutuion*, Dementia UK, 2 November 2015.

図8-3　A dementia pathway

ょうかといった相談があったりします」。ということで、診断前には診断を受けていただくように、家族の方の支援をしていきます。ヒルダさんは、「個人的には若年層、65歳以下の方、患者さんというのを対象にしておりまして、こういった年代の方が認知症になるというのは、遺伝性の場合がでてきたりします。そうすると当事者のことだけではなくて、家族の方のもっと若い方々の自身の遺伝性のテストをしてもらったほうがよろしいですよ、という話を、家族にするようなケースがでてくるわけです」と述べました。

2つ目が、診断という段階になります。平均すると、認知症の診断を受けるまでに要する期間は3年から5年くらいになっていて、それは特にまれなタイプの認知症であったり、あるいは若年層の方であったり、とくに前頭葉型認知症などの場合に時間を要します。

診断がおりた時点では、もうそういったつながりみたいなものが離れてきている場合がけっこうあります。なぜかというと、脳の前頭葉は傷ついていますから、いろんな社会的な面であるとか、いろんなところで問題が生じているのです。

もう問題がでてきて、そこから絆のほうに問題がでてきている。65歳以下では、誰も認知症と結びつけはしないわけです。ですから、この診断がおりた時点で、いろんなところが壊れてきているので、そこをつなげてまとめていくという仕事が、けっこうかかる場合があります。

認知症とどのように生きて終末期をむかえるか

認知症の診断を歓迎する家庭はまずありません。認知症とどのよ

うに生きていくのか、生活するのかが次の段階ですけれども、これはもう家族によりけりです。この認知症だという診断が家族の誰かにおりた。おりてそれを何らかの形で消化していく必要があります。そこまでいかないという家族もいます。家族によっては、診断がくだっても先に進んで何とかしようとする方もいます。ということでケースバイケースです。

ただ覚えておかなければならないのは、三角形の関係があるということです。ひとつはアドミラルナース自身がいて、そして診断がおりた当事者の方がいて、家族の方がいて、ということになります。その中でアドミラルナースというのは、どのように家族が一緒につながって生活を続けることができるのか、というところで活動しています。それからあとは、これは望まれればということですが、終末期に関する計画というのも一緒に携わっていくことになります。ということで、次の段階がエンド・オブ・ライフということで、終末期の話です。

終末期をどう迎えるかというところで、自宅で迎えたいという方がいれば、アドミラルナースはそれが可能になるように支援をしていくことになります。そしてそれが可能になるように、いろんなサービスを提供するところとの調整を、コーディネートしていくことになります。

当事者の方は亡くなってしまう。従来のサービスモデルは、その時点で、サービスそのものが終わってしまうわけです。ただ家族の方に伺うと、そのときこそまさに支援をしてもらいたいときであるというのです。そして、何らかの継続性といったものを享受していきたいと、みなさんいわれるわけです。アドミラルナースは、当事者が亡くなって終わりではありません。

ヒルダさんは、「ひとつ事例として活動を紹介したいと思います。私の関わっていたケースです」と述べました。「奥様が特殊な認知症でした。12年間くらい、ストップしたりスタートしたりで、ずっと私が対応しておりましたが、この6月に奥様のほうは、この終末期の計画をして携わりました。その後、安らかな最期を迎えられました」。そして「ご主人様のほうは、私のほうでこれでもう終了ということで、ディスチャージということで終わってもよかったの

ですが、それはしませんでした。それは適切ではないと思ったからです。実はこの方は本を書かれて、今出版まぢかになっておられます。この男性、夫の方は奥様が亡くなられて、どこかで頁を閉じるような最期のところまでみていかなければだめだ、という方でした」と述べました。

「10年くらいご無沙汰になっていたご主人様のほうと話す機会があり、私も奥様が亡くなられたときに『はいこちらも終わり』となっていれば、決してこういうことは起こらなかった」とヒルダさんは述べました。

エビデンスとして活用できる3つのモデル

「CCGといわれるコミッショナー、発注側の方と座って話をすると、でる話は『いくらかかるんだ、アドミラルナースを導入することで、どれくらいのコストセイブになるんだ』といった話ばかりです」と、ヒルダさんは言います。

こういったときに有効なエビデンスとして、3つの事例があります。

表8-2に、モデルの名前があります。ヒルダさんは、「皆さんの中で、25年もかかって活動していて、3つしかエビデンスがでないのと思われるかもしれませんけれども、昔の時代というのは、今のような形でエビデンスの集積ということを、行っていなかったわけです。そういったことがあって、私が今のこの立場になってからも、戦略として取り組んでいることのひとつは、評価をしてエビデンスとして、整備していくということです」。「アドミラルナースの成果というのはありますから、それをまとめていく必要があると思います」と述べました。

しっかり評価をして、フォローアップをして、エビデンスとして活用できるのは、Telford and Wrekin Model、Southampton Model、Norfolk Model、この3つのモデルです。

表8-2　So are Admiral Nurses effective?

- Telford and Wrekin Model
- Southampton Model
- Norfolk Model

まず、テレフォート・アンド・レキン・モデル（Telford and Wrekin Model）といったタイプです。これはアドミラルナースが、GP の診療所のところをベースにして、長期のケースで対応したモデルです。このモデルからのエビデンスによると、この GP の診療所に対して、コストセイブできたのは月間 1 万 5 千から 1 万 7 千ポンド（300 万～ 340 万円）です。

2 つ目のサウスサンプトン・モデル（Southampton Model）というのは何かというと、急性期病院をベースにして活動したアドミラルナースの調査になります。10 ヶ月間、1 人のアドミラルナースが、急性期病院で活動したことによって節約できた予算が 25 万ポンド（5 千万円）になります。どこから 25 万ポンドがセイブできたのかというと、患者のオブザベーション（患者の観察）していく際に、1 対 1 でするのが減った。それからオブザベーションの人数が減った。そして対象となった病棟は、5 つの病棟でということです。そこからのモデルが、これだけの金額に積もったわけです。

3 つ目のノーフォーク・モデル（Norfolk Model）というのは何かというと、常勤換算にして 2.6 人分のアドミラルナースが地域で活動を 10 ヶ月したケースになります。この 10 ヶ月間でセイブできた予算が 44 万ポンド（8,800 万円）になります。

アドミラルナースはディメンシア UK のブランド

次は転帰の話です。アドミラルナースが活動することで成果がどれくらい出たかという、やっぱり発注側にとってはコストの話がポイントになってきます。アドミラルナースとディメンシア UK の段階では、どのような活動をするのか興味があります。アドミラルナースとして出して、ディメンシア UK がそのまま知らん顔ということはありません。

英国全体でアドミラルナースは 144 人います。アドミラルナースの募集、求人をする準備が出来ていて 29 人募集があります。

2 年間でアドミラルナースの数はほぼ倍増しています。倍増したことにヒルダさん自身が驚いていました。アドミラルナースは、月 1 回研修センターのほうにきて、プラクティショナル・ディベロップメントと呼んでいる、専門機能の開発、そして実務面における活

第8章 ディメンシア UK

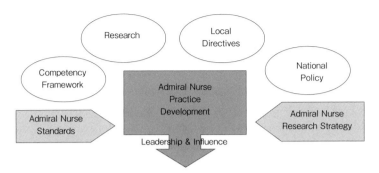

（資料）Hilda Hayo., *Dementia Care The Admiral Nursing Contibutuion*, Dementia UK, 2 November 2015.

図8-3　What and Why of Admiral Nurse Practice Development?

動の開発構築のトレーニングをし、そして月1回のペースで2時間、午前中に監督をされて業務に当たります。そしてそのあと、トレーニングのセッションがある研修があります。このアドミラルナースが、こういった実務能力の開発をするときには、リサーチ（研究）というところを主に身につけます。それだけではないです。活動するそのローカルレベルで、様々なことが起こっていますから、そういったことを身につけていくところがあります。それから国レベルでの政策もありますから、この辺も身につけていく点になります。

図8-3の左のところにはコンピタンシー・フレームワークと書いてあります。これは必要とされる能力、技能の枠組みということになります。具体的には、アドミラルナースというのはディメンシア UK の機関がもっているブランドです。このアドミラナースであるといって活動するときには、国のどこで活動しているときにも、どこで活動していても一定の基準、一定の水準を満たして、その格差がでないようにする必要があります。つまり、「水準設定」という意味合いです。

第Ⅱ部　認知症国家戦略の実践

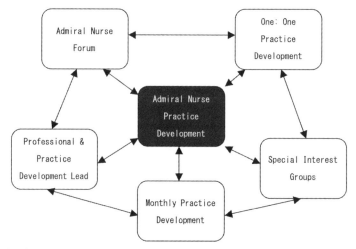

（資料）Hilda Hayo., *Dementia Care The Admiral Nursing Contibutuion*, Dementia UK, 2 November 2015.

図 8-4　The how of practice development

プラクティス・ディベロプメント

　図8-4のような形で教育研修をしています。まず、月1回のプラクティス・ディベロプメントです。実務の開発をしていくところになります。それから左のほうにはプロフェッショナル・ディベロップメント、それから左上のほうにあるアドミラルナース・フォーラムというのが年に2回（4月と10月）あります。

　それから、1対1での実務開発を身につけるための研修があります。なぜかというと、みんなアドミラルナースであっても、とくに専門としているという分野があるわけです。たとえば、「私は入所施設における活動とか終末期における活動とか、みんな専門的なものを身につけていますから、そういったところでお互いに1対1で能力を伸ばす」わけです。

　「スペシャル・インタレスト・グループ」（Special Interest Groups）とは何かというと、アドミラルナースでなくても、一般の看護職の方でも関心を持っている方がいるわけです。あるいは他の医療従事者であるとか、そういった方々が入っているグループの話です。

2. 新たな可能性

ヘルプライン

イアン・ウェザーヘッド氏は、ディメンシアUK、キングス、アドミラルナースなどの活動を一緒にして、ここでの勤務は2006年からです。イアンさんが最初努めた6年間は、国全体

写真8-3　イアン・ウェザーヘッド氏（写真左）

を対象とした電話相談で、ヘルプラインというのがあって、そこでの活動でした。これはどういうことかというと、当事者の方や家族の方で、相談したいことがいっぱいあるわけです。それで電話をかけて話しを聞ける、その際に答えるのがアドミラルナースで、これがヘルプラインでした。そちらの管理職でした。アドミラルナースとしてロンドン内やその周辺などで3年くらい実際活動して、その後ディメンシアUKの組織の職員になりました。

出張診療

イアンさんが携わっている業務は何かというと、職場においてアドミラルナースが活動していくということ、これは具体的にどういうことかというと、実際に一人暮らししている方で、アドミラルナースの支援が必要であっても、なかなかアポをとって対応してもらうことが可能ではない。あるいは場合によっては、その方の地域にはアドミラルナースが活動していないといったことがあります。職場のほうにいって、そこで支援をしていくという、こういったサービスがあって、実際すでに企業のほうから、こういったサービスを自社のために提供していただきたいといって、スタートしているそうです。

これは何かというと、「出張診療という形でお考えください」とのことでした。実際は2人のアドミラルナースと、イアンさん自身がその依頼を受けた企業のほうに出向きます。そうすると、企業ではすでに社員の方々にアドミラルナースが出張してくれると、出張診療を受けたい方は、アポで予約をとってくださいと設定していま

すので、30分の診療をします。こういったニーズがあっても、仕事を休んでそのアポにいかれるよりは、同じ社内のビルの中で、自分のデスクから離れていくほうがしやすいということです。

　もうすでに出だし好調です。なぜかというと、職場にはこういったサービス提供をアドミラルナースに支援してもらいたい、診療してもらいたいという方がいるわけです。

　こういった職場に専門看護師が出向いて診療する、こういった取り組みは英国においては初めての取り組みです。これはまだまだ初期の段階で、イアンさんの活動としては、2015年にスタートしたばかりの業務内容になっています。よくよく考えれば、ディメンシアUKの中で実際、アドミラルナースを雇用して常勤でということにもつながりうると見込んでいます。

　これはいくらくらいかというと、まず診察してもらうということで、介護者の社員の方は自己負担はなしです。英国においては、アドミラルナースに支援をしてもらうときには、基本的には無料ということになっています。だから自費でということは通常はないです。ただしこれは、企業のほうに赴きますので、雇用主のほうは、アドミラルナースが出向いて出張診療するのに必要な費用は、もちろん払ってもらうわけです。

　雇用側にとって、どういったプラスがあるかというと、これはコスト効率がすごくいいといえると思います。こちらのサービスを終了したことでコストはかかりますが、それによって従業員の福利厚生にプラスになり、その従業員の方々がたとえば病欠をとるとか欠勤するとか、そういったことが軽減できることでよいということです。

　日本は、介護離職者は年間10万人いるので、このようなモデルはいいと思います。これは、日本の場合、地域社会において受ける支援が低いがゆえに離職されているわけです。イギリスもやっぱり同じような問題を抱えていると、イアンさんたちは考えています。なぜかというと、アドミラルナースがいてもやっぱりまだ十分な数ではありません。そういった専門看護職の方も、万人に届くだけ育っているわけではないわけです。

ナショナル・ロードショウ

　イアン・ウェザーヘッド氏から、現在取り組んでいるプロジェクトをひとつ紹介していただきました。「ナショナル・ロードショウ」というものです。イギリス国内で、すべての地域で――日本でいえば都道府県にあたる地域のところで――アドミラルナースが出張診療に行くということです。アドミラルナースが根付いて活動しているわけではないけれども、そうやってこちらがいろんな地域に出張していって、誰でもアクセスできるようにしていきたいということです。

　この取り組みは、そういったサービスを受けられる方だけを考えているわけではまったくなくて、いろんな側面があります。というのは、そういった活動の中で、ローカルレベルでパートナーシップを構築することができるからです。たとえばGPと、あるいはCCGといった医療サービスを発注するお金を持っているところで、アドミラルナースの活動はこういうものだ、こういう成果があるのだというところをみてもらって触れていただき、ゆくゆくは「それならば利用してみよう」ということになるわけです。

　毎年6月に、認知症コンファレンスという会議があって、ロンドンの中心地にあるオリンピアと呼ばれる会場で行われています。そこで2日間開催されるもので、イアンさんたち2人とか3人とか4人くらいで、そこにアドミラルナースを派遣して、一般の方がそのイベントに来て、そこでアドミラルナースの診療を受けることが可能になっています。

3.　ディスカション

アドミラルナースは資格ではなく認定

　アドミラルナースはディメンシアUKが、育成し認めている資格なのでしょうか。看護師の資格があって、それとアドミラルナースの資格との関係はどうなっているのでしょうか。

　答えは、「資格ではない」ということです。アドミラルナースになる人はいずれにしても看護師ですから、ナースの資格はもちろんあるわけです。アドミラルナースになるためには、最終的な面談な

どがあるわけですが、ディメンシアUKから人がいって審査をします。そしてアドミラルナースとして活動するためには、認知症の患者や家族の方など認知症関連のたいへん深い業務経験を有していないとなれません。これはあえていうなら資格ではなくて、ブランドというほうがいいです。

　そうすると、登録ということにはなっていないのでしょうか。まずアドミラルナースというのは商標登録ではないけれども、ブランドとして登録をしているので、ほかの機関がアドミラルナースという言葉で看護師を育成することはできません。ディメンシアUKだけが、アドミラルナースを育成することを認定できます。まさに認定をしているということです。認定証をだせるのがディメンシアUKだけになるわけです。看護職の方は、自分はもちろん看護師の資格をもっている看護師で、それにプラスしてアドミラルナースであるという認定を受けていて、どこかの職の求人に応募することが可能になります。そしてこのアドミラルナースにふさわしいだけの技能があるかどうかの審査を、ディメンシアUKが業務実務のコンピタンシー・フレームワークできちんとみていくことができるということです。

　登録制みたいなことはしていないのでしょうか。まず、アドミラルナースと呼ばれるためには、まずどこかが雇用する必要があります。サットン行政区が雇用するとか、CCGと呼ばれるところが雇用するとか、アドミラルナースとして雇用したいと、そしてディメンシアUKのほうで、その方がアドミラルナースと呼ばれるのにふさわしいだけの技能をもっているかどうかをアセスメントして、そして認定をして、アドミラルナースという名称で活動をします。ですので、アドミラルナースはディメンシアUKで雇用されている看護師ではありません。ディメンシアUKから給料がでているわけではありません。私が知る限り、日本にはない仕組みだと思いました。

アドミラルナースになれる条件

　アドミラルナースは、GPの診療所など、色々なところで活動しています。アドミラルナースに活動して欲しいと思ったところをホストと呼んでいます。ホストがディメンシアUKに来て、アドミラ

ルナースを雇用したいといってきます。そうした時点で、ディメンシア UK の、たとえばイアンさんがホストに出向きます。というのは、アドミラルナースに働いてほしいといっても、どこにでもそうさせるわけにはいきません。なぜかというと、ディメンシア UK がもっている哲学を共有できるところしか、ホストにはなれないからです。フィロソフィーがあります。そしてアドミラルナースになるべき看護師を、そこのホストの機関が雇用します。そうしてディメンシア UK がアドミラルナースにふさわしい活動ができるような教育をして、そのあとは月1回の月間の研修といったものを提供して出席してもらって、アドミラルナースとして間違いなく活動できるようにしていきます。

　それからもうひとつ条件があります。「アドミラルナースとして募集します」といったときに、誰が応募できるかということです。看護師だったら誰でもなれるわけではなくて、そこに応募する前に、ディメンシア UK のほうで、アドミラルナースにふさわしい方でも、まだアドミラルナースという名前にはなりません。ふさわしい活動ができるような卒後教育をします。それなりの経験をもった有資格の看護師しかなれません。もうすでになりうる方はプールされています。だから事前にアドミラルナースになりたいという方は、ディメンシア UK で研修を受けて、すでにもうプールされています。その中でしか、アドミラルナースをサットンが募集しますといっても、応募はできないわけです。「セント・トーマス病院で働いているナースだから応募したい」といってもできません。

　ディメンシア UK ですでにアドミラルナースになりうるだけの看護師というのは、その求職する前の時点で、その認定をすでに受けているわけです。その方を認定するディメンシア UK のほうで、募集があっても、その方しか応募ができないわけです。もっといえば、その認定をもらっているその方しか、アドミラルナースとして採用してもらえないわけです。

誰もがアドミラルナースになれるわけではない

　サットン地区では、1人から3人に増やしました。でも3人のうちの1席は決まってないといいましたが、その1席の方はいまどう

いう状態にあるのでしょうか。

　もう一度募集をかけるしかないわけです。人数の定員をうめるために、誰でもいいからアドミラルナースにするわけにはいきません。たとえばアドミラルナースのポストが3人分ある。それで10人応募して来たとしても、たとえば10人ともふさわしくなければ、ディメンシアUKがアドミラナースとして認めません。もう一度求人広告を出して、もう一度募集して、それでもう一度審査をして認められる方がでれば、採用ということです。ですから、もう1人は決まっていません。

　水準をキープすることは、ディメンシアUKは重要だと思っています。なので、かなり選んでいます。やっぱりディメンシアUKは選ぶしかないということです。

　キャリアは必要なのでしょうか。最低資格は看護資格です。ですから看護師ということはもちろんです。それに加えて、認知症患者の看護というところで、適切でしっかりとした経験をもっている方です。

　具体的な経験とかキャリアとかはいえません。なぜかというと、何年という数字で区切ることは差別になりますから、イギリスのソサエティではそういったことは許されません。例えば、30年間キャリアがある方よりも、2年間キャリアのある方のほうが、しっかりと集中的にキャリアを積んで、スキルは上かもしれませんから、年数だけで切ることはしません。ですから、具体的に「何年キャリア」というのはありません。しっかりと認知症の経歴のある方、それからそれとは別に、雇用される側が求めているプラスアルファというのがあるかもしれません。たとえばホスピスがホストになって雇用するのであれば、関連した何らかの資格の基準が入ってくるかもしれません。急性期病院で雇用されたいというのであれば、そこで求める別の基準が入ってくることがあります。

　望ましいのは、修士課程まで修了している看護師です。なぜ望ましいかというと、修士課程まで修了して看護の現場にいる方は、やはり数に限りがありますので、望ましいということをいっています。

第8章　ディメンシアUK

達成率65％のメカニズムと診断後何ができるのか

　認知症に対する早期予防、早期の診断が30％しか診断されていなかったのが、目標が70％となり65％達成したということでした。具体的にどのような方法で達成したのか。診断を受けたことでメリットがでたのかどうか。

　これは、政治的な面の質問で難しい質問です。どれくらいコメントするかも難しいです。

　「診断率が伸びたひとつの要因は、地域の先生方にかなりプレッシャーをかけて、診断がおりるように病院のほうに紹介状をまわせまわせとプッシュを入れたみたいです」とヒルダさんは述べました。それでもなかなか率をあげるのに、効果がでませんでした。そこでどうしたかというと、ひとつの診断がでるたびに、55ポンドの優先支払メカニズムができました。GPの収入になったというわけです。この4月までありました。日本でいえば、診療報酬をぶらさげたようなものです。

　また、極端な例で30％くらいしかでていなかった地域もありますし、また伸びても50％までしか伸びなかった地域もあるので、そのあたりは留意しなければなりません。

　そのあとの「診断を受けることのメリットはどうか」という質問は、実はそこがまさに問題になっていて、100％から程遠い診断率になっています。これはまさにGPがいうことですが、診断をおりるように推進するにせよ、プッシュをいれられて、でも診断おろしてどうするの、ということです。診断がおりた、でもGPがいえることは、「我々ができることは何もない」です。何らかのサポートを、GPのほうでできることはないです。そういうことを言うだけのために、診断を下すのかということをやっぱり言われるそうです。これがまさに、昨日ヒルダさんも入って話していたことだそうですが「やっぱり、診断をくだすということは、診断後にいったいどうなるのか、何ができるのか、そういったことを出していかないとだめです」と述べました。

　もちろん認知症で60、65％というとなかなか高いかと思います。けれども、これをたとえば癌に置き換えたら、とんでもないことになるわけです。癌になれば絶対癌だという診断があって、診断後に

こういった治療をするというのがちゃんとあって、そのあたりを考えると、認知症にしたら65％というのは、まあまあの数字ではあります。

イアンさんは、「ただ、家族の方にとっては、この診断ということで何らかの理解につながるメリットがあると思います」と述べました。イアンさんは、「なぜかというと、自分の愛する家族が急に、たとえば変な行動にでてしまうとか、あるいは徐々に物忘れがひどくなるとか、いずれにしても何か理解できないようなことが起こっている。これに診断がおりる。たとえば混乱している家族が、なぜなのかわからない。だけど診断がおりることによって、自分たち家族が理解することにつながる、それからあと、診断がおりたがゆえに、スペシャリストサービスみたいなものにアクセスできるように、受けることができるようにつながる。それからアルツハイマーであれば、治療という形でまた希望をもつことができる、そういったことがあるかもしれません」と述べました。

認知症の人の数値：母集団の確定方法？

パーセンテージを出すときの母集団は、病院に認知症が心配で訪れた人の中で診断がついた人でしょうか。そうなると、病院に訪れない人はどうなのでしょうか。

「まさにこの数字ですけれども、研究者に言わせたら、『こんな数字など何の意味もない』といわれるんじゃないかと思います」と、ヒルダさんは述べました。これはどういうことかというと、「地理的な地域ごとで、ここの地域ではこれくらいのパーセントの認知症の人がいるという数値を出して、その地域内で診断がおりた人の数をみて、照らし合わせて何％といったりするんですが、もともとこの地域においてはこれだけのパーセントのこれだけの人数の認知症の人がいる、という数字の出し方自体が、もう本来間違っているんじゃないか、という指摘もあります」と、ヒルダさんは述べました。

GPは何ができるか

早期診断することの意味合いを理解しないGPとは、本人のアドバンスド・ケア・デティクティブとか、家族のこの先起こりうるこ

とへの覚悟とかを認知症の方、あるいは家族の方の、この先のことをなかなか理解しないGPが多いということでしょうか。

　理解しないGPが多いから、病院で診断を受けなさいという意味合いです。診断を受けることのメリットというのは、診断を受けないと地域の中のGPから十分な支援も受けられないから、ということでしょうか。

　GPが、たとえば何かを提供できるというメリットではなく、本人と家族にメリットがあるということです。そこの部分のメリットをGPは理解しないということでしょうか。

　やはりメリットを考えると、とくに一緒に住んでいる同居者の方です。中には、たとえばビタミンB12が不足しているとか、あるいは脳血管のほうとか、治療していけば大きくはないにしても抑制できる、そういった意味でのメリットは診療所にもあります。メリットが大きいのは、同居者の方です。

　日本の在宅医は、家族に認知症ケアのレクチャーをするので、そういったことでイギリスのGPにも出番があると思われましたが、GPはたとえば投薬をするとかそういった意味での出番でなければ理解してないのでしょうか。

　答えは、「このあたりは、GPによりけりです」とヒルダさんは答えました。スコットランドでは、認知症の診断がおりたら、そのあと1年間は何らかのサービス提供を約束されています。ただ1年間終わったら何もなくなってしまうわけです。少なくとも1年間は診断おりたあと、GPからではなく、色々なサービス提供を受けられます。1年間保障です。イングランドに関してはそれもないというという状況です。ですので、アルツハイマーで抗認知症の投薬ができるという症状であれば、できることはありますが、そうでなかったらできることはありません。そして、スコットランドのほうがイングランドよりも診断率も高いです。

第Ⅱ部　認知症国家戦略の実践

補論　アドミラルナースの役割と活動

はじめに

　2014年11月、認知症サミット日本後継イベントが開催された際、ディメンシアUKのアドミラルナーシングDIRECTで、リードアドミラルナースのイアン・ウェザーヘッド氏（Ian Weatherhead, Lead Admiral Nurse, Admiral Nursing DIRECT, Dementia UK）の講演を都内で聞きました。ウェザーヘッド氏は38年の看護歴を持ち、イギリス各地において病院内及びコミュニティケアにおける精神保健分野で活動していました。その後スコットランドで新しいコミュニティメンタルヘルスを開発し、2006年よりリードアドミラルナースとして活動し、教育アドバイス支援サポートを提供しています。

　現在、イギリスの認知症の数は約80万人で、これから急激に増加し30年後には2倍になると予想されています。日本と同様に本人と家族への支援体制が遅れ、経済的負担の増加、将来への深刻な危機感が広がっています。

　イギリスの国家戦略のタイトルは「認知症とともによく生きる」で、診断後の支援の充実も戦略に掲げています。アドミラルナースとは、認知症専門のナースです。認知症本人だけではなくケアする家族を支援することがアドミラルナースの役割で、病気の知識を家族に伝え、どんなサービスが利用できるか紹介します。悩みや心配事にも耳を傾け、相談にのってくれる心強い存在です。

ディメンシアUKとメモリークリニック

　アドミラルナースは、精神医療看護師の資格をもった看護師が特別の研修を受けて、NPO団体であるディメンシアUK（1994年設立）から資格を与えられます。ディメンシアUKは、それほど大きな組織ではありませんが、イギリスでは非常に高い評価を得ていて、2015年中にはアドミラルナースを200人にまで増やそうと考えています。

　アドミラルナースを受け入れる団体はホスト団体と言われ、ナー

シングホーム、自治体などがありますが、一番のホスト団体はメモリークリニックです。メモリークリニックとは記憶が薄れた人たちのクリニック、つまり認知症専門のクリニックで、イギリスを発祥としてヨーロッパに増えつつあります。メモリークリニックでは認知症患者本人のケアを行いますが、家族のケアまで手が及ばず、そのため家族のケアをアドミラルナースに頼むという方法をとっています。メモリークリニックは認知症専門の二次医療です。アドミラルナースの収入はホスト団体から収入が入ってきます。つまり、派遣先から収入をもらう制度になっています。

認知症ケアというと、日本でもダイバージョナルセラピー（http://dtaj.or.jp/）やパーソンセンタードケア（http://www.tyo-jyu.or.jp/）、センター方式、ユマニチュード（Humanitude）など色々ありますが、イギリスではほとんどがパーソンセンタードケアです。ディメンシア UK の研修も、それに基づく認知症ケアをしています。

アドミラルナースの創設

「アドミラル：admiral」とは「海軍大将、海軍提督」のことです。なぜ、海軍大将がディメンシア（認知症）と関係するのか。それはジョセフ・レヴィという人が認知症になったことに由来します。

ジョセフ・レヴィは軍人ではなく、船が好きでセイリングが好きでした。自身も海軍大将になったつもりで、ネイビールックの服を着たり船乗りの恰好をして、色々な慈善活動にも勤しんでいました。自分を「提督：アドミラル」と名付けて、周りからもニックネームで親しまれていました。彼は「認知症本人に対する支援はあるけれども、家族の抱える困難を支援して直接手を差し伸べるところがない」との思いから、「アドミラルナース」を作ることを考えました。彼が亡くなったとき、家族が彼の意思を継ぎ認知症ケアをきちんとやるべきとの思いから、ディメンシア UK に寄付をしました。その基金から始まったのが、認知症専門看護師（アドミラルナース）の活動です。

第Ⅱ部　認知症国家戦略の実践

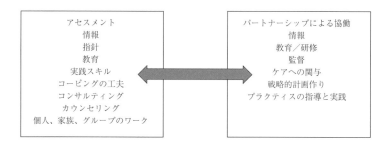

（出所）イアン・ウェザーヘッド「アドミラルナースの役割と有効性」『認知症専門看護師アドミラルナースの役割と活動』2014年11月7日、より作成。

図補-1　統合された看護の役割

アドミラルナースの役割

　アドミラルナースの目的は、認知症の人をケアする家族のウェルビーイングとQOL（生活の質）の向上、ケアする家族の調整とケアの役割へのコーピングの拡大を目的としており、それはイギリスの認知症国家戦略に沿う形で行なわれています。認知症の人の症状がどんどん変わり、段階が変わっていく中で、その時々に必要な教育を施して必要なことを検討していくという考え方です。そして認知症の人とケアする家族にかかわった同僚の看護師の経験と知識を共有・拡大しながら実践していきます。

　アドミラルナースは地域、病院、ケアホームなど様々な現場で働き、認知症の人のいる家族に対するケアワークを第一義とします。また、他の専門家、例えばソーシャルワーカー、病院看護師、そして入所先の職員などに対するコンサルタントやアドバイスなど、支援のための教育も行います。

　アドミラルナースの役割は、ホスト団体の職員への支援をすることだけではなく、プライマリケアのレベルで現場に入ることもあります。つまり、「家族へのかかわり」と「ベストプラクティスの支援」の2つの領域があり（図補-1）、どちらも欠かせない要素となってお互いが影響し合っています。特に「アセスメント」は欠かせない要素で、認知症の人に対して情報を提供し問題を認識、そしてともにケアプランを作り上げていくことが必要になります。日常の

生活を送るための実践的スキルのアドバイスをする他に、認知症の人の家族に対して、心のケアを感情的レベルで支えることも大切な要素です。この心のケアには精神保健医療の領域で培われた経験が役立ちます。

なぜアドミラルナースが必要か

　認知症は診断を受けてからは、長い年月をかけて認知症の旅を続けていかなくてはならず、それをしっかりと支援していく必要があります。そして認知症の人の介護をしている人たちは、非常に高い割合でストレスや鬱、不安を感じていて、他の病気で介護している人たちと比べても割合は高いと言われています。専門の看護師が認知症患者のためではなく、介護をしている自分たち家族のために来てくれることが非常に嬉しいという声が多くあります。

　さらには、アドミラルナースのチームが入ることで、保健医療の大幅なコスト削減ができることがわかりました。例えば3人のアドミラルナースが16の家族に対してかかわった結果、10カ月間で50万ポンド削減ができて、非常に効果的という数字もあります。

アセスメント計画

　様々なサービス機関からアドミラルナースに問い合わせが来ますが、中には直接電話で家族が助けを求めてくるケースもあります。認知症患者の家族から直接の電話相談が1日30件あったりします。多くは認知症の人を面倒みている家族が、喪失や苦痛の感情に向き合うことを求めている場合です。「以前のようにその人らしくなくなってしまった、もうわからなくなってしまったけれども、それでも自分は介護を続けなければならない」、そのような苦しみに対して支援してほしいというニーズです。家族で面倒をみている状況から、いつ入所させるかそのときにしかるべき形で、適切なタイミングで、適切な方法で入所させることも必要になってきます。

　アドミラルナーシングを実践していく上でのアセスメントとして、16項目が挙げられています（表補-1）。

　家族介護者は、自分をかなり後回しにして、自分はボロボロになりながらも介護を続けていくことがよくあります。そうならないよ

第Ⅱ部　認知症国家戦略の実践

表補-1　アセスメント計画

1.	介護者の身体的健康
2.	認知症の人の身体的健康
3.	認知症の人の精神的健康
4.	薬の服用の管理
5.	認知症の知識とその理解
6.	行動／症状に対するコーピングスキル
7.	介護者／認知症の人／専門家の間のコミュニケーション
8.	経済的な問題、法律上の問題
9.	環境
10.	実践的／補助的なエイド
11.	実践的支援
12.	インフォーマルな支援とネットワーク
13.	介護者と認知症の人のバランス
14.	自分のための時間
15.	調節／喪失
16.	ケアをやめて将来を見据える

（出所）イアン・ウェザーヘッド「アドミラルナースの役割と有効性」『認知症専門看護師アドミラルナースの役割と活動』2014年11月7日、より作成。

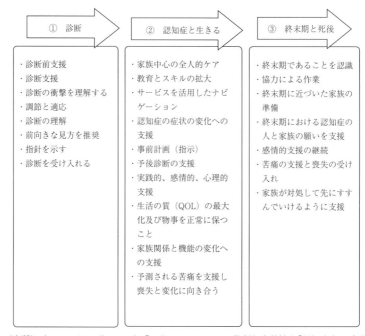

（出所）イアン・ウェザーヘッド「アドミラルナースの役割と有効性」『認知症専門看護師アドミラルナースの役割と活動』2014年11月7日、より一部改変して作成。

図補-2　認知症の進行の度合いによってケアがどのように変化していくか

うに、自分のための時間をもってもらうようにアドミラルナースは支援します。

　表補-1の「調節／喪失」という項目をみます。認知症は大変長い旅路です。そして介護をしている人の多くは、その認知症の旅が終わった先が見えていないことがよくあります。けれどもその人が死んだあとで、例えばそれまでの仕事を辞めて介護をやっていたとしても、死後にやがてまた仕事探しすることになるかもしれません。それが非常に難しい場合もあります。アドミラルナースはその状況においても、新しい段階において自分で調節しながら、そして喪失に向き合っていくように支援していきます。

　図補-2は、認知症の進行の度合いによって、ケアがどのように変化していくかを描いたものです。

　認知症の診断の後すぐ関わることができれば、この①に書かれたことから次の②の段階に進んだときに、②で書かれたことをできるし、次の③の段階に進んだときには、またここに書かれたことに対応していくことができます。

　実は診断の前後が、家族に関わる非常に重要な時期になります。特に、早期に診断を受けた場合には、認知症の人本人を巻き込んで、みんなで色々話し合いを行っていくことができます。それが大変重要です。認知症の進行の度合いによって、支援する項目が異なってきますが、実践的な部分と心のケアの両面において、中期から後期において、様々な支援を行っていきます。そして最後は、喪失に対して向き合い、それを支援していきます。

クリニカルスーパービジョンとピアスーパービジョン

　次に、専門職のアドミラルナースをいかに育成していくか、臨床指導＝クリニカルスーパービジョンの「コンピテンシー」ということで述べています。月に1回アドミラルナースが集まり、実際に自分たちがやっていることの振り返り、反省を行い、その中で自分たちがどうしたら実践を改善していけるかを話し合います。イングランド全体で9～10カ所でそのような集まりが行われており、その一つの集まりに10人程度のアドミラルナースが参加しています。講師となるのはアドミラルナースではない別の専門家、例えば心理

療法士やサイコセラピストを招き、その人をファシリテーターとしてグループの集まりを進めていきます。これは非常に理想的な振り返り学習の形です。自分のやっている実践を振り返りながら自分の経験、そしてスキル、実践を深めていくことができます。その話し合いの行い方が非常にリフレクティブな、振り返りに基づく、自分の内省的な観察を促すような形のモデルにのっとって行っていきますので、ファシリテーター役の心理療法士、サイコセラピストの講師がそのアドミラルナースが自分では意識しないでやっていることをうまく引き出してくれたり、気づかせてくれる効果もあります。

　月1回の集まりは、経験の共有がひとつ目的となって、自分がかかえている個別のケースをもちよりどうすればいいのか、このような家族がいてこんな状態になっているがどうしたらいいと思うか、をみんなで共有していきます。お互いにアドミラルナース同志で議論を行いお互いに助言をし合ったり、相談し合ったりする場です。これはアドミラルナースのアドミラルナースによるピアスーパービジョンの場です。

　アドミラルナースになるよりも、アドミラルナースになってから、「どうやっていくのか」を考えながらやっています。それはベストプラクティスの共有であり、最新の知識を共有していくことでもあり、「一番質の高いケアは何なのか」を追及して、認知症国家戦略を実践していくことでもあります。

　そのように実際にやってみて、そこから導きだしていく形で開発を行ないますが、その中で実践開発の目標があります。一つめは、家族の介護者と認知症の人の視点を反映したアドミラルナースの実践開発を支援する枠組みを提供します。その中で、「自分たちのやっている実践の課題が何なのか」を明らかにしていきます。アドミラルナースは家族全体に関わっていきます。もちろん認知症本人の視点もありますが、同居している家族、その中でも孫や娘の視点なども入れて、家族全体に対してかかわっていくのが特徴です。

　二つめは、「知識の共有」です。計画的に組み立てられた振り返り・反省の機会を通して、実行しながらそれに基づく学習をし、振り返り学習によるアプローチを通して得た知識の共有を行なっていきます。またアドミラルナースたちに、より高い教育の学位をとっ

表補-2　8つの核となるコンピテンシー

- 治療的介入
- 情報共有
- 高度なアセスメントスキル
- 優先順位づけ
- 健康推進と疾病予防
- 倫理的かつパーソンセンタードなケア
- 認知症の人と介護者のニーズのバランス
- ベストプラクティスの推進

(出所) イアン・ウェザーヘッド「アドミラルナースの役割と有効性」『認知症専門看護師アドミラルナースの役割と活動』2014年11月7日、より作成。

てもらうように、大学院に行く、博士号をとるなど、より高い教育を身に付けたアドミラルナースを増やしていくことを検討しています。

8つの核となるコンピテンシー

　アドミラルナースは非常にユニークで独自の活動を展開しています。ディメンシア UK は関係するところと連携を組みながら、さらにその能力と可能性を発展させたいと考えています。アドミラルナースの仕事を最大限に行っていくための資質として、8つの核を挙げています（表補-2）。

　コンピテンシー・フレームワークと言われていますが、例えば看護大学に行って学び資格をとるとか、あるいはベストプラクティスを通じて実績を上げながら、自分の職業的能力を磨いていくことがこの中に入っています。家族にかかわるにしても「この関わり方が正しいということが一つ決められるものではなく、色々な形の介入の仕方があり、様々な介入の仕方による、関わり方の知識、そして治療的な介入を行う際の、そのスキルを身につけていかなければなりません。それは同業のアドミラルナースとの間での情報共有もあります。実際に同僚のアドミラルナースがほかのアドミラルナースについて、その仕事内容のアセスメントを行なったり、シャドウイングという形で後ろからついていって、指導をおこなったり、あるいは評価を行なったりすることがあります。そのような形でアドミラルナースの仕事の質を上げていく、そして実際のスキルを上げて

いくことを目的としています。

Special Interest Group

アドミラルナースの団体の中に、小グループがいくつか形成されていて、そのグループごとにそれぞれの興味をもって活動している、そういうスモールグループが「Special Interest Group＝特定の興味をもって集まっているアドミラルナースの小グループ」です。緩和ケア、あるいは終末期ケアについて興味を持っているグループ、また文化と民族性、ライフストーリーについて興味を持っている小グループ、さらには支援技術について極めようと集まっているアドミラルナースのグループもあります。

これは、アドミラルナースがお互いに仲間内で、共通のテーマを持って勉強していこうというものです。実際に家族から問題を提言されたり、色々な心配事を打ち明けられたり、それを受けてやっているアドミラルナースの中でも、色々な課題が生じています。アドミラルナースが集まって、「ではこのときはこういうふうにやっていけばいいのではないか」という戦略を作って行く場です。

仕事を通して上がって来にくい問題の一つは、セクシュアリティに関することです。とくに、年配の世代の人たちはセクシュアリティについては、非常に抵抗感がある人が多いので、その方たちとどうかかわっていくかが課題の一つです。

家族によっては、家族の中で行っていることを話したがらないことがあります。それについてセクシュアリティのことも含めて、必要であれば、話し合っていくように促していく支援をします。学習障害ということについては認知症の人、認知症と診断を受ける人の中に、実際に学習障害がある人の割合が非常に増えています。それは学習障害を持って、これから長い人生を生きて、人生を終えられている方が増えていることの反映で、非常に新しい領域ですが、学習障害を持っている認知症の方への支援も考えていくそうです。

変革への道

認知症の国家戦略にあった形で、認知症のパスウエイをつくり、それを可能にしていきます。また、不必要な入院をしなくていいよ

うに、変えていくのも大切な課題です。現在イギリスでは65歳以上の入院患者の内、45％に認知症があります。しかしその45％の認知症のある入院患者の中で、本当に入院しなければならない人は15％から20％と、ディメンシアUKはみています。不必要な入院を強いられている患者は、介護施設から回されてきた人たちです。例えば、何かに感染したので入院させてほしい、あるいはもっと端的に、問題行動を起こしているから入院させてほしい、という人が非常に多い。

　そしてもう一つ、非常に見過ごしてしまいがちで、うまく実践できていない領域の一つは、認知症の人の意思をきちんと反映したケアプランを、事前に作り上げていくことです。認知症が進んでいったときにどのような治療をしてほしいのか、どのような形のケアを望むかを、早いうちにケアプランとして作り上げなければなりませんが、うまくできていないそうです。

　イギリスの認知症国家戦略に沿って考えると、認知症ケアに関わる人たちのスキルと知識の向上がはっきり謳われています。介護をする家族には、どのようなサービスが利用できるかという家族の意識向上もありますし、その家族が使っているサービスの意識を向上させていくことにも、支援が必要です。理論的には素晴らしいのですが、実際にこれを行っていくことが、非常に難しいです。

文献

Hilda Hayo., *Dementia Care, The admiral Nursing Contribution*, DementiaUK, 2 November 2015.
イアン・ウェザーヘッド「アドミラルナースの役割と有効性」『認知症専門看護師アドミラルナースの役割と活動』2014年11月7日。

第9章 認知症診断率の改善

2015年9月4日、オルタス・ラーニング・アンド・イベントセンター (ORTUS learning and events centre) で、イギリスの認知症分野で著名なダニエル・ハーウッド医師 (Dr Daniel Harwood, Consultant Psychiatrist and Clinical Director, South London and Maudsley NHS Foundation Trust, mental Health of Older Adults and Dementia Clinical Academic Group, Maudsley Hospital) との面談とディスカッションを行いました。

1. 認知症診断率を改善する

ダニエル・ハーウッド医師（写真9-1）は、精神科医として顧問医のランクです。そして、SLaM (South London and Maudsley) では、精神医療の部門の職につき、そして認知症ロンドン戦略クリニカル・ネットワーク・NHS (the NHS England (London) - London Strategic Clinical Network for Dementia) の臨床局長で、臨床部門のトップです（139頁、図4-6参照）。

今回のプレゼンテーションでは、国全体として取り組んでいる「認知症の診断率を上げる」という目標における、ダニエル・ハーウッド医師が携わったロンドンの状況について説明がありました。

首相の認知症への挑戦 2012

2012年にさかのぼります。デイヴィッド・キャメロン首

写真9-1　ドクター・ダニエル・ハーウッド

相が、国内における認知症の診断率を向上させるため、これをチャレンジとして課題として掲げ、そして取り組みを開始しました。

2012年の時点で、2015年をターゲットとして、67％の認知症診断率まで引き上げるということで、開始した活動です。診断を受けるということが、大変重要であるわけです。診断を受けることなくして、GP、あるいはその他の医療機関のところから適切な治療、ケア、あるいは処方などを受けることが出来ないからです。

そのときに、キャメロン首相が開始した取り組みは何であったかというと、国内の中でいろんな地方ごとに、診断率を向上させるために、サポート体制としてネットワークを作り、つまりグループを設置していったわけです。

その地方ごとで設定したグループを、リージョナルチーム（地方チーム）と呼びます。その中には、それぞれそれを引きうるリーダーが設置されました。これをクリニカルリーダーと呼び、ダニエル・ハーウッド医師がこのポストについていたわけです。

何を目的として、こういった取り組みが整備されたかというと、それぞれの地区ごとにClinical Commissioning Groups（クリニカル・コミッショニング・グループス。以下、CCG）が予算を持ち、それを使って医療体制を発注していくわけです。そのCCGをサポートするために設置されたわけです。

そして目指すところは何かというと、構築する様々なデータの正確さを向上させるということです。そしてそれに加えて、サービスそのものも向上させることを狙いました。

ロンドンプラン

CCGは地区ごとにあり、ロンドンでは32グループあります。ダニエル・ハーウッド医師は、自分が担当していたこのポストで何をしていたかというと、それぞれのCCGのところに行って、そこでコミッショナーといわれる発注者がいるわけですが、面談をし、そして認知症患者の改善向上に取り組むための話をしていました。

ダニエル・ハーウッド医師たちがその中でした活動の大きなところは何かというと、アドバイスを与える、そして、ガイダンスを提供するということでした。そういったことをして、発注者のCCG

表9-1　The London Plan

- Meet with all CCGs
- Link with national team
- Disseminate guidelines
- Provide advice and support networking to share good ideas
- Small grants from national team for specific projects

（資料）An Academic Health Service Center for London.

のコミッショナーのほうに、そこの地区ごとで必要とされている適切なサービスを整備していくことができるようにしたということです。ここで留意すべきことは何かというと、このコミッショナーと呼ばれる発注者のほうは、スペシャリストというわけではないことです。NHSの中で働いている方、事務職かもしれません。あるいは看護師の資格をもっている方かもしれません。いずれにしても、この住人のためのケアサービスを整備していくためには、臨床家の支援を必要としている方であるわけです。

　ダニエル・ハーウッド医師たちがしたこの活動としては、いろんなガイドラインというものをGPのところへ拡散させていく、そうすることで、認知症サービスの整備に役立つようにしていくということ、それからまたGPの先生方をグループで集めて面談をすることもしましたし、あるいはGPの医師やあるいはCCGのコミッショナーなどが参加できるようなミーティングをもったりしました。

ロンドンで認知症の診断率を6か月で12%引き上げる

　そして、この活動がスタートする2014年の9月の時点で、ロンドンにおいてこの認知症の診断率は55％でした。6か月の間にこれを12%引き上げる必要がありました。この診断率の数字を見ていく際ですが、どのようにしていったかというと、GPの医師が自分のところで登録をしている患者・住人の中で認知症の診断を受けた、認知症だけでなくほかの医療の診断なども含めて、これを登録するようにしていったわけです。そしてそれが、その地元のローカルレベルのCCGの発注側の所へ、フィードしていく、入っていくというような形での測定になったわけです。ということで、GPごとに集積していきました。

第Ⅱ部　認知症国家戦略の実践

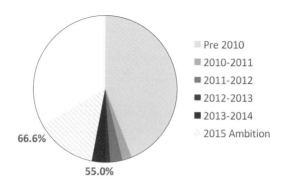

（資料）Ruth Evans., *Improving Dementia Diagnosis in London.*
　　図9-1　London Dementia diagnosis rates since pre 2010.

取り組みの結果

　図9-1のおよそ半分のところが55%で、ここが2014年9月の時点です。6か月後の2015年3月には62%に引き上がりました。

　図9-2は、図9-1の数値よりも少し後の4月末の時点でのロンドン全体での診断率です。どこまで引きあがったかというと、65.8%です。そしてターゲット数字にたらずといったところです。とはいっても、32あるCCGの地区ごとにみていくと、32のうちの14の地区においてターゲット達成をしているわけです。そして7つのCCGでは60%以上をおさえたということになります（表9-2）。

　図9-3のマップは、左も右も同じロンドンの地区ごとの地図で、区ごとになっています。これはどの区がどれだけ向上したかが比較できるように、同じ地図を色で表しています。

　カムデン・タウン（Camden Town）（ロンドン中心部カムデン・ロンドン特別区にある地区）という区、それからサザーク（Southwark）（ロンドン中心部サザーク・ロンドン特別区にある地区。テムズ川南岸のエリア。地区内にロンドン市庁舎がある）という区では、大変嬉しいことにこの地図では67%以上をマークしています。ロンドン内の中心地あたりをインナーロンドン、外をアウターロンドンと分けていますが、インナーロンドン、内側中心地のところでは割といい結果ですが、アウターロンドン、周辺のところ

第 9 章　認知症診断率の改善

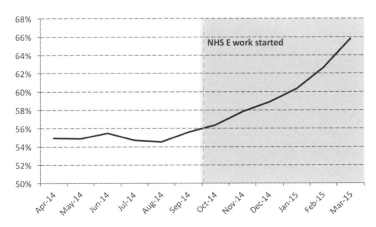

（資料）Ruth Evans., *Improving Dementia Diagnosis in London*.
図 9-2　London Dementia diagnosis rates 14/15.

表 9-2　Results

・Overall London rate 65.8%
・14/32 CCGs reached the 67% target
・7 CCGs over 60%

（資料）An Academic Health Services Centre for London.

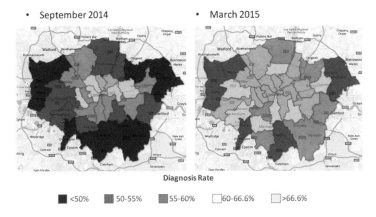

（資料）Ruth Evans., *Improving Dementia Diagnosis in London*.
図 9-3　Results（September2014/March2015）

ではなかなか高いところまで達成できなかったところがあります。

ケアホームの認知症の診断率が低い

　この周辺部の地区のほうで、なぜもう少しうまくいかなかったかというと、いろんな理由が考えられるとダニエル・ハーウッド医師は言います。フィーリングでいうと、最初にブロムリー（Bromley）（ロンドン南東部ブロムリー・ロンドン特別区にあるタウン、地区）の東のほうの地域やクロイドン（Croydon）という地区をあげていますが、こういった地区には入所施設のナーシング（ケア）ホームがすごく多いです。クロイドンには 120 のナーシング（ケア）ホームが存在します。

　こういった入所施設の方々の 70％から 80％は認知症かと思われますが、驚くことにこういったナーシング（ケア）ホームにおいては、認知症の診断率が低いです。

　将来的な課題としてあげたいことは、「ケアホームの職員の方々、あるいはそういったナーシング（ケア）ホームのほうで診療するGP の先生方、どの入所者の方が認知症の診断を受けているのかきっちりと把握して、正確に記録に残していただくようにしてほしいと思います」とダニエル・ハーウッド医師は述べました。

何によって改善が可能になったのか

　では何によって、こういった改善が可能になったのかということです。GP ごとに認知症の登録、記録をとっていたわけです。まず 2 次医療機関において、認知症の方は必ず GP のところで登録もきっちりとするように、ひとりひとり心がけていただいたことがひとつです。

　これは、事務職の仕事のわけです。2 次医療機関のところで診断がおりて、そしてそれを事務職のスタッフが GP のほうにそれを流す、そうすると GP の診療所の事務の人が、それを GP の指数の中に入れていくということです。

　2 つ目は、CCG の中には全部ではないですが、いくつかのところは他のプロジェクトにも連動させるような形で取り組みました。たとえば、大規模なナーシング（ケア）ホームのところにいって、

きっちりと診断を入所者の方に受けていただくように、指導したことがあります。

　そして、この取り組みでの一番重要なアウトカムと思えるところは、GPにもっと自信を持って、その患者に対して認知症の診断を下していき、そして必要とされる治療のスタートをしてもらいたいことです。

　もちろん、GPの先生方に、複雑なケースであっても診断を下していってほしいと思っているわけではありません。あるいは若い患者で、恐らく神経系の疾患を持っているような方とか、そういった方の診断をGPにしてもらおうと思っているわけではありませんが、明らかな場合というのがあります。すでに今病歴などがあり、明らかに認知症状がでているような方がいれば、診断をしているわけです。

　それから、このプロジェクトがどこで助けになったかというと、CCGの中ではパスウェイそのものを再考する、考え直す機会を与えたといえます。そして記憶に関して、何か悩んでいる本人、家族の方などを対象に、その中で取り組めるようにしたということです。

　例をあげると、これは地区によってはすごく複雑なパスウェイを活用しているところがあるわけです。例えば最初にGPに診察にいく、メモリーサービスにまわる、テストをする、他の誰かにまたみてもらう、そしてそこから精神科医へ行く。そしてはじめて診断がおりるといったような。

　大変優秀であった地区は、もっとシンプルな診断の経路をしています。たとえば、1回、1カ所だけ、GPに行ってGPが診断を下す。あるいはメモリーサービスにまわって凄く迅速に対応して1回のアポで、そしてその診察の終わりで診断ができたといったようなところです。

　もちろん複雑な事例というのはあって、2人3人のスペシャリストにみてもらってからでしか診断ができないところももちろんあるわけです。しかし、多数の場合はそうではないわけです。ですので、シンプルに認知症の診断をして対応をできるはずです。

ファイブイヤー・フォワード・ビュー

NHS も変わってきています。これは日本も同じで、高齢化がすすんでいます。

NHS の文書、ファイブイヤー・フォワード・ビューは、「5年先の展望」という意味です（図9-4）。今の人口増というニーズを強調し、そして身体的にも精神医療上も、より虚弱なそして高齢化をもって人口に対してのニーズを訴えているわけです。

ということで、将来像はよりコミュニティベースのサービスになります。GP のところで対応、あるいは在宅でサービスを受ける、そして二次医療でのケアというところも、より GP との連携をもって在宅で、病院あるいはクリニックといったところでの対応を、将来的にはおさえていくということです。

精神医療の部分ではもう先に進んでいるわけです。コミュニティ・メンタルヘルスケア・チームとか、いろんなチームがあって、そこがでていってサービス提供しています。ところが、身体的な部分でのヘルスケアに関しては、まだまだ病院ベースが多いわけです。

図 9-4　FIVE YEAR FORWARD VIEW

NHS イングランドの優先課題

　NHS イングランドは、優先課題を設定して、2016 年に向けて取り組んでいます（表 9-3）。その中で、一番重要なところが上から 2 つめの太字でなっているところです。ポスト・ダイアノグスティック・インターベンションズ・アンド・ケア・プランニング、つまり診断後、そしてその診断後のケアプランニングということになります。

　ダニエル・ハーウッド医師は、「我々は現在ラッキーだと考えています。何故かというと、現政権は認知症患者に関して高い関心をもっている。そして首相自身も個人的に高い関心をもっていると、見受けられるからです」と述べました。

　それで、活用するものとしてはディメンシア・スコアカードがあり、その中にはいろんな指標、インディケーターが入っており、CCG といわれる医療の発注側のところの業績を比較できるようなスコアカードになるわけです。

　このディメンシア・スコアカードはまだできあがっていませんから、どういった内容のものになるかはわからないところがありますが、恐らく、認知症の患者はすべてケアプランをそれぞれ作ってもらっているのか、あるいは介護者の方のケアプランがあるのか、そして、何か問題があったときに連絡先がちゃんとどこに連絡するのか、きちんと明確になっているのか、といったところが入ると思います。

　ダニエル・ハーウッド医師は、いろんな GP や家族に話をしたときに、「この 20 年間の糖尿病患者の取り組みを彷彿させるようなところがあるね」といわれるそうです。

　20 年前の糖尿病患者への対応がどうであったかというと、ジュ

表 9-3　Dementia priorities for NHS England

- Continued focus on improving diagnosis – but new more accurate CFAS prevalence · figures to be used as denominator. No change in target
- **Post-diagnostic interventions and care planning will be main focus this year**
- A Dementia Scorecard to compare performance of CCGs
- Dementia as a long- term condition – analogies with diabetes care
- More focus on Local Authority/ voluntary/primary care services
- Care homes

ニアドクターで、病院勤務をしていた時代だったそうです。糖尿病患者はスペシャリストの病院にやってきて診てもらって、たくさんの方がそういった特別の診療科のところに押し寄せていた時代です。ところが現在は、糖尿病患者はどうかというと、一次医療機関のところで受け止めることが普通になってきて、GPが対応したり、あるいは糖尿病専門看護師などが対応したりするようになっているわけです。

こういった状況ですから、糖尿病といった診療科における、二次医療の先生方というのは、大変コントロールするのが難しいような糖尿病患者であるとか、あるいはそこから生まれた合併症などの患者さんに焦点を当てて診ていくようになったわけです。

将来的な認知症患者の対応

「将来的な認知症患者の対応がどうあってほしいか」と望むことは、これは認知症患者の方は自分の住まいの近く、あるいはコミュニティのところで対応してもらい、非営利の団体であったり、あるいは自治体であったり、あるいは一次医療機関のところであったり、そして認知症ケアのスペシャリストの方々はより難しい患者に専念できるようになると期待しています(表9-4、5)。

ただし、ダニエル・ハーウッド医師が述べているのは、こういった考えが必ずしも支持されるか人気かというと、そういうわけではなくて、GPの中には「いやいやそんなことする自信はない」という意見がでてきたり、あるいはスペシャリストのほうからは、「いやこういう状態になるのであれば、いろんなカットがはいってくるのではないかな」とか、あるいは「予算のほうが削減されるのではないか」とか、いろんな懸念をもっている方がいます。

ただし、このままというわけにはいかないわけです。というのは、需要がどんどん高まりすぎているからです。このままで、維持しようとすることは可能ではありません。今のような状況で、現在のメモリーサービスを維持していくことも無理です。待機がどんどん長くなるような状況です。

第9章　認知症診断率の改善

表9-4　The future for dementia services 1

・More diagnosis and treatment in primary care
・Plug the gaps where access to services is more difficult
　Care homes
　Long term conditions
　Socially isolated/disconnected groups
・Properly integrated support
　Memory services responsive and more integrated with primary care – easier access to advice/ consultation
　Better post-diagnostic support services

表9-5　The future for dementia services 2

・Joined up care – a person (and their carer), wherever they are diagnosed, should have access to all available services, and join a clear pathway
・Post-diagnostic interventions should be
　− individualised and person-centred
　− Care plan for patient and carer
　− Contingency/crisis plan
　− Regular review of this
　− Contact with someone for life

将来的なサービスはどういった方向にゆくのか

　ダニエル・ハーウッド医師は、「将来的なサービスがどういった方向にゆくのかを、われわれは希望しているところなんですけれども、いろんなところのサービスというものが全部つながるようになってほしいと思うわけです。いろんなところがいろんなケアを提供している、受けるほうにしたらどこにいったら、どんなことが受けられるのか、すごく混乱を来たすわけです」と述べました。

　ではソリューションは何であるかということです。「診断を受ける。そしたら本人、あるいは介護している方は、いろんなそういったことを熟知しているエキスパートの方と会い、そして、ともにお住まいのローカルレベルで、どんなサービスがあるかをその方は熟知しているわけですから、一緒になってケアプランをつくりあげていくということです」。

　アルツハイマー・ソサエティは有名な団体です。診断後のケアに関してエキスパートですので、CCGの中にはアルツハイマー・ソサエティのところで、ケアプランを作っていくことを頼りにしているところがあります。

良いケアプランというのは、何か緊急の場合に、難しくなってきたときに、どういうふうにすべきかが入っているべきです。そういった緊急時には、誰にコンタクトをし、そしてお願いすればいいのかということが入っています。

同様に、良いケアプランというのは、定期的に見直すということが入っているべきです。というのは、やはりニーズは変わってくるからです。

そして、良いケアプランというのは、生涯にわたって患者自身、あるいは介護者の方とのつながりを維持し続けるということです。

こういった取り組みというのは、プロアクティブです。そして、予防的な取り組みになるわけです。このようにずっと定期的なフォローで、コンタクトを取り続けることがあれば、たとえばクライシスが訪れるということが未然に防げる、あるいはこういったことが発生することを少なくすることができるわけです。介護者の方がたとえば緊急の状態になったとすれば、クライシスということで、緊急な入院がでるかもわからない。これも未然に防ぐことが出来るからです。

今、介護者の方がストレスを受けて緊急入院になる、そういった取り組みをすれば予防できるといっていますが、実はエビデンスは存在しません。

「新しいタイプのメモリーサービス、一次医療の中で提供するもの、そしていま申しあげたようなこういった取り組みをすることによって、私がお話をしたような結果に通じるのかどうかということを、そこでみていくということをしております」と、ダニエル・ハーウッド医師は述べました。

表9-6 Things to read

Dementia diagnosis and management- a brief pragmatic resource for GPs, NHSE 2015.
　(http://www.england.nhs.uk/wp-content/uploads/2015/01/dementia-diag-mng-ab-pt.pdf)

Diagnosing dementia in care homes.
　(http://www.england.nhs.uk/2014/12/18/alistair-burns-12/)

表9-6に参考になろうかという文章の紹介をしています。

1つ目は、これはGPの医師をサポートし、自信をもって対応していただけるように、本当に必要なときにしか患者を他にまわさないようにしていただくために、ということのガイドという手引きです。

2つ目は、ナーシング（ケア）ホームにおける認知症の診断ということで、参考文献のリンクです。

まとめ

この診断率を向上させるというのは重要なことです。診断がおりるということは、いってみたら玄関口になって、いろんなサービスや治療などにアクセスができる、これは入口だからです。

これを改善させるためのやり方は、事務的なことで改善をしていく、いろんなところで事務仕事を楽にしてあげるということです。GPがいろんな情報を入力しやすいようにしていく。あるいは、二次医療機関のところが、こういった患者の内容をシェアするところを事務的にしてあげるやり方です。

2つ目の取り組みとして、診断率を向上させるためのGPを対象としたトレーニングになります。そしてGPが自信をもって認知症の診断を下せるようにしなければだめです。

3つ目のポイントとしては、これは患者自身あるいは介護者の方を、この両方のケアパスウェイをできるだけシンプルにしていくことです。

そういった方々に提供できるサービスが見つけやすいようにする、アクセスしやすいようにしていく、そうしたところのサービスのレスポンスをよくしていくということです。

NHSイングランドでは、今後も継続してこの診断率の向上に目を光らせて、改善を続けていくように取り組むわけです。

だから、その中で強調していくのは、これは診断後に質の高いケアプランをきっちりと提供し、そしてその後フォローアップをしっかりとしていくというところになります。

将来像としては、認知症の方々のケアというのは、いろんなところがシェアしていく、もちろんスペシャリストも入りますが、それ

第Ⅱ部　認知症国家戦略の実践

に加えてGPの医師の方々、そして非営利のセクター、そして地域で活動するコミュニティグループ、いってみれば万人によってシェアされるということです。

アルツハイマー・ソサエティは、ディメンシア・フレンズという取り組みをしています。誰でもそういったことに携われるわけです。

2. ディスカッション——日本への示唆

診断率の計算式

1つ目は基本的なことで、診断率の計算式のことです。分母に恐らくCCGの地域における認知症患者の推計患者数が必要ですが、それはどこからもってきて、どうやって計算しているのでしょうか。

「この問いはそのとおりで、推定の数が必要になります。たぶん2009年だったと思いますが、何人かが集まって、どのようにその数を出すかという話し合いをしました」と、ダニエル・ハーウッド医師は述べました。そのときにまず、区ごとにおりている認知症患者の数があって、65歳以上であれば認知症の患者は5％くらいであるとか、その数字はありますので使えるわけです。CCGのほうが、それぞれの担当区の住人の性別や住人の年齢層はわかりますから、そこから計算をしていきます。ディメンシア・クレデンス・カリキュレーター（dementia credence calculator）の算出をするサイトがあります。英国のアルツハイマー・ソサエティのサイトからもとれるそうです。それに数値を入れて、その地区に認知症の方がどれくらいいるか、計算してくれるようなサイトになっているそうです。そういったところが、CCGやGPの先生方が使われるツールのようなものです。

そして余計複雑な話になってしまいますが、2年前に実は新しい研究が発表されました。シーファス（CFAS）といいます。コグニティブ（cognitive）のC、ファンクション（function）のF、高齢化のエイジング（aging）でA、研究のスタッフ（staff）のSで、シーファスです。これは、より正確に認知症の患者を算出できるようなものになっていて、NHSイングランドの方は、2015年9月か

らこちらを使うようにということで、前に使ったのと今度新しく活用できるようになったのと、2つあります。

診療報酬で誘導

　診断率のところで、GPに診療報酬で誘導しようとしましたが、これは効果があったのでしょうか。

　ディメンシア・リインフォースメント・サービス（dementia re-inforcement service）と呼んでいましたが、思ったほど診断率が伸びませんでした。実はこのインセンティブの制度を入れたときに、賛否両論がありました。「侮辱するな。予算をわざわざつけてもらわなくても、できることなんだ」と、そういう方もいれば、ユースブルだという方もいました。「いずれにしても、すごく伸びたサービスではありませんでした。日本で、この方法でやってみるのはあまりお勧めできません」とダニエル・ハーウッド医師は述べました。

　日本では「うまくいく場合もあるんじゃないか」と思われますけれども、それはGPとネゴシエーションして決めるならよいですが、押し付けるみたいになってはよくないということです。

薬物療法に関するインターベンション

　インターベンション（intervention：介入）で、特に薬物療法に関するインターベンション、ドネペジルに対して費用対効果はあったのでしょうか。

　「これも物議をかもしだしました。かなり賛否両論あったものです。このドネペジルを処方されたうちの50％くらいが、何らかの改善をみたということです。少しだけという方もいました。これは認知機能とか、不安感を取り除くとか、ムードが改善するとか、ということです。現在はジェネリックがでています。だからコストは安くなります。ですから、今になって言えば、コスト効率は良いと思います。それだけジェネリックで安くなったからです。

　「今度は安くなってきたので、GPの先生方には処方されるよう推奨することになります。新しいナイスのガイダンスが出る頃ですので、その中でGPの先生方が『ドネペジルのコレクションをするように』という推奨が入るのではないでしょうか。『入ります』と

か言ってはいけません。『入ればいいな』と思っています。安全な薬で大変有益ですから」とダニエル・ハーウッド医師は述べました。

非薬物療法

　インターベンションの中で、ナイスのガイドラインに含まれている非薬物療法があります。他のインターベンションではどんなものがナイスのガイドラインに入っているのでしょうか。

　非薬物の介入というのは2つにわけられます。1つは認知の能力を上げられるということ、もう1つはQOLを全体的に上げることの2つです。

　コグニティブ・ビヘイヴィア・セラピー（cognitive behavioral therapy：認知行動療法）というのがあって、これがさきほどの認知機能を向上させるタイプの非薬物介入ということで、ナイスのガイドラインの方に入っています。

　そしてこれはきっちりストラクチャー、構造をもっているグループでのセラピーになっていて、社会的・社交的なところで、たとえばクイズを使ったりゲームを使ったり、回想的なものを入れたりする。時間もちゃんときり、どこで時間をきるかもちゃんと入っていて、きっちりとした構造をもっているタイプのもので、QOLの向上に役立つものです。これも現行のナイスのガイドラインの中に入っています。

　それからあともう1つのタイプとしては、難しいビヘイビアで、行動、あるいは心理的な何か問題を抱えている方々、その方々はその根源で何かあって、どこからそういった行動するのかという理解を深めていくことが必要になってきます。そういったところの対応には、個別のケアプランが必要になります。その中では、たとえば落ち着きがないとか、あちこちうろうろ動き回るとか、そういった方はなぜそういうことをするのか、どこかに痛みがあるのかもしれませんし、もしかしたら便秘があるのかもしれません。あるいは誰かを探したいというのがあるのかもしれません。

　「こんな部門に関しては、いろんなグループがいろんなものを、インターベンションのやり方として出版していますので、もし興味があってさらに何か調べたいのであれば、ブリティッシュ・サイコ

ロジカル・ソサエティというところが2013年に出版をして、非薬物のガイドとして出してるものがあるので、そこを見られると色々とでてくるのではないかと思います」と、ダニエル・ハーウッド医師は述べました。

ディメンシア・フレンズ・イニシアティブ

　ディメンシア・フレンズとは何でしょうか。これは、ディメンシア・フレンズ・イニシアティブといって、一般の方に認知症に関する関心を高めてもらいたい。そして職場とかそういったところで、コンタクトを持ってもらうようにしていただきたいということです。

　このディメンシア・フレンズは自分がなりたいのでなるわけですけれども、そのなり方には2つあります。シンプルな方のやり方は何かというと、ホームページがありますので、ウェブサイトのところにアクセスして、その中でビデオを見て、文書で読んでもらうようにする、それをみて読んで、そのあとに、「私はディメンシア・フレンズになります」と、自分で署名するとなれるわけです。自身の意思でなるわけです。そうするとあとでEメールが来たり、パンフレットなどが送られてきたりします。これが、自身がディメンシア・フレンズになろうと思ってなる一番簡単なやり方です。

　ディメンシア・フレンズになるためのトレーニング自体は、簡単なものですけれども、狙いは認知症に関する関心を高め、ディメンシア・フレンズに自身がなったあとに、もっと知ってみようかなとするということです。日本でいえば、オレンジリングがあります。あれと同じです。

　ダニエル・ハーウッド医師は、「今はつけてないけど、ディメンシア・フレンズになると、パープルのバッジをつけることになっていて、もっているんだけれども今は付けていない」と言いました。

ディメンシア・チャンピオン

　もう1つのルートは、事業主の方が被雇用者の中でディメンシア・チャンピオンと呼ばれるスタッフを任命します。そしてその方が講習会とかワークショップとか、あるいはレクチャーをしたりとか、そういったことをします。そうすると、職場でそのセッション

に参加する、ちゃんとレクチャーを聞いてもらう、そうすると出席者はディメンシア・フレンズになるというやり方です。ダニエル・ハーウッド医師は「こちらのほうがベターであると思っている」と言いました。

ディメンシア・チャンピオンは、日本でいうと、100万人キャラバンメイトの方が近いのかなと思われます。

具体的にはどんなことをするのでしょうか、広めていくということでしょうか。イメージとしては「フレンド」だから、認知症の方々と触れ合うのかと考えます。具体的な交流があるのでしょうか。

そういう方もいるかもしれませんし、そこまで進まない方もいます。ディメンシア・フレンズというのは、なった方次第です。人によってはディメンシア・フレンズに登録した、バッジをもらった、冊子が来た、「はい終わり」という方もいるかもしれません。なられたあとに、定期的に情報が送られて来る、そうすると、そういった中でこういったことができるんだ、こういうところに参加ができるんだ、どこまでするかは個人差があります。

ディメンシア・アドバイザー

メモリーサービスで、アルツハイマー・ソサエティ等に新しい「ディメンシア・アドバイザーロール」があると説明がありましたが、それは何でしょうか。

ディメンシア・アドバイザーがすることは何かというと、これは診断がおりて、そのあとに患者とその介護者の方とミーティングをもって、ケアプランをつくっていきますが、その中でデイセンターに行くとか、失禁コントロールパッドを行うとか、そういったこともあるかもしれませんが、そういったことをこのアドバイザーがするわけではなくて、ケアプランをつくりましょうといっていっしょにつくります。「そのあと、このサービスを受けるためにはここに行ってください。このサービスを受けるときにはここに行ってください」。このように、そのあとにきっちりと、患者と介護者の方々がそういったサービスにアクセスできるようなサインポスト、どっちにいけばいいのかを教えてあげる、そういったことをします。

第9章　認知症診断率の改善

ブリストルの社会実験

　日本でかかりつけ医をもつといっても、患者は大病院に集中します。英国の将来のケア像というのがありました。コミュニティベースに移そうということでしたが、今後の具体的なことはどうなっているのでしょうか。

　まず英国では、認知症の患者もその介護者の方も、いろんな対応は在宅で受けたい、ローカルなGPのところへというのがあります。どちらかというと病院の大きなクリニックで何かするよりも、地元のGPとのつながりのほうが強くあって、そちらのほうがよくいかれるというのが、まず日本と違います。イギリスはそんな感じです。

　方法論の話ですが、試験的に行った街があって、西部の方にあるブリストルという都市で行いました。病院からコミュニティベースに移行するのに、3年くらいかかりました。どういうふうにしたかというと、リソース、お金です。二次医療のところからとって一次医療のGPのほうに予算をつけて、そして仕事量がGPのほうが増えますから、対応できるようにしてやりました。

　どのようにそれをやったかというと、GPの医師たちに多大なトレーニングを施し、その中でアルツハイマー・ソサエティが診断後ケアのところで活動できるようにしました。これは、アルツハイマー・ソサエティがその活動自体をGPのサポートができるように、発注しました。

　その活動の中で携わったほかの機関というのは、メモリーサービスです。スペシャリストもメモリーサービスです。このメモリーサービス付きの看護師がGPのところへ行き支援をし、より複雑な患者の例のときには、メモリーサービスが実際携わることをしたわけです。

メモリーサービスの地域格差

　メモリーサービスはすばらしい仕組みだと思いますが、ロンドンとそれ以外の地方、田舎と同じように、このサービスは展開されているのでしょうか。

　けっこう変わってきたりします。まずロンドンだけでいうと、ロンドンのメモリーサービスの中で、ティーチングホスピタルと呼ん

でいる大病院の教育機関で、大学とのつながりでいえばモーンズリー病院とか、あるいはユニバーシティカレッジの付属病院であるとか、あるいはインペリアルカレッジとか、そういったところに連動しているところの成績はよろしいです。ただし、ロンドン内でも周辺のアウターロンドンといわれるところは、あまりうまくいってないようです。

　現在は、イングランド、ウェールズの中では、ほぼどこにいってもメモリーサービスが普及していますが、その中でも出来のいいところとそれなりにというところは、やっぱりあります。

メモリーサービスの質を評価
　できの良いところ悪いところがある。メモリーサービスの質を評価する機関があると思いますが、それはどうでしょうか。
　ロイヤルカレッジ・オブ・サイカイトリスト（Royal College of psychiatrist）というところが、このメモリーサービスを承認するプログラムをもっています。ただロイヤルカレッジ・オブ・サイカイトリストというところは、精神科医の先生方の学術機関という形になり、ここの承認を得るのは任意です。メモリーサービスは、まずそこの承認を受けたいということで、任意で申出をします。それは2年ごとに更新になって、介護者、患者、ヘルスケアの専門家が訪問をして評価をして、そしてその承認を更新することになります。そういった形で、まずひとつは評価ということができます。
　それからもうひとつの評価の仕方というのは、GPとか病院とかホームとか、そういったところの質、そして安全性などを監督しているCQC（ケア・クオリティ・コミッション）というのがありますから、ここがモニタリングをしています。もうひとつの形での評価になります。ただ、CQCが監査、モニタリングするのは病院やケアホームなどの入所、入院している機関が焦点ですから、メモリーサービスのようにコミュニティベースの機関をみるようになったのは、最近のことです。
　ダニエル・ハーウッド医師は「大変重要な質問をいただいたと思います」と言いました。というのは、メモリーサービスにけっこう差があるからです。そういった差は、CCGのコミッショナーの

方がけっこうタフでしっかりしているというところもあれば、まあ精神科の方はあまり関心がないというところもあって、そういったところで格差もでてきます。全体的な水準を維持するのは重要なことです。これは、ロイヤルカレッジ・オブ・サイカイトリストが承認するかどうかを見る時にベンチマークがあるので、それに照らし合せて評価をすべきです。

ローカルレベルでの格差

　そうすると出来の悪い地域に対して、将来的にそこを底上げするような対策とか、支援策みたいなものはこれから何か展開される予定はあるのでしょうか。

　「はい、確かにイエスではあります。が、これはやはりローカルレベルでの取り組みになっております」とダニエル・ハーウッド医師は述べました。どういうことになるかというと、たとえばCCGのほうがここのメモリーサービスはちょっとどうかなと懸念があるというのであれば、ローカルプロバイダーとして、メモリーサービスをしているところに対して、質改善計画というものをつくって導入せよ、実施せよとしているわけです。そしてその取り組みがなされても、まだ満足いかないというところで何ができるか、これはCCGがすることですが、契約を反故にして、もう一遍入札からスタートするということができます。ですので、ローカルレベルになります。

　実際に実は起こっています。ロンドンのとあるメモリーサービスでは、認知症の診断率がいっこうに上がってきていませんでした。最終的にどうなったかというと、CCGがそのメモリーサービスに対する予算をとってしまって、ほかのところにメモリーサービスを提供するように変えました。

　これはかなり政策・政治的なところが背景にあります。現政府は、こういったヘルスケアサービスのところを、それぞれのローカルレベルの方に移行して行きたいと、CCGのレベルのところにしてゆきたいのです。それは、国全体の国の指令という形でヘルスケアを運営していくのではなく、ローカルレベルのところでやってほしいと望んでいるからです。そこで色々な部分を移譲していく、これが

GPであるとか、そのローカルレベルの機関などに移って来ているわけです。ただそういったところで発生してくるのは、であるがゆえにローカルレベルで格差がでてきているということです。

認知症は GP にとって知るべきニーズ

　もう一度診断率のところに戻ります。イギリスではGPの診断率の高いところというのは、GPが自信をもって診断して治療をするところが、診断率が高いことを伺いました。日本では、国の認知症対策としてかかりつけ医の認知症研修を行っています。さらにその認知症研修を行うのは一定の期間、行政区で、認知症の専門医という名称のものがします。日本で認知症研修を行う医師は認知症指導医という名称で、計画的に養成するという仕組みがあります。認知症の研修を受ける診療科目は様々です。診療科目によって自信を持って診断できる、できないということは、イギリスではあるのでしょうか。

　「はい、その通りです。さきほどのブリストルという都市で、どうしたかというと、このGPの診療所にいる医師はひとりではありません。何人かいます。すべての医師に認知症について、すべての方が関心をもって取り組むことをしろというのは無理ですので、1つのGPの診療所の中で1人なり2人なりといった医師で関心をもって取り組みたいという医師がいれば、そこのところをGPのスペシャリストクリニックという形で運営することが可能になるというやり方をしました。そうすることで、今問題にしたところはうまくできるのではないでしょうか」と、ダニエル・ハーウッド医師は述べました。

　もう一度このブリストルの例では、そういった形でスペシャリストのGPとなることは可能ですが、ブリストルのほうが提供したGPの研修制度は、そういった関心をもっているGPに限るわけではなくて、GPすべてにしました。なぜかというと、関心がない医師でもこの分野に関しては知っているべきで、知るべきニーズがあるからです。

第9章　認知症診断率の改善

看護師先導型のサービス提供と顧問医

　看護師に関して、処方のできる看護師はどこで働らいているのでしょうか。

　まずメモリーサービスにもそういった処方ができる処方ナースはいます。処方ナースになるための監督をするのはNMC（The Nursing and Midwifery Council）という、看護・助産審議会という機関があって、そこが大変活発にこういった処方ナースになるためのコースを設けています。ただ処方ができるナースになっても、すべての薬剤というわけではなくて、たとえば呼吸器科であれば自分の専門としている看護の分野に限られるということです。

　この10年くらい、この看護師先導型でのサービス提供が推進されていて、専門看護師や上級の看護師が育成されてきていて、医師の監督がないところで処方ができたり、あるいは診断を下したりすることが出来ます。とはいっても、これはもちろん自身が専門としている診療分野でということで、たとえば専門分野の中には呼吸器系とかリュウマチとか、貧血とか、糖尿病というのはよい例になるかもしれません。あるいはパーキンソン病の専門で、そういう活動をしている方もいるかもしれません。こういった看護師が活動する場は、GPについていたり、あるいはそれ以外のところでけっこう地域の中に根付いて活動をしていたりもします。もちろんその顧問医の先生方の支援もあるわけです。

　ひとつ活かしているテーマとしては、顧問医の先生方が、その活動される内容というのが、助言とかアセスメントを1回でやってしまう、そして診察ももちろんしますが、前みたいにたくさんの患者を抱えて診療科のところを率いてというところから、マネジメントやアドバイスとか、そういったところに移行してきていることが、この10年くらいの間の変革になります。

早期の段階で診断を下せるためのトレーニング

　GPに対するトレーニングは、早期診断のトレーニングをするのでしょうか。日本では、「認知症の研修しましょう」となると、ちょっと複雑なケースの薬の使い方をハウツー的に教えてもらうことが多いです。イギリスではGPに対するトレーニングは早期診断の

287

ためのトレーニングでしょうか。

「まったくそうです。早期の段階での診断を下せるためのトレーニングです」とダニエル・ハーウッド医師は述べました。このトレーニングの焦点はどこにあるかというと、GPのところに患者が「最近記憶に問題がでてきて」と来たとき、あるいは自身の伴侶の方にそういった懸念をもっている方が来られる、そしたらそこでGPが認知症の診断を下せて、そしてそのあと適切なところにその患者の紹介をまわしていくことができるようにしていくということです。より複雑なケースは、そこのGPだけで受け止めさせようとしているわけではまったくありません。たとえばケアパスウェイがどんどんすすんでいった段階になれば、それはいろんな団体でとか、ほかのサポートする団体もあるので、そこのところもGPだけでさせるというわけではなく、早期の段階の診断です。

「ここで私のほうも誤解がないようにしたいと思います。GPの先生たちのスキルを活用していただきたいとうことで、GPの先生たちが大変上手にしていただけるのは患者はきた、インベストゲーションでみて、そして診断をくだして、そして内科的なそういったところでみながら、マネジメントしていくということ、おさえていくということです。たとえばストレスがあってもう大変だっていっている患者に対して、GPのほうで受け止めて何とかしていただくということをいってるわけではないですし、それからたとえば精神科の問題をかかえているような難しい患者をGPのところで受けていただき、対応していただくということをさせようとしているわけではないです」と、ダニエル・ハウウッド医師は述べました。

投薬に関しても、GPはたとえば後発剤とかを処方をすると思います。抗精神薬は複雑な精神科的な薬が必要なときは精神科の先生がアドバイスするのか、それとも処方もGPがするのか、どちらがするのでしょうか。（抗精神薬は誰が処方するのか。）GPの先生にアドバイスをするのか、それとも精神科の先生が処方をされるのか。

これも投薬する薬によりけりです。抗うつ剤なんかを処方するのであれば、GPは現時点でもすでにできます。法律的にはGPは抗精神薬なども処方できますが、やはりそういった薬がもたらすリスクに関しての懸念があるので、GPは法律的には自分の判断で処方

はできるんだけれども、その前にアドバイスを受けたいと思います。
　「今からお話することも移行期間であるとお考え下さい。認知症に関するドネペジルといった薬はGPが処方を開始するようになってきています。実はこれもナイスのガイドラインが変わって来ていて、現行ではこういった認知症に対する薬剤の処方を最初にするのは二次医療機関であるのが望ましいといっているのですが、これも次のところで変わってくるはずです」。このように、ダニエル・ハーウッド医師は述べました。

医師も認知症になる

　医師も認知症になると思います。「GPが認知症ですよ」という宣言をするのでしょうか。日本では、明らかに認知症の医師が施設に診療に来られる場合があります。高齢ですが、来れば要件は満たします。イギリスでは認知症と思われるときはどうしているのでしょうか。
　ダニエル・ハーウッド医師は「活動している中で認知症ではないかと疑われるドクター、ナースをみております。大変難しいですね。ただやっぱりそういったときにはフェアーで公平であるべきですし、そして合理的にお話をして、そういった方々と交渉というかネゴをして適切な行動をとっていただくようにすべきです。ひとりドクターでもう認知症だと思うけれども、ずっと診察を続けられる方がいました。そのときは、私は本当に心配でした。そしてこの医師をつかさどるジェネラル・カウンシル（General Council）に報告しました。というのは、これは心配だったからです。医師の資格の再認証みたいなことをすればよろしいのではないでしょうか」と言いました。
　「もうひとつ付け加えたいことは何かというと、やはり資格の再更新でしょう。認知症である。これは大きな病院やGPという形で定期的な評価があって、そういったところでは監督できます。しかし、今私が話をした大変心配で通報したという先生は、医療費を個人負担して来られる、開業しているまったくプライベートの診療所を経営している医師でしたので、こういった私が言っているような大病院とかGPとかのセットアップの中でされているような医師の

取り組みができてない医師でした」と述べました。

文献

An Academic Health Services Centre for London.

Dementia diagnosis and management- a brief pragmatic resource for GPs, NHSE 2015.（http://www.england.nhs.uk/wp-content/uploads/2015/01/dementia-diag-mng-ab-pt.pdf）.

Diagnosing dementia in care homes.（http://www.england.nhs.uk/2014/12/18/alistair-burns-12/）.

Ruth Evans., *Improving Dementia Diagnosis in London.*

まとめ

終章　**英国の認知症国家戦略の日本への示唆**

はじめに

　ロバート・ハワード（Robert Howard）氏（以下、「ハワード教授」または「彼」という）（写真終-1）は、現在はユニヴァーシティ・カレッジ・ロンドン（University College London, UCL）（http://www.ucl.ac.uk/）の老年精神医学教授（Professor of Old Age Psychiatry）です。彼は、2014年10月中旬に、ロンドン大学キングスカレッジの研究チームを率いて、日本の認知症ケアの現場視察のため来日しました。

　私は、ロバート・ハワード教授とロンドン大学キングスカレッジ・リサーチフェローの林真由美氏（以下「林さん」という）と、視察最終日に川崎市のすずの家ほかに同行し、ハワード教授に「日本とイギリスの認知症ケア」に関するインタビューをしました（ロバート・ハワード 2014）。当時のハワード教授は、キングスパートナーズ（King's health Partners）の老年精神医学と認知症〔Mental Health of Older Adults and Dementia Academic Group（CAG）〕の責任者でした（139頁、図4-6参照）。キングスヘルスパートナーズは大学の研究機関と病院を統合した組織で、ロンドン大学キングスカレッジ（King's College LONDON）、NHSファウンデーション・トラスト（NHS Foundation Trust）のセント・トーマス病院（Guy's and St Thomas）とキングスカレッジ・ホスピタル（King's College Hospital）、それにメンタルヘルス専門のサウスロンドン＆モーンズリー病院（South London and Maudsley）で構成されています。（http://www.kingshealthpartners.org/）。ハワード教授は、イギリスのNICE（National Institute for Health and Care Excellence）では、エビデンスを提供するための実証実験（Clinical Tri-

終　章　英国の認知症国家戦略の日本への示唆

al）とアドバイザーの役割をしています。

　私たちが訪問した 2015 年 11 月初旬のイギリス調査では、セント・トーマス病院ではレクチャーを受け、キングスカレッジ病院はバスの窓越しに見ました。そしてモーンズリー病院は、サウスロンドン＆モーンズリー NHS ファウンデーション・トラストからキングスパートナーズが提供するサービスについてのレクチャーを受けた場所でした。

　2014 年のインタビューの中で、ハワード教授が 2012 年に高度認知症の人を対象にドネペジル塩酸塩（以下、ドネペジル）を投与した効果を確認するドミノ・トライアル（DOMINO Trial）を行なった結果、NICE（National Institute for Health and Care Excellence）のガイドラインを変え、イギリス中に新しい治療法を広めたことに触れました（Howard, R. et al., 2012）。

　2015 年 10 月 27 日、Lancet Neurology に同教授らの論文「Nursing home placement in the Donepezil and Memantine in Moderate to Severe Alzheimer's Disease（DOMINO-AD）trial : secondary and post-hoc analyses」がオンライン公開されました。私たちのロンドン訪問は非常にタイミングがよく、ロンドン・ケンジントン（Kensington）のホテルに到着した同月 31 日に、林さんの同席の

写真終 -1　ロバート・ハワード（Robert Howard）教授

293

まとめ

もとで、ハワード教授に論文の概要と意義、今後の研究の方向性についてインタビューすることができました（ロバート・ハワード2016）。これは私が事前にハワード教授と林さんと約束したことでした。もっというと、2014年のキングスカレッジの調査チーム来日の際に、「次は、私がロンドンを訪問するので、必ず会おう」と約束したのを、ハワード教授が友人として果たしてくれた結果でした。

ハワード教授らの今回の研究結果は、ドネペジル投与によって中等度から高度アルツハイマー型認知症の人のADL（日常生活動作）が改善し、ナーシングホームに入所する在宅限界点を高めることを確認しました。このことは、ドネペジルの薬剤投与による経済効果が高いことを、世界で初めて学術的に確認しました。

以上の経過を踏まえ、本章は第1に、2014年10月に行ったロバート・ハワード教授へのインタビューのポイントとして、日本とイギリスの認知症ケアについて述べます。第2に、2015年10月末に行ったロバート・ハワード教授へのインタビューのポイントとして、アルツハイマー研究の最先端について述べます。第1と第2のインタビューを紹介しながら、私の考えも述べます。そして第3に、本書のテーマである、イギリスの認知症国家戦略が日本に示唆することについて述べます。

1. 日本とイギリスの認知症ケア

キングス・ヘルス・パートナーズ

ハワード教授の専門の老年精神医学は、老年科に属するのではなく精神科に属しており、子ども、成人、老年という3つのカテゴリーのうちの1つです。もちろん老年科の専門医師とも密接に関係を持ち治療をしています。その他、ニューロジスト（神経科医）は認知症の診断や治療をします。これまでハワード教授の科はキングス・カレッジの精神科研究所（Institute of Psychiatry）に属していましたが、2014年10月1日から精神医学（Psychiatry）に心理

学（Psychology）と神経科学（Neuroscience）の研究所になったところです。

　ハワード教授は、キングス・ヘルス・パートナーズ（King's Health Partners）の老年精神医学と認知症〔Mental Health of Older Adults and Dementia Clinical Academic Group（CAG）〕の責任者です。キングス・ヘルス・パートナーズは大学の研究機関と病院を統合した組織で、ロンドン大学キングス・カレッジ、NHSファウンデーション・トラストのセント・トーマス病院とキングスカレッジ・ホスピタル、それにメンタルヘルス専門のサウスロンドン＆モーンズリー病院で構成されています。色々な専門の診療科に分かれていますが、それぞれの診療科が研究機関である大学と診療を行う病院とがパートナーシップを構築して、より効果的な治療を行えるように活動しています。

　ハワード教授は、高齢者の認知症や精神疾患の人たちを対象に、研究から診療まで包括的なヘルスケア活動を行なっています。サウスロンドン＆モーンズリー病院はロンドンの4つの地区（ランベス、サザック、ルイシャム、クロイドン）の人口200万人を対象として、医療を提供しています。その中で高齢者の率は17％くらいで、この地区の高齢者の認知症を含む精神疾患の方すべてに医療サービスを提供しています。

　私は、「医療サービスを直接提供しているのですか」と尋ねました。

　ハワード教授は、「私の場合は稀だとは思いますが、教授として研究にかかわりながら、一人の医師として臨床も行なっています。教授の主な役割はリサーチすることと教えることです。臨床と研究を統合しているメリットは、臨床から患者さんのデータをそのまま拾えることです。患者データを集積しながら研究者がエビデンスをつくっていけるように臨床と研究がリンクしているのです。そして、そのエビデンスを臨床場面にフィードバックすることによって、エビデンスのある効果的な最良のサービス（Evidence Based Medicine）が提供できます。とくに私の専門の精神科の分野では、驚くほどエビデンスに基づいていない医療を行なっている場合が多く、それを変えていくことが重要です」と述べました。

まとめ

ドミノ・トライアル

　私は、「イギリスには NICE（National Institute for Health and Care Excellence）がありますが、NICE にも携わっているのですか」と尋ねました。

　ハワード教授は、「2つ係わっています」と言いました。「1つは NICE にエビデンスを提供するための実証実験（Clinical Trial）をしています。そしてもう1つの役割はアドバイザーです」。

　例えば、2012年には、高度の認知症の人を対象にドネペジルを投与し、その効果を確認するドミノ・トライアル（DOMINO Trial）行い、エビデンスを出しました（Howard, R. et al., 2012）。日本での商品名はアリセプトです。これを中等度以上の認知症患者に処方しその効果を確認したのです。その結果により、これまでの処方の仕方を変更しました。NICE にも提言しガイドラインも変えた結果、イギリス中に新しい治療方法を広めることができました。1地域から国全体、そして世界中へと、ローカルからグローバルにより効果的な治療が広がることを希望しています。

　ある国際会議に出席したときに、「君のドミノ・トライアルのおかげで、これまでのやり方を変えたよ、ありがとう。すごくいいですよ」と声をかけられたと言います。

認知症の患者さんとその家族を支える

　私は、今回の日本視察の目的を尋ねました。

　すると、「今回は、わざと病院の認知症ケアをみていません。今回の視察の趣旨は、今イギリスで一番の課題になっている『認知症にやさしいまちづくり（Dementia friendly community）』、そのコミュニティの部分をみることにフォーカスを当てています」と述べました。

　私が、「日本の認知症ケアのモデルケースをご覧になって、どのような感想をもちましたか」と聞くと、彼は次のように答えました。

　「私たちが見たモデルケースは、日本全国の方がアクセスできるケアではないことは理解しています。家族介護者の方にもお会いして、その方たちの声を聞くと、『捨てられたように思っていた』ともお話されていましたから、十分に承知しています。

終 章　英国の認知症国家戦略の日本への示唆

　認知症にやさしい社会づくりに日本が取り組むことを考えたときに、一番大切なことは、その認知症の患者さんとその家族を支えることだと思いますが、日本の現状はまだ途上段階だと思います。
　視察したところはモデルとして確立されたものでした。日本の利点の一つは単一民族ということ（イギリスのように移民の流入がないこと——小磯）、もう一つ日本で特徴的なことは空き家が多いことです。そしてその空き家を社会貢献したい人たちが借りて利用できることです。三つ目にイギリスと違うのは、日本は信頼が確立された社会であること。これは認知症のような難しい方たちを支えていく人たちが専門家ではないボランティアの人であったとしても、彼らを阻止しない社会であるということです。認知症といえども病気なので、イギリスでは専門家が支えるべきという考え方が強くあります。そして最後は、なんといっても『食事』です。
　訪問した場所は、介護者の会であったり、デイセンター、そしてグループホームと様々でしたが、食事をとても大切にしていたことです。食事の準備から食べることを一緒に楽しむ、そして後片付けまで行うことがサービスの要になっていると感じました。
　病院の例ではありますが、イギリスでは食事は１日のうちの少しの時間でカロリーを与えるという意味でしかありません。日本のように食事を楽しむ、セラピー的なものを感じるものではないのです」。このように述べました。
　私は、ハワード教授のこの言葉の文脈に、日本の認知症ケアはボランティアなどの善意の人たちに支えられていること、そして社会がそれを阻止しないことを強く感じました。同時に、イギリスでは、認知症という病気を診るのは専門家だという社会のコンセンサスを感じました。これは日本とイギリスの文化の違いが起因していると考えますし、第二に、医療と介護の制度の違いに起因していると考えました。

A National Dementia Strategy

　私は、「イギリスの"A National Dementia Strategy"（認知症国家戦略）には"living well with dementia"（認知症とともによく生きる）とありますが、意味するところは医学的には治せないけれど

まとめ

も、皆さんが日本で見たようなことをイギリスでやろうとしているということでしょうか」と尋ねました。彼の答えは次のようなものでした。

「これは5年戦略だったのですが、一番大きな問題は、計画を立てはいいが、お金がまったくついていなかったのです。この戦略の結果の一つは、メモリー・クリニック（認知症のための専門クリニック）が増加したことです。ただ、メモリー・クリニックが増加したことで、コミュニティから看護師などの人材をメモリー・クリニックに吸い取られてしまいました。結果、コミュニティに住んでいた人たち（認知症の方たちも含めて）が被害を受けてしまうのです。

メモリー・クリニックの多くは、診断をして薬を処方し、それで家に帰して終わりです。薬はほとんどがドネペジルです。NHSトラストコミッショナーがフォーカスしていることは、認知症の認定、診断率を上げることです。今では約50％の人が認知症の診断を受けています。でも認知症の診断を受けた人やその家族は、『診断はされたけれど、そのあと何のフォローもなく捨てられているだけだ』と怒っています。

何が起こっているかというと、診断された後、患者はGP（かかりつけ医）に繋げられるのですが、GP自身も仕事量が多くなるため、患者さんは診断されたままになっていることが多いのです。例えば、診断後3年ほどたった頃にBPSD（Behavioral and Psychological Symptoms of Dementia, 認知症に伴う行動・心理症状）として、徘徊や行動に変化が現れ危機的状況になって初めて、『ああ、この患者を忘れていた』とGPが発見するか、あるいは急性期病院に運ばれるのです。診断されても病状や状況が悪化しないうちは何もなされないことが多いのです」。

ハワード教授の述べたことは、本当でした。2015年9〜11月調査で、そのことがよくわかりました。そして同時に、そのことを改善しようとしていることもわかりました。ここではメモリー・クリニックのことを言っていますが、メモリー・サービスも同じです。むしろメモリー・サービスの方が認知症国家戦略の鍵となるものでした。それらの活動については、すでにクロイドン・メモリー・

終　章　英国の認知症国家戦略の日本への示唆

サービスで触れたとおりです。

認知症と発言することをイギリス社会が認めた

　私は、それはイギリスの一般的な話なのかを尋ねました。

　ハワード教授は、「そうです。一番の問題はお金がないことです。キャメロンはいい人で、彼のお父さんもアルツハイマーでした。彼はいいことは言うけれども、4年前と比べると実際には認知症ケアに対して20％財源が減っているのです」と述べました。

　続けて彼は、「いいことを言い、『お金も出す』なら問題はないのですが。イギリスで一番関心があることは、とにかく安く、あわよくば無料で提供できる方法はないかということです。今回の来日の目的も『支える方法』を見つけることが1つの理由です。

　"A National Dementia Strategy"の主な評価は、認知症の診断率を上げることでした。もうひとつは、『認知症』と発言することをイギリス社会が認め始めていることです。8～9年前、サッチャー元首相がアルツハイマーと診断されたのですが、その当時は社会的偏見がとても強く、医者も家族もアルツハイマーであることを隠して脳梗塞としていたのです。今では有名人でも『自分はアルツハイマーです』と発言するようになり、イギリスも開かれた社会になってきたように感じます」と、彼は述べました。

小さなポジティブなことが積み重なることは大事

　それは患者の周囲の人たちが理解し始め、社会の一員として認知症の人たちを支えようとしているのでしょうか。

　ハワード教授は、「ひとつは、親、おばあちゃんなど自分の親族を『アルツハイマーだ。認知症だわ』と認めやすくはなりました。私は、毎日家族介護者に会うのですが、その人たちが進んで自ら介護したという話は聞きません。みんな専門家に任せるのが一般的です。

　イギリス国民の考え方は、日本の介護保険の考え方とは少し違います。NHSがあり、それは無料です。自分たちが働いている間、ずっと税金を払ってきたのだから、病気になったら最期までみてくれるものと思っているのです。

まとめ

　小さなポジティブなことが積み重なっていくことはすごく大事です。イギリスだろうと日本だろうと、政治家がやってはいけないことは、『認知症にやさしいまちづくりを奨励するけれども、財源はつけない』。これは絶対あってはいけないことです。安上がりだからコミュニティに全部任せようということでは絶対だめです。
　イギリスの今の状態では、子どもや働く世代のサービスにお金がないということはありません。そこにはちゃんとお金はついているのです」。このように述べました。
　日本とイギリスの認知症高齢者への対応の大きな違いがわかると思います。イギリスのNHSは病気を無料で診てくれます。認知症は病気であるのだから、NHSが診るべきと考えることは当然と思われます。しかし、実際にはそのようなことをできないことは、これまで本書で述べてきました。イギリスも認知症の人たちを地域で看るようにしています。

一番の問題は認知症の数が増大するのに財源が少ないこと

　「認知症は少しずつ悪くなっていくケースが多いと思いますが、徘徊などが始まり重症化したときに、病院が収容するのでしょうか」。
　彼は、「そうです、誰も引き取らないから」と言いました。そして、「一般病院は認知症の人の受け入れに消極的です」とも言いました。
　私は、「それでは精神病院に入院するのですか。（それではベッドが）いくらあっても足りないと思いますが」と尋ねました。
　「おかしなことにメモリー・クリニックで診断されていても、数年間はほっとかれます、危機的状況が起きるまで。ほっとかれているから周囲からは認知症であることも忘れられていて、何か起こると急性期病院に行くことになります。認知症の色々な症状が出ていても家族は救急車を呼びます。反対に精神病院に来る認知症の人はきちんと計画立てられて来る人が多いのです」と彼は答えました。
　私は、「日本のテレビ番組で、イギリスでは認知症と診断された人には当事者と1年間かけて人生設計する担当者がつくという番組をみました。そういうところもあるのですか」と聞きました。

彼は、「あると思います。でも1年でやめてしまうのは問題です。最初の1年は簡単です。数年後が大変なのに、1年でやめてしまうのは残念です。

厚労省で認知症初期集中支援チームのことを聞きました。確か世田谷では2つくらいあるようですね。昨年度より15くらいをモデル事業でやっていますね。それについて厚労省の人たちに私が言ったのは、『大変な人たちがいっぱいいるのに、チーム数を増やすといっても増やしきれないのではないのか』ということです。厚労省の担当者は『そうですね』と言いながら、『全員が必要になるわけではないので』と言っていました。

一番の問題は、認知症の患者数が多くなり続けるのに、その財源が少ないことです」と述べました。

私は、インタビューの最後に、「イギリスで認知症ケアを今後どうすべきだと思いますか」と尋ねました。

「政治家はお金がないと言っているので、私たち市民が財源のないところでできる解決策を見つけていくべきです。ボランティアは1つの方法です」と言いました。そして「もう1つ大きな問題は、イギリスは医療と介護・福祉と分かれていることです。それらを統合することでサービスの無駄を省きながらやっていくこともひとつの方法だと思います。今まで伝統的に統合を色々試みてきましたが、全て失敗しました。でも試さなければだめです。希望を持ちながら進めていくことが正しい選択です。とにかく希望を持ち続けなかったら、もう終わってしまうことなのです」と、ハワード教授は答えました。

「私も希望を捨てたら終わりだと思います」と述べました。

以上が、2014年10月のハワード教授のインタビュー内容をまとめたものです。日本とイギリスの違いがよくわかると思います。そして、イギリスの認知症国家戦略の課題も述べられています。彼は、政府の役職にもついているのですが、少し率直に話しすぎているところもあります。しかし、彼の言っていることは、このインタビューのあとの私の2015年9〜11月調査で確認できたことも多いです。そしてまた、このインタビューの時点より進んでいることも確

認できた点でもありました。それらは繰り返しませんが、本書のパート2の実践編の事例の記述の中で確認できると思います。

次に、2015年10月のロバート・ハワード教授のインタビューを紹介し、私の考えも述べます。

2. イギリスのアルツハイマー研究の最先端

多施設共同二重盲検無作為割付試験：2008〜2010年

最初に私は、「今回の調査は、2012年調査のフォロー調査ですか」と尋ねました。この2012年調査とは、「高度の認知症の方を対象にドネペジルを投与し、その効果を確認するドミノ・トライアル（DOMINO Trial）を行い、エビデンスを出したこと」を指しています。オリジナル・アーティクル（Original Article）は、「The NEW ENGLAND JOURNAL of MEDICINE」（2012年3月8日）にパブリッシュド・オン・ラインされた、「Donepezil and Memantine for Moderate-to-Severe Alzheimer's Disease」です。

ハワード教授の答えは、その通りで、「2012年の調査は52週間の調査で、ドミノトライアル—DOMINO-AD（地域で暮らす中等度から高度アルツハイマー病患者295例を対象にした多施設共同二重盲検無作為割付試験：2008〜2010年）でした」と述べた上で、「この試験は、被験者をドネペジル投与継続群と投与中止群の2群に分け、さらにそれぞれの群を2群（メマンチン塩酸塩投与開始群20mg／日とプラセボ投与群）に分けた2×2の4群に無作為に割り付けた試験で、SMMSE（Standardised Mini-Mental State Examination：認知機能検査）スコア、BADLS（ブリストル日常生活動作尺度スコア）を評価した」と述べました。

その後、試験に参加した295人を3年間追跡し、ナーシングホームにいつ入ったのか調査しました。これまでのリサーチでは、中等度から高度アルツハイマー病患者に投薬することと、ナーシングホームに入るか入らないかは、まったく関係ない、要因にならない、といわれていました。

「試験期間はフォローアップ期間も含め4年になりましたが、ド

ネペジルを投与継続したグループと中止したグループでは、ナーシングホームに入る患者の率が大きく違ったので驚きました」と述べました。このとき彼の言ったことを正確にいうと、「素直に驚いた」と表現しました。つまり、意外だったということです。同時に彼は、「(本当の意味で――小磯) これでガイドラインを変えられる」とも言いました（詳細は後述）。薬をやめた人の40％はナーシングホームに入り、薬を継続した人は20％しか入っていません。ナーシングホームに入らずに済んだのは、薬を飲み続けていた人たちのADLがよかったことが一番の要因だと考えられたからです。二重盲検にして、2×2のグループに分けた研究で、それを示したのは世界で初めてでした。

ドネペジル投与の経済効果は大きい

　イギリスの場合、これまでは、中等度から高度の患者にドネペジルを投与することについては、ガイドラインがそれをストップしていました。薬が高い割に効果が少ないとみなされていて、費用対効果が低いと考えられていたからです。しかし今回の研究で、中等度から高度の認知症の患者にも効果があるとわかったため、ガイドラインを覆せると思ったわけです。イギリスでは、中等度の認知症患者までは薬物投与しますが、高度になったら中止します。日本では続ける場合が多いです。

　ハワード教授は、「ここで強調したいのは、医師が自己の経験に基づいて診ることと、盲検化・無作為化された研究とでは結果が違うことがあるということです。医師がこれは効くと言っているものでも効果が認められないものがたくさんあるからです。確かな証拠をきちんと示すことが重要です。研究の良い点は、医師が普段効くと信じていることをきちんとサポートしていくことです」と述べました。これは、アカデミックな研究こそが現場の医師の経験をサポートすることを実証した事例だと私は考えました。このことは、ハワード教授が次のように述べていることを裏付けています。

　「2012年のドミノトライアルを行なったとき、アメリカの医師は怒りました。何故かというと、日本の医師がドネペジルを投与しているのは効果があるとみなされているからであって、既に効果があ

まとめ

ることが分かっているのだから、倫理的にみて試験の実施はだめだというのです」。このように述べました。

私は、「2012年の時にガイドラインを変えたのではないですか」と質問しました。ハワード教授は、「NICEでは変えましたが、ほとんどの医師はそれを信じていなかったのです。あくまでガイドラインであって、必須ではありませんから。トライアルのときには、最期の高度の認知症状患者にはほとんどの医師はドネペジルを投与しておらず、『1つか2つスケールやスコアポイントが上がってそれで何になるのか』と言っていました。でもこのトライアルで、認知症患者のナーシングホームに入るタイミングを遅らせることができることがわかりました。その経済効果はとても大きいことがわかると思います」と述べました。つまり、2012年の研究でガイドラインを変えたのですが、ガイドラインはあくまで大まかな指針であって、法律と違って強制力を持ちません。ハワード教授は、ガイドラインを変えたことでアメリカ等の医師から倫理上の指摘を受けていました。今回の研究結果は、それらの言説を打ち破る研究結果だということでした。彼はこのことを本当に素直に喜んでいました。

ナーシングホームへの移行が少ない＝ADLが保たれる

ナーシングホームに入ると、ドネペジルを投与し続けるよりも国の費用がかかるから、ドネペジルを使ったほうがいいということです。ハワード教授は、「自宅で暮らしている人には、例えば家族のケアにかかる費用や訪問介護など、ナーシングホームに入っている人と同じく費用がかかっています。それらの費用をならしてみると、おそらく抑えられるでしょう。また、イギリスではナーシングホームに入ることを嫌がります。人に頼ることが嫌なため、少しでも遅らせられるのはいいと思います」と述べました。

私が、日本でも「在宅限界点を少しでも高くする」ことが言われていることをいうと、「same（同じ）」と言いました。今回の2015年の研究の意義は、ナーシングホームへの移行（transition）が少ないことです。それはイコール「ADLが保たれるから少ない」ということを追加しました。そしてハワード教授自身一番驚いたことは、「ナーシングホームに行くという決定は配偶者の死亡や引っ越

しなどの環境の要因が大きいと思っていたのですが、薬ひとつ投与するだけで違いが出る」と強調しました。

　イギリスの場合はナーシングホームへの入所は世間体や社会の目もありますが、かなりお金がかかります。なので、ドネペジルを投与し続けることで経済効果があるというのはすごいインパクトがあります。このことをハワード教授も「医療経済学者たちが、どれくらいお金がかかるか調査していますが、少しでもナーシングホームへの入所を遅らせることは、多大なコスト制御になります。ドネペジルのジェネリックは、イギリスではたったの6ペンス、1日12円なんです」と強調しました。

Multi-Modal approach

　今回の研究は現存する良さを最大限に引き出した研究でしたが、ハワード教授の興味は、実際にアルツハイマーの進行をストップさせる、またはスローダウンさせることにあります。病状をスローダウンさせるために、これまで300の薬が治験されたそうです。

　ハワード教授らは、アカデミック主導の独立した治験をやっています。薬が沢山ある中で、一つの治験につき被験者を募集して、治験期間をたとえば2年が過ぎたら結果が出て終わりとなるのは効率的ではありません。そこで「最近保健省に申請した私の研究は、マルチモダルアプローチ［Multi-Modal approach］といいます。まず被験者を募集して一つ試験を行います。そして明らかに結果が出ないと考えられたら、違う薬をその人たちに出して試験を行います。したがって、その人たちには継続して試験を行なっていき、効率良くしていく方法です。マルチモダル・アダプティブ・トライアル・アルツハイマーズディジーズ（Multi-Modal approach Adaptive Traial Alzheimer's）、頭文字をとって、『マーマレードトライアル』と名づけた」と言いました。400万ポンド（約8億円）の研究費を申請したそうです（2016年3月に結果を尋ねたところ、残念ながら採択されなかったそうです）。

　私は、「どういう薬を使うのか」を尋ねました。すると、どういう薬をトライアルするかというと、「別の効能をもっている薬がアルツハイマーに効かないかどうか、例えば既存の高血圧の薬がアル

まとめ

ツハイマーに効かないかなどです」と述べました。創薬ではなく既存薬だから、トライアルをやりやすいため、効率的な仕組みで色々と試していくことができます。アルツハイマーの進行は遅いので、ひとつのトライアルでも効果がわかるまで2年くらいかかります。

5つのトライアル

　私は、「トライアルはキングスカレッジの関連病院で行うのですか」と聞きました。前回のインタビューで聞いていた、そして本章で前述した、ロンドン大学キングスカレッジ病院、セント・トーマス病院、サウスロンドン&モーンズリー病院だと思ったからです。しかし彼の答えは違っていましたが、納得できるものでした。

　ハワード教授は、「イギリス国内の30カ所の認知症を扱っている医療機関（病院、GP、メモリークリニックなど）とネットワークをつくります。参加医療機関が、リサーチに参加できる患者（被験者）を募集し、リサーチプロトコールに準じてリサーチを行います。参加医療機関は当リサーチに関わることによって、最先端の動向を知ることができるということが魅力となります」と述べました。つまり、ネットワークを形成した他施設共同の研究でした。

　リサーチに参加してくれた治験者への協力費は発生しません。無料で参加するのは、リサーチに関与して将来の認知症の治療薬開発に役立ちたいと思うからです。

　ドミノトライアルは、キングスカレッジで始めたトライアルでした（ロバート・ハワード 2014）。ハワード教授は、「その他に現在、週に1回4つのトライアルをしています。あと3人の博士課程の学生が週に1回1つのトライアルを行なっています。そして先ほどお話ししたように、まだ申請は下りていませんが、UCL（University College London）のマルチモダルアプローチを適用したマーマレードトライアルです。ここでは、1つのトライアルのコホートをつくって試していきます。だから1つのトライアルをやったら終わりではないので、患者は1つ効果がなかったとしても他の薬を試せるわけです。これがUCLの強みです。つまり、マルチモダルアプローチだと、プラセボの当たる確率は通常のトライアルより低くなります。トライアルが5つあるということは、患者にとってもいいと思います。

終　章　英国の認知症国家戦略の日本への示唆

1つのトライアルの場合では50%の確率で実薬がもらえないのですから。マルチモダルアプローチはがんに使われたモデルですが、アルツハイマーでこのモデル適用は初めてです」と言いました。

　5つのトライアルを行っていると聞いて、私と林さんは、顔を見合わせて、「タフだね」と言いました。ロバート・ハワード教授は、私からみると非常にシャイボーイでありながら、ブリティッシュジョークの好きな陽気な性格です。5つもトライアルを主導していると聞いて驚くのは当たり前でした。

　そしてもう一つ、ハワード教授がキングスカレッジからUCLに移動した理由が、実はマルチモダルアプローチのためでした。前述したように、マルチモダルアプローチはがんに使われたモデルです。このモデルを開発したのがUCLの研究者でした。それをアルツハイマーのモデルに適用するために、UCLに移ったのだと彼は言いました。私も林さんもハワード教授がキングスからUCLに移った理由を聞いていなかったので、はじめて彼から理由を聞いて納得しました。

今のところはゼロパーセント、しかし成功したらすごいこと

　私は、「アルツハイマーの進行を遅らせることのできる可能性はどれくらいですか」と尋ねました。私には、アルツハイマーの進行を遅らせるなどということは、にわかに信じがたいことだったからです。しかし、考えてみると、誰もやったことがないことをやるからこそ価値があります。

　ハワード教授は、「今のところはゼロパーセント」と言いました。そして、「医師に『この治験に患者を紹介して』『研究に参加して』と言うとき、『おそらく成功率は200分の1くらいだけれども、もし成功したらすごいことだから』と言っています」と言いました。確かに、トライアルの多くは製薬会社が行なっていますが、全部失敗しています。大学などのアカデミック機関がやっているトライアルは規模が小さいです。その大きな理由に被験者の募集が難しいことが挙げられます。彼は、「今私たちが4つやっているトライアルは必要数の被験者を確保しているいいモデルです」と述べました。

　NHSはリサーチをサポートする機関でもあるので、年間100万

ポンド（約2億円）をリサーチに費やしていますし、色々な機関に1,000万ポンド（約20億円）の研究費を出しています。NHSがリサーチをサポートするのは、研究によってエビデンスができれば医療に貢献できると信じているからです。

製薬会社はインディペンデントのトライアルを嫌う

　私は、日本の大学医学部病院を思い浮かべながら、イギリスの大学と製薬会社との関係を尋ねました。「製薬会社と一緒に研究するのは楽ですが、トライアルを100％コントロールできません。だから、製薬会社から独立した大学主導のトライアルをしているわけです。でも、独立したトライアルをするのには多くの困難が伴います」と言いました。ここで彼が「トライアルを100％コントロールできません」と言っているのは、製薬会社に都合の悪いデータは出させないという意味です。製薬会社がデータをコントロールするからと言いました。こういって彼は、一例を挙げました。

　それは、前述のドミノトライアルを行なったときの某製薬会社に薬の提供をお願いしたときのことでした。某製薬会社から実薬とプラセボの提供を受けて包装会社に持っていったそうです。それらの薬の包装に20万ポンド（約4,000万円）かかりました。ところが、包装会社から、「何かおかしい」と電話がかかってきたそうです。実薬とプラセボが一目瞭然の状態だというのです。おそらく製薬会社がトライアルを中止させるためにしたのでしょう。彼は、「製薬会社に『なぜこんなことが起きたのか』」と問いました。すると「たぶんミステイクだ。もう一度やり直すから」と言ってきました。結局できたのは6カ月遅れです。包装にさらに20万ポンド（約4,000万円）かかり、被験者募集期間も6カ月少なくなりました。

　製薬会社がトライアルをするのはマーケティングの意味もあります。株主もいるし利益も上げなければいけないため、仕方がない面はあります。それに、製薬会社がなければ、教授らのトライアルは薬が入手できません。でも、いずれにせよ製薬会社は、ハワード教授らのような独立したトライアルを嫌います。

　実はこの製薬会社とインディペンデントトライアルの話には続きがあって、製薬会社からもっと露骨な妨害を受けたもうひとつの話

も聞きました。しかしあまりにも生々しいので、ここではそれには触れられません。

被験者のリクルートには時間がかかる

私は、「うまくいきそうですか」と聞きました。ハワード教授は、「今4つトライアルをしているうち、アルツハイマーは3つです。ひとつは2017年9月に終わるトライアルですが、リクルート（募集）するだけで2〜3年かかります。他のトライアルはもっとかかります。

リクルートがうまくいって開発されればすごいことなのです。ただあまりリクルートがうまくいき過ぎても、たくさんトライアルをかかえることになってしまいます。1つのトライアルがだいたい200万ポンド（4億円）かかります。もし製薬会社が同じようなトライアルをしたら2,500万ポンド（50億円）かかります」と述べました。イギリスでは、新薬を出すときには、トライアルはインドやヨーロッパで行います。そのほうが安く済むからです。

日本では、製薬会社主導で臨床開発するほうが多いです。直接国が医師主導の独立したトライアルにお金を出すことはほとんどないのではないでしょうか。この点については帰国後少し調べましたので、小磯明（2016）を参照してください。

どのように被験者を募集するのか

被験者はどのような仕組みでリクルートしているのでしょうか。リクルートを成功させるために、トライアルの患者の選択基準を広くして除外基準を少なくします。そうすると裾野が広がり、認知症患者を診ているイギリス各地にいる医師が、トライアルの選択基準に合致するため「患者に話していいよ」と言ってくれます。

ハワード教授は、「30代や40代のメモリークリニックの医師や看護師がリクルートに賛同してくれます。例えば、参加医師や看護師の中で、誰が一番リクルートしたかを参加者全員に知らせて、最もリクルートした人をほめます。すると喜んでくれて、リクルートにさらに協力してくれます。もう一つの方法は、参加医師や看護師の誰かから『リクルートしたよ』ってメールが来たら、すぐに『あ

りがとう』ってお礼メールを出します。1日に50から100通出すこともあり大変ですが、絶対それは出します」と言いました。

ここで彼は、「トイレに入っている時もメールを出してるんだ」と真顔で言っていましたが、これはブリティッシュ・ジョーク（British joke）、またはブリティッシュ・ユーモア（British humour）と受け止めました。

現在、病状をスローダウンさせる薬はありません[1]。だから、認知症の患者に対しては、「今、この治験に参加したら、新しい薬で回復するかもしれないよ」と言うと、「ああ、やってみようかな」と思って被験者になってくれることがよくあるそうです。

私は、「書面で同意書をとるのですよね」と、当たり前のこととして聞きました。ハワード教授は「倫理面を通すのが大変です」と述べました。倫理面に厳しいのは日本もイギリスも同じです。例えば倫理面については、日本でも被験者への確認と実施している医療機関への確認、治験審査委員会への届出と承認が必要です。イギリスももちろん例外ではありません。ハワード教授は、この点は「本当に大変だ」と繰り返しました。後述するように、プロトコルの変更も大変でした。

もちろん、途中でドロップアウトする被験者もいます。リクルートしたらすぐにトライアルをはじめますが、2年間というと最初の人は終わっています。みんな一斉のスタートではありませんから。

プロトコルの遵守

私は、スローダウンしているかどうかの判断は、どのタイミングで誰が確認するのか聞きました。「6カ月毎に確認をします。いつも診ている医師がアセスメントをするので、ちゃんとアセスメントできるようにトレーニングします。それに被験者は薬の飲み忘れもあったりするので、それもちゃんとモニタリングします」と彼は述べました。皆さんはすでにおわかりのことと思います。メモリー・クリニックのところで、この点はすでに述べています。

私は、「いったい何人がこのドミノトライアルにかかわっているのか」も尋ねました。ドミノトライアルの場合、15のリクルートメントセンターがあって、それぞれに1人ずつ責任者が就きます。

終　章　英国の認知症国家戦略の 日本への示唆

だからまず15人の人件費がかかります。次に、「誰がリクルートメントセンターをつくっているか」尋ねました。すると、「メモリークリニックです」との答えでした。要するに、メモリークリニックの束が15あると考えればわかりやすいわけです。

それぞれのセンターで、プロトコルを遵守させなければならないので、とても大変なわけです。データができたらアナリストに任せます。プロトコルもトライアルの途中で変わります。そうすると、そのつど倫理協会に変更を申請して、承認されなければなりません。ハワード教授は、「ともかくトライアルが始まるとリクルートメントが一番重要だから、リクルートメント、リクルートメントって、頭の中でいつも回っています。あんまり押すと嫌がられるし、だからといって言わないとだらけてしまいます。15のセンターの責任者が一番大変だと思います」と述べました。彼得意のブリティッシュユーモアなのですが、その大変さは確かに伝わりました。私と林さんはやはり顔を見合わせながら、「この人タフね」と言いました。

アルツハイマーになった人たちを救う

私は、アルツハイマーの進行が止まるなんて考えたことはありませんでした。しかし、話を聞いているうちに、「スローダウンはあり得るかな」と思いました。しかしその時は、新しい薬がでてくるのかと思っていました。そのことを言うと、彼は、「今まで新薬はたくさん出ましたよね。既存のドラッグを再検討するのと新薬を開発するのとどちらがいいのかはわかりませんが、同じくらいに価値があります。個人の力量、研究者としてできることもありますが、自分の立場を考えたらトライアルをするしかありません。前述したように、製薬会社だったらすごくお金がかかりますが、それを我々医師主導だと何十分の一かでやります」と述べました。

認知症全体の中でアルツハイマー型が占める割合は多いです。ハワード教授によると、アルツハイマーとほかのものを併発して80％くらいだそうです。だいたい併発していますので、アルツハイマーだけとはみません。彼からは、「レビー小体型認知症は12％と日本で多いですよね」と言われました。そして、「脳血管型については止めるためのリスクファクターがわかっています。これはもう

311

まとめ

あまり興味がなくて、アルツハイマーに興味があります」と言いました。ここからがハワード教授の真骨頂だと後からわかりました。彼はこう述べました。

「ここで強調したいのは、私はほかの99％の人たちのアプローチと違うのです。99％の人たちは、アルツハイマーになったらもう遅すぎるから、アルツハイマーになる前に止めなければいけないというアプローチです。この人たちは間違っています。どうしてかというと、薬が作用しないということでトライアルを完了（complete）させて、結論が出たということは、患者を責めていることと同じです。『アルツハイマーになっちゃったから』、『だから、もっと早くにアルツハイマーを予防してたらよかったのに』と。

私の関心は、アルツハイマーになってしまった人にあります。なる前の人を止める薬を探すのではなくて、なってしまった人を止める薬を探しています。どうしてかというと、アルツハイマーになる前の人もいずれなるからです。それが8割です。現在のイギリスの80万人のアルツハイマーの患者さんがどうなってもいいということになってしまいます。私はずっとアルツハイマーの人たちの病気とかかわってきたから、とにかくその人たちの生活を良くして、何とかして希望を与えたいのです」と述べました。

自分のアプローチは99％の人たちと違う

ハワード教授の言っていることは正しいことです。このことはイギリスの国家戦略とも大きく関わります。イギリスの国家戦略では、認知症を早期に発見し診断率を上げることを指標としています。その達成率を重視しています（本書の第9章を参照してください）。そのためにメモリーサービスとメモリークリニックは作られました。GPもCCGも国家戦略に組み込まれています。認知症を予防できなかったことを悪くいうのは間違っていると私も思います。この議論では、認知症になったことは自己責任に行きついてしまいます。予防のための努力を怠ったから悪いのだということは、認知症になった人たちを責めることです。これは大きな間違いです。

ハワード教授が言うように、予防は重要ですし否定はしませんが、認知症になった人たちを救うかのような言動は間違

いです。彼が自分のアプローチは99％の人たちと違うと言っているのは、認知症になった人たちを救いたいという強い思いからです。このことが、今回のロバート・ハワード教授へのインタビューの中で、私が彼を友人として誇りに思ったことであり、最も重要なことでした。

　私は、「薬を探すのは大変ではありませんか」と聞きました。しかし彼は、「薬を選ぶのは簡単です。それより、トライアルに協力してくれる人たち、チームを最後までもっていくように指揮する、そういうスキルが必要です。そういうことに私は向いていると思います。でも大変なストレスですが」と述べました。

　私は、「なるほど」と感心しました。彼は、自分が先頭に立ってチームを率いていくスキルをもっており、ストレスを感じているわけです。自分はこういったことをやるのに向いているというのは謙遜だと思いました。彼を、アルツハイマーをスローダウンさせる薬を発見するよう突き動かしているのは、ハワード教授が長い間、認知症の人とその家族と付き合ってきた経験からだと思いました。彼の精神科医師として生きてきたキャリアがそうさせるのだと、私には思われました。

　ロバート・ハワード教授へのインタビューを含めて、本書全体の知見と所見から、私なりに日本への示唆を最後に述べます。

3.　日本への示唆

　まず、西田淳志（2015）の日本への示唆については、共感することが多いので、西田の国家戦略の枠組みと政策の個別の課題についての知見を参考にしながら、私の考えを述べます。

国家戦略の枠組み
　イギリスでは、認知症政策を社会保障政策の最重要課題の一つとして明確に位置づけ、超党派で取り組む政治課題としての枠組みを構築しています。その背景には、アルツハイマー協会などの強力かつ戦略的なロビー活動の展開があります。この点は、日本との大き

な違いを感じます。

　そして、首相のリーダーシップによって、政策を強く推進することに成功しています。様々な疾病課題、社会保障政策の中で、認知症政策を優先課題と位置づけるための政策的根拠、具体的な疫学、関連コスト推計、世論調査などによる根拠形成が戦略的に展開されています。

　国家戦略策定を政府が宣言した後、草案を作成する過程で多くのステークホルダーとの意見交換を重ねながら、常に当事者団体（アルツハイマー協会）の意見を尊重する姿勢とプロセスを一貫させています（本書第2章参照）。

　国家戦略の最終目標を「認知症とともに良き生活・人生を送る」こととして、認知症の当事者の「生活の質」を高めることに焦点をあてることで、様々なステークホルダーの意見集約の際にも、そのミッションに立ち返り、政策の方針が一貫しています。

　国家戦略達成評価を「認知症の当事者の視点からみた改善」から行うものとし、社会や制度の都合ではなく、当事者の視点に立ってサービス改革を進める方針が示されています。

　このように西田は述べますが、私はまだまだ不充分だと思います。ただし、一国の首相が認知症という病気にこれほど精力的に言及することには、大変感心します。

政策の個別課題

　西田（2015）は、「認知症の人が身近な地域で適切なタイミングで診断が受けられ、同時に適切なソーシャルアセスメントと本人の意向に基づいたケアプランの作成を含む初期支援の地域拠点を構築し、その質を認定評価しながら普及させていく方針をとっていること」を挙げています。

　地域アウトリーチリエゾンと介護職員、医療関係者などへの研修の2本柱により、認知症にともなう行動・心理症状の予防に努めています。ケアラー法に基づくケアラー支援とともに、非営利団体、英ケアラー連盟などによるボランタリーで多様なケアラー支援資源が拡充しつつあります。認知症の人に対する抗精神病薬使用の問題を認知症政策の主要課題として明確に位置づけ、取り組み、具体的

な成果をあげています。

　西田はこのように述べています。このこと自体正しいと思いますが、その後の展開は違った方向になっていることも補足する必要があります。

　認知症への対応に当たっては、発症を予防する、認知症になっても早期に診断を受けて地域で生活を続けられるようにする、適切なケアによりできる限り認知症の進行を遅らせて行動・心理症状（BPSD）等が起こらないようにする、行動・心理症状等が起きそうな兆候を察知して素早く適切な対応に結びつけるなど、常に一歩先んじて何らかの手を打つということが、現在できる最善の方法です。このこと自体を否定する人は一人もいないと考えます。

　しかし、日本を含む先進国において、認知症の人の数が高齢化の進展に伴ってさらに増加することを考えると、ケアの対象者の数に歯止めをかける方策がなければ、ケアの改善だけでは財政的、マンパワー的にも限界がくる可能性があります。それを解決する最も簡潔な方策は、認知症を克服する根本的治療薬及び予防法の開発です。しかし、現状を見ればわかる通り、一朝一夕で実現するものではありません。この文脈は少し悲観すぎる感じはありますが、あながち大げさとは言えないと私は考えます。しかし、人間には知恵が備わっており、危機を乗り越えてきた歴史的経験も重視すべきと思います。以下、他の識者の知見も参考にしながら、私の考えを述べます。

ケアの効率化

　英国では、早期診断を行う事によって、認知症の人を特定することに力を入れるとともに、認知症の治療薬・予防法だけでなく、診断率やケアの向上につながる研究開発に力を入れており、2025年までに治癒や疾患修正治療が存在することを目標にしています。わが国でも同様に、研究開発については、認知症をきたす疾患それぞれの病態解明や行動・心理症状（BPSD）等を引き起こすメカニズムの解明を通じて、予防法、診断法、治療法、リハビリテーションモデル、介護モデル等の研究開発を推進するとしており、2015年度までに、分子イメージング（molecular Imaging）[2]による超早期認知症診断方法を確立し、2020年頃までには、日本発の認知症

の根本治療薬候補の治験を開始することを目標に掲げています（谷俊輔 2015：33）。

　このように、認知症を克服する根本的治療薬及び予防法の開発の実現は早くとも10〜20年後になることと思われます。その間にも、世界の認知症の人と数は年々増加し、特に高齢化が進む日本を含む先進国では、その数は年々増加し、それに伴うコストも増加していきます。そうした状況に鑑みると、根本的治療薬及び予防法の開発だけを当てにして、資源を注力するのは現実的ではなく、研究開発への投資は長期的な視野で取り組まなければならない課題であろうと考えます。少し結論を急ぐならば、まず短中期的に取り組まなければならないのは、ケアにかかるサービス及びコストの効率化だとも言えるでしょう。

　誤解がないように言うと、ケアにかかる費用を削減することを効率化ということは誤っており、必要な財源を必要なところにきちんと付けていくことが必要だという意味です。

利用するサービスを当事者と家族の選択にまかせる

　ケアにかかるサービス及びコストを削減するには、短絡的に考えるとケアの利用自体に制限をかけるという方策が挙げられますが、PIRUのレポート（Policy innovation research unit, *Independent assessment of improvements in dementia care and support since 2009*, September 2014.）及びコストレポート（Alzheimer's Society, *Counting the cost*, 2009.）でも述べているように、不十分なケアの提供は、不要な病院への入院やケアホームへの入所の増加を招き、結局全体のコストが増加するということにつながるため、採るべき方策ではなく、限られた資源（サービス及びコスト）をどこに注力するのかという点に着目すべきです。

　そういった考えのもと、英国では、GPや医療機関に財政的な動機づけを与えて、ケアの対象者を早期に同定するとともに、パーソナル・バジェットという考えによって、利用するサービスを個人の選択にまかせるという方策を用いています。この方策は、サービスの利用制限という側面も有しています。イギリスと違う点として、わが国では、介護保険制度が機能しており、限度を超える利用制限

策はすでに導入されていることです。現状のままであれば、認知症を含む要介護者が増加することに伴う支出増に対応するには、保険料を上げるか、利用をさらに制限するしか、コストを制限する直接の方策はあり得ません。この課題に対応する方策の一つとして、日本では、英国でも取り組みの進む医療と介護の連携を進めています。

　もちろん、医療と介護の連携の推進は、限られた医療・介護資源を有効に活用し、必要なサービスを確保していくための施策であり、ケアコストの削減を目的に進められているものではありません。しかし、資源を有効に活用するということは、将来的に増加する資源（サービス及びコスト）の消費を抑えることにつながるとも言えるでしょう。

　結局はコスト削減のために、当事者と介護者（家族）へのしわ寄せがゆくことも予測されます。そうさせないために何が必要か、よく考える必要があります。そして、どのようなサービスが必要なのかを決めるのは、サービス提供者側ではなく、当事者と家族であるべきと思います。

どのように医療と介護の連携をすすめるか

　この医療と介護の連携を推進する中で、認知症対策における地域のかかりつけ医の役割の強化は、これまで日本でも行われてきましたが、かかりつけ医が社会に浸透している英国のGPに関する施策は、わが国にも有効なものがあると思われます。実際、不充分とはいえ、複数の専門職からなる認知症初期集中支援チームは、英国の例を元に日本でも導入された取り組みです。ただし、介護保険制度の中で、ケアマネジメントの仕組みを確立している日本においては、かかりつけ医に過度な役割を与えることは、不要な重複や混乱を招く恐れがあります。かかりつけ医はゲートオープナーとしての役割に徹し、迅速に認知症疾患医療センターのような専門機関やソーシャルケアにつなげていくという方策が必要と思われます。わが国では常時から高齢者にかかりつけ医にかかるという意識づけを行う施策を行い、かかりつけ医がゲートオープナーとしてより多く効果的な役割を果たすようにすることが有効ではないかと考えます。

　そのためには、かかりつけ医が地域の関係機関と連携し、情報交

換を迅速かつ適切に行えることが前提です。また、英国で取り入れられている医療機関への財政的動機づけのスキームである、認知症に関するCQUINについても、診療報酬と介護報酬は別の体系である日本においては、そのまま同じような仕組みを導入することは有効ではないと考えますが、医療機関において認知症のケアの必要性をさらに認識するよう促す方策は、わが国の目指す医療と介護の連携の一助になるのではないかとも考えられます。その際、診療所と病院の役割分担を明確化することが必要です。同時に、介護分野においても、役割を明確にする必要があります。

認知症への先行投資

　また、長期的な課題とはいえ、認知症の根本的治療薬や予防法の開発についても、不断に取り組んでいかなければなりません。政府としては、さらなる研究予算の増加を通じた研究開発への支援、認知症の人が臨床研究に参加することへの支援を行う必要があるでしょう。英国が取り組み始めた研究開発にかかる施策には、すでにわが国でも取り組んでいることが多くありますが、認知症の研究開発にかける予算が英国に比べて少ないのは事実です。日本においても、認知症の研究開発を活性化させるとともに、将来的なケアコストの削減につながる先行投資と捉えて、積極的に認知症研究への投資をさらに拡大していく必要があります。

　また、日本では英国のように、チャリティ団体が研究開発の主要なプレイヤーまたは資金提供者になるということは、現在の日本の環境を考えると困難です。そのため、その分、政府やナショナルセンターを含む公的部門からの支援を充実させると同時に、数多くある民間（製薬）企業やアカデミアとの連携をさらに強化していくことが不可欠のように思います。

　さらに研究開発のさらなる進展のためには、認知症の人及びケアホーム等の施設が研究に参加する仕組みの構築も不可欠です。英国におけるJoin Dementia Researchのように、関係者が容易に実施されている研究の取り組みの情報を得ることができ、登録ができるシステムや、ENRICH（Enabling Research in Care Homes：ケアホームでの研究を可能にする）のように、ケアホームが研究参加す

るにあたり必要な情報や支援を得ることのできるツールは、日本にとっても非常に有用なものであろうと思います。ただ、それ以上に必要なのは、英国のように、患者情報を含む医療及び介護に関するデータを全国的に利用可能にすることでしょう。

おわりに

　いずれにしても、認知症に関するコスト削減及び、根本的治療薬及び予防法の開発は一朝一夕でできるものではありません。認知症の人の早期発見、適切なケアの提供を迅速かつ着実に行うことで、認知症の人のサービス及びケアをできる限り効率化していく取り組みと同時に取り組んでいく必要があります。そして、認知症の人、その介護者及び家族の存在を中心にして進めていくことが、最も重要であるということを忘れてはならないと思います。

　認知症にかかるコストを世界の国家歳入と比較すると、世界第18位の国家規模に相当し、ちょうどトルコとインドネシアの間に位置します。また、英国における認知症の社会的コストは、脳卒中、心疾患、ガンのコストをはるかに上回っています。一方、認知症の人々に投じられている研究費は、ガンや心疾患に対する研究費に比べて非常に少額です（Alistair Buruns 2013：94）。

　今回本書執筆に当たり、2015年11月の帰国後に、文献・資料調査を数多く行いました。そこでわかったことがあります。イギリスでは、法律やサービス基準が数多く制定されていること、そして多種多様なポリシーとガイドラインが存在し、毎年何らかの法律が制定および改定されていることです。これらに従って業務を遂行することが義務付けられているため、現場の第一線にいるスタッフですら混乱し、利用者はまったくといっていいほど理解できていないのが現状であるようでした。いったい、誰のための法律なのかについて、考えさせられました。一方、めくるめく変化の中でも「よりよいサービスを提供しよう」と必死に取り組むスタッフの姿勢には感心させられました。

　日本の地域とコミュニティが今後の認知症の取り組みの担い手となりうるのか、この問いに本書がどこまでこたえられたかは定かではありません。しかし、私の友人であるロバート・ハワード教授が

まとめ

言うように、「安上りだからコミュニティに全部任せよ」ということでは絶対だめです。そして、「小さなポジティブなことが積み重なっていくことはすごく大事です」。やれることには限りがありますが、あきらめたらそこで終わりです。全力で取り組むことが大事です。

注

1) アルツハイマー型認知症は、脳に異常なたんぱく質がたまり、神経細胞が壊れて記憶力の低下などの症状が表れます。日本国内では、「ガランタミン」を含む4種類の治療薬が販売されています（表終-1）。どの薬も認知症を完治させることはできませんが、一時的に症状を改善させ、進行を遅らせる効果が期待できます。認知機能テストの点数には改善がみられない場合でも、身の回りのことができるようになったり、暮らしのリズムが整ったりして、生活が改善する効果が得られることがあるといわれています。

表終-1　日本国内で使えるアルツハイマー型認知症の治療薬

一般名（商品名）	対象	形態	主な副作用
ドネペジル（アリセプト）	軽度〜重度	錠剤、粉薬、ゼリー剤など	吐き気、食欲減退
ガランタミン（レミニール）	軽度〜中度	錠剤、内服液	吐き気、頭痛
リバスチグミン（イクセロンパッチ、リバスタッチパッチ）	軽度〜中度	貼り薬	皮膚のかぶれ、かゆみ
メマンチン（メマリー）	中度〜重度	錠剤	めまい、便秘

注1）ドネペジルには、値段が安い後発薬（ジェネリック医薬品）がある。
(出所)『読売新聞』2016年10月23日、より作成。

2) 分子イメージングとは、生体内での分子プロセスの可視化に関する基礎的・臨床的研究、および開発された可視化手法を利用する応用研究およびそれらの方法の総称です。近年登場した新しいイメージング技術によって生命体を明らかにしていこうとするものです。より効果的な創薬や病理の追求、オーダーメードな医療などへの手がかりとして期待が集まっています。

終　章　英国の認知症国家戦略の日本への示唆

文献

Alzheimer's Society, *Counting the cost*, 2009.

Buruns, Alistair「イングランドの認知症国家戦略」東京都医学総合研究所『各国の認知症国家戦略』2013 年 3 月、pp.87-99。

Howard, R, et al.,"Donepezil and Memantine for Moderate-to-Severe Alzheimer's Disease", *The NEW ENGLAND JOURNAL of MEDICINE*, 8 March 2012.（http://www.nejm.org/doi/full/10.1056/NEJMoa1106668#t=articleDiscussion）.

Howard, R, et al., "Nursing home placement in the Donepezil and Memantine in Moderate to Severe, Alzheimer's Disease（DOMINO-AD）trial : secondary and post-hoc analyses", *Lancet Neurology*, 27 October 2015.

King's health Partners（http://www.kingshealthpartners.org/）.

Policy innovation research unit, *Independent assessment of improvements in dementia care and support since 2009*, September 2014.

University College London, UCL（http://www.ucl.ac.uk/）.

小磯明「イギリスのアルツハイマー研究の最先端と日本の治験研究──アルツハイマー病治療剤の臨床治験と医師主導治験──」非営利・協同総研いのちとくらしほか『イギリスの医療・福祉と社会的企業視察報告書』2016 年 6 月、pp.57-78。

谷俊輔「英国の認知症国家戦略と我が国への有用性に関する調査研究」2015 年 10 月。

西田淳志「英国の認知症国家戦略」国立社会保障・人口問題研究所『海外社会保障研究』No.190、Spring 2015、pp.6-13。

『日本経済新聞』2015 年 5 月 27 日。

ロバート・ハワード（インタビュイー）、インタビュアー小磯明「日本とイギリスの認知症ケア」『文化連情報』No.440、2014 年 11 月、pp.60-64。

ロバート・ハワード（インタビュイー）、インタビュアー小磯明「イギリスのアルツハイマー研究の最先端」『文化連情報』No.455、2016 年 2 月、pp.22-27。

『読売新聞』2016 年 10 月 23 日。

年表
イギリスのコミュニティケアと認知症等に関する主な出来事

年　月	事　項
1990年	イギリスの高齢者ケア政策は、1970年のサッチャー主義以降、NHSと地方自治体の連携を強化し、NHSから自治体に資源をスライドすること、民間活力を導入することで、地域によりケアを推進してきた。その代表的なものとして、コミュニティケア法（National Health Services and Community care Act）がある。この法律を一言で言うと、福祉政策の統合化を図るため医療と福祉の改革および相互の協力の義務付けである。この法律を受けて1993年4月にケアマネジメントが全国的に導入されることになった。その主な狙いは、個々のケアニーズを明確にし、適切なサービスを効率的に提供することである。一方で、国の逼迫した財政事情が裏側にあり、コスト削減も大きな狙いであった。
1993年	社会福祉における準市場の導入は、1990年に成立し1993年に施行された「国民健康保健サービスおよびコミュニティケア法（NHS and Community Care Act）」（以下、1990年法）を通して具体化された。1990年法の骨子は、①地方自治体はコミュニティケア・サービスの提供に関して非営利および営利の民間供給者と必要な取り決めを結ぶ権限を持ち、②地方自治体は地区保健当局などの関係機関の意見を聴取したうえで、コミュニティケア計画を作成し、定期的に改訂し、③地方自治体はコミュニティケア・サービスの提供が必要と認められたものに対してニーズを判定し、その結果に基づいてサービスの決定を行い、④地方自治体は不服関連手続きやコミュニティケア・サービスとして利用される公私の施設に対して監査規定を設け、⑤地方自治体は精神障碍者のケアプログラム関連の国庫補助に関する規定を設ける、というものであった。 　1990年法により、地方自治体は住民のニーズに基づいた必要なサービスを調達する責任を負ったが、サービスの供給については自治体自らが実施する必要はなくなった。代わって、地方自治体はサービス購入機関となり、行政または民間のサービスの効果性、効率性を検討した上で、行政または民間からサービスを購入することとなったのである。この購入行為が市場化を具体化するものとなっていった。

	この準市場の導入がコミュニティケア改革の最大の特徴である。1990年法の下で、社会福祉部はサービスの財源を負うこととなったが、サービス供給の中心からは後退した。代わって、サービス供給の大部分を民間営利または非営利の事業者から購入することとなった。この新しい体制は、先に触れたように、準市場の特徴である購入者／供給者の分離として知られるようになった。福祉行政においても、市場調査を開発し、契約文化を取り入れ、購入者／供給者の責任体制が組織にも取り入れられた。これらが準市場により創りだされた環境の変化である。 　購入者／供給者の分離についてもう少し述べると、1993年からコミュニティ計画（Community Care Plan）が各自治体で策定公表されたが、その項目の中で購入者／供給者の分離、レジデンシャルホームとナーシングホームに関する民間セクターとの契約、アセスメントとケアマネジメントの実施が盛り込まれていた。コミュニティケア改革では地方自治体の条件整備（enabling）という役割が重視されたが、社会福祉部が関わる業務では、ニーズのアセスメント、サービス量の決定とその購入、サービスの供給体制の構築が重要であった。
1995年	ケアラー法が制定されて、認知症の人を家族に持つ介護者もこの法律に基づいて様々な支援を受ける「権利」を保持している。
1997年	1997年5月に政権の座についたブレア政権は「第三の道」を打ち出した。白書『社会サービスの現代化（Modernising Social Services）』はブレア政治の基本姿勢を示すものであるが、監査委員会、社会福祉部、他の機関から構成される合同レビュー情報を重視し、福祉サービスが個々のニーズ、特に高齢者のニーズに応答的ではない実態を指摘していた。 　監査委員会は利用者本位のシステムを構築するためにコミッショニング（commissioning）の改善を提案しており、自治体政策の中で、サービスの質と種類、運営における自治体間格差の是正を重要な課題に据えていた。これに対し多くの自治体は、歳入援助交付金（Revenne Support Grant, RSG）が抑制される中で、サービスの財源調達や、保健当局および住宅当局との協働態勢といった課題に直面してい

	たのである。 　ブレア政権時代における福祉改革の重要なポイントを挙げれば、それは市場原理の修正である。つまり、福祉における市場化アプローチを継承するものの、コミッショニングという規制業務によって市場原理を一定程度和らげようとしていたのである。保守党政府が業績評価とコスト抑制を徹底したのとは異なり、労働党政府はサービスの質とアカウンタビリティの改善を求めていた。政府は、規制を通して利用者保護と質の高いサービスを確保し、質の管理については合同レビューの実施、社会ケア訓練協議会（General Social Council）の創立、登録制と規制手続きの強化、社会サービス査察庁への権限の強化から取り組んでいった。
2000年	認知症に関する課題、特に介護や医療サービス、その不連携などの諸問題を指摘する監査報告書（『私を忘れないで』2000年）が刊行された。
2001年	全国サービス基準（National Service Framework, 通称NSFと呼ばれる）が2001年に制定された。これには、対象者やサービスとして盛り込むべき内容など、提供すべきサービスの基準とモデルが示されている。各自治体は「それ以上」のサービスを提供することが義務付けられている。現場で「最低基準を示したガイドライン」と認識されている。毎年、自治体単位に3段階の評価（スター評価と呼ばれている）が行われ、全国に公開されることになっている。そのためどの自治体も財源が厳しい中、よりよい評価を受けるために必至に努力している。なお、全国サービス基準はあくまで「基準」とあるように、自治体ごとに展開されているサービス内容は若干異なり、日本のように全国一律ではない。例えば、対象者の選択基準、提供サービス内容、利用料金などが異なってくる。 　NHSは、死亡率・罹患率上昇に深く関心がある、心疾患・脳卒中・精神疾患の3疾患にターゲットを置いているため、全国サービス基準の多くのページが上記疾患に割かれている。精神疾患の焦点は「成人の自殺」であり、精神障害を抱えた高齢者についてはあまり記述されていない。 　認知症高齢者へのケアサービス基準はあまり記述

	されていない。そのため、認知症高齢者へのケアサービス基準は、2001年3月に出された全国サービス基準高齢者版（National Service Framework for Older People）に記載されている。ここには、精神衛生と高齢者について書かれた章があり、そこには考慮すべき認知症の問題が述べられており、早期診断および介入が指示されている。地域における長期ケアの「質」向上を最大目的とし、サービス主導型ではなくニーズに基づき人を中心に据えたサービスを提供すること、医療と福祉サービスを統合して提供することなどが、狙いとして記述されている。なお、全国サービス基準高齢者版も「百科事典」位の厚さはある。
2003年10月	高齢者の社会的入院が問題視されている。入院待機問題を少しでも減らそうと導入した法律が、The Community Care(Delayed Discharge) Actで2003年10月に発表され、2004年4月から本格的に導入された。これは、簡単にいうと、自治体に対する罰金制度の導入である（Reimbursementと呼ばれている）。退院日が決定した患者に対し、自治体（社会サービス部門が該当）は退院を可能にするための手続きを2日以内に行わなければならず、医療的および私的な理由以外、つまり社会的入院の場合には一日単位で罰金が課せられることになった。ソーシャルケア監査委員会の調査（Leaving Hospital -The price of delays）は、罰金制度導入の効果として不必要な入院が半減したと報告している。
2005年	保健省およびCare Services Improvement Partnership(CSIP)はEverybody's Business - Integrated mental health service for older adults : a service development guide71を発表。この手引きでは、認知症の早期診断を可能にする記憶力評価サービスや、複雑化した行動的・心理的症状を有する認知症患者の管理も行う組織化された地域社会の精神衛生チームなど、高齢者の精神衛生面全般に関わるサービスの重要事項を示している。
2006年	National Institute for Health and Clinical Excellence(NICE)およびSocial care Institute for Excellence(SCIE)は、認知症管理に関する共同の臨床ガイドラインを発表。

2007年2月	英アルツハイマー病協会の委託を受けて研究機関が発行した報告書（Dementia UK Report）によって、英国における認知症の人の疫学的な数、およびケアラーの介護負担などの間接コストも含む認知症の年間コスト推計値が公表され、認知症が今後の社会保障ならびに国家経済に多大な影響を与える重要事項という認識が政府内で高まるきっかけとなった。
2007年7月	英独立政策監査機構NAO（National Audit Office）による認知症政策に関する報告書（Improving Dementia Services in England）において、「節約のための投資」が必要であることが強調され、認知症国家戦略の策定を後押しした。
2007年	認知症に関する超党派議員団 All-Party Parliamentary Group on Dementia が結成され、超党派による保健省など認知症政策関連行政部局のヒアリングが繰り返し行なわれるようになった
2007年8月	議会内での認知症に関する政治的関心の高まりを受け、政府は認知症国家戦略の策定準備に入ることを正式に宣言した
2007年10月15日	会計検査院委員会の公聴会後に本報告書の結果が確認され、House of Commons Public Accounts Committee（PAC）報告書に内容がまとめられた。
2008年6月	Career's Strategy：介護のための戦略の公表では、認知症患者を介護する50万人の家族が、離職せざるを得ない状況におり、減収になった金額や介護サービスへの支払い額を合計すると（介護経費の総額）年間60億ポンド（1兆2,000億円）に上るとしている。広範囲に及ぶ家族介護者による協議会は、要介護者の支援を基盤としつつ、家族等の生活支援も可能とする10年計画を策定している。
2009年2月3日	英国政府は、「認知症とともに良き生活（人生）を送る：認知症国家戦略」（Living well with dementia：A national Dementia Strategy）を発表し、2014年までの5年間を認知症ケア改善に取り組む集中改革期間と定め、包括的な政策方針を打ち出した。
2009年6月	MSNAPによってメモリーサービスの用件を満たすサービス基準の第1版が刊行され、最新第3版は2012年6月に刊行された。
2009年11月	有識者による「認知症の人への抗精神病薬使用に

	関する報告書」(The Use of antipsychotic medication for people with dementia : Time for action) がケアサービス省大臣に提出されたことを受け、当初、認知症国家戦略で示された17の目標に「抗精神病薬使用の低減」が新たな目標として追加された。
2010年	政府政策文書『成人ソーシャルケアのビジョン(Vision for Adult Social Care)』が公刊されている。これはソーシャルケアと福祉多元主義を標榜しており、政府が在宅ケアおよび施設ケアにおいて、民間企業セクターに主要な役割を任せる方針を明確にしている。
2011年7月	成人ソーシャルケアの財源に関する委員会の報告書が公表されている。政府はソーシャルケアの公平で持続可能な財源について同委員会に諮問し、その結果が注目されていた。
2012年	2012年に制定された『医療およびソーシャルケア法(Health and Social Care Act)』をみてみたい。同法は医療ケアの改善機能をプライマリー・ケア・トラストから地方自治体へ移す計画を盛り込んでいる。この関連で、地方自治体が地方のNHSサービス、ソーシャルケア、医療ケアや関連するサービスのコミッショニングを進める責任を負うとしている。 これらの機能については、地方自治体は域内で「共同戦略ニーズアセスメント(Joint Strategic Needs Assessment)」に主導的な役割を担い、「地方やコミュニティの組織のよりいっそうの参画の促進」と「さらなる地方での調整や業務の統合の機会」の提供といった点で、優先順位づけの対象となる。(HMSO, Health and Social Care Act, 2012)
2012年	白書『われわれの将来に向けてのケア(Careing for our Future)』が出されて、国の基本理念と政策枠組みを示している。 まず同白書の基本理念はウエルビーイングと自立の促進である。この目標を達成するために盛り込まれた内容は、マクロ・メゾとミクロのレベルの二つがある。 マクロ・メゾのレベルにおいては、ニードを最小限に抑えることを最重要視している。そのために、予防を強調している。この背景には増大する予算の問題がある。ニードを最小限に抑えるために、"需

	要"を必要以上に大きくせず、むしろ経済社会への貢献を検討している。すなわち、ケアビジネスの成長を支援し、市場・イノベーションを促進し、質の向上を図ることが国の目指すケア・システムとされている。また自己管理型のケアを推進することも目指している。 　一方、ミクロのレベルにおいては、個人の健康、ウエルビーング、自立、権利を中心理念とし、尊厳と尊敬を重視することを明記している。また、パーソナライゼーションと選択をもたらすことで、充実した生活を実現し、社会とのつながりを保つことを奨励している。(HM Government, Caring for Our Future, 2012.)
2012年3月26日	「首相の認知症への挑戦（Prime Minister's Challenge on Dementia）」を新たに策定。認知症の人とその家族、介護者のQOL（Quality of Life：生活の質）を劇的に改善するために、さらに、より早く推進することを目的として、「医療とケアの改善の推進」「支援方法の理解している認知症にやさしい地域の創造」「より良い調査研究」の3つの分野について、14項目からなる主要な約束事項（Key commitments）が掲げられた。同時に、目標の達成時期を認知症国家戦略から1年延長して2015年までと設定された。
2013年5月15日	2012年に発表された「首相の認知症への挑戦」については、主要な3つのテーマごとに設けられた各Champion Groupが、1年経過後の進捗レポートを公表した（THE PRIME MINISTER'S CHALLENGE ON DEMENTIA：Delivering major improvements in dementia care and research by 2015：Annual report of progress.）。
2013年12月	Alzheimer's Research UK(ARUK)は認知症コンソーシアム（Dementia Consortium）を立ち上げた。これは、認知症薬開発における効果を合理化するために作られたチャリティと民間のパートナーシップ。
2013年12月11日	12月11日にロンドンで「G8認知症サミット」が開催された。日本からは土屋品子厚生労働副大臣が出席し、英国のデイヴィッド・キャメロン首相、ジェレミー・ハント保健大臣等G8各国の政府代表のほか、欧州委員会、WHO、OECDの代表が出席し

	た。また、各国の施策や認知症研究、社会的な取り組み等、幅広い観点からその現状や取り組みを紹介するとともに、熱心な意見交換が行なわれた。
2014年	ケア政策の集大成が2014年ケア法（Care Act 2014）に盛り込まれている。同法が市場化に関連するのは、以下の項目である。 ・市場の形成とコミッショニング 　第一に、コミッショニングではアウトカムに焦点を当て、ウエルビーイングを促進するとしている。このアウトカムがどのような内容を持つものなのか、費用対効果性・費用効率性をより追求したものかが気になる。 　第二に、質と持続可能性を推進できるように選択の幅を広げるとしている。この点についても質の向上をどのような方法で達成できるのか、CQCの機能を強化することを意味するのかは明らかではない。 　第三に、労働力の開発と給与を重視するとしている。同様に、どのようにケアワーカーを優遇するのか、どのように増やすのか、今後の政策の詰めが必要となろう。この項目は、市場化とその管理という意味で特に注目される。
2014年6月	MRCは5,300万ポンドの予算規模で、認知症研究プラットフォーム（DPUK：Dementia Platform UK）という産業界とアカデミアとの官民連携（PPP：Public-Private-Partnership）を立ち上げた。
2014年11月	11月5～7日「認知症サミット日本後継イベント」が東京等で開催された。世界10カ国以上から、300人以上の参加があり、「新しいケアと予防のモデル」をテーマに活発な議論が交わされた。
2015年2月16日	ARUKは、総額3,000万ポンドのDrug Discovery Alliance（医薬品開発連合）の設立を発表。これは、ケンブリッジ大学、オックスフォード大学、ロンドン大学（UCL）という、3つの基幹となるDrug Discovery institute（医薬品開発機関）から構成されるもの。
2015年3月17日	ジェレミー・ハント保健大臣は、WHOのGlobal Action Against Dementia 第1回大臣級会議の場で、総額1億ドルのDementia Discovery Fund（認知症開発基金）の立ち上げを発表。

（出所）各種資料、文献より作成。

あとがき

　2010年9月に、LSEでの学会発表でロンドンを訪問して以来、2012年9月のロンドン調査（明治大学教授・塚本一郎団長）、そして2015年9〜11月のイギリス調査を経て、本書は執筆されています。それぞれの調査の目的は、2012年調査は、2012年3月に成立した「公共サービス法」（Public Service Bill）（別名「社会的企業と社会的価値法」）施行を前にしての公共サービス改革の調査が中心でした。そして2015年秋の調査は、認知症国家戦略に関する調査でした。特に8・9月調査は、デンマークとイギリスの両国にまたがっての認知症戦略の調査でしたので、多くの知見を得ることが出来ました。

　林真由美さんとは、2010年のロンドン訪問以来、学会や調査などで、ほぼ毎年日本とロンドンで会う機会がありました。2014年秋のロバート・ハワード教授らの日本訪問視察の際には、私も最終日に川崎市と東京で調査同行する機会をいただきました。その時のロバート・ハワード教授へのインタビューは大変勉強になりました（本書「終章　1. 日本とイギリスの認知症ケア」）。2015年秋のイギリスの調査では、林さんに現地コーディネートをはじめ、色々とお世話になりました。そして、10月31日のロンドン・ケンジントンでのロバート・ハワード教授への2回目のインタビューの時も、林さんのコーディネートのおかげで実現しました（本書「終章　2. イギリスのアルツハイマー研究の最先端」）。

　2016年3月に来日した、ジェーンさん（Jane Clegg, Director of Nursing South London, NHS England-London Region）とは、2015年9月調査でロンドンで一緒だったことがきっかけでしたが、私も2016年3月10日は千葉県柏市で調査に同行させていただきました。こうした一連の調査は、すべて林真由美さんのおかげです。心から感謝します。そして、2015年8・9月のデンマークとロンドン調査の企画・コーディネート、柏市でのジェーンさんとの同行調査を企画していただきました山崎摩耶先生（旭川大学特任教授）にも、心からお礼申し上げます。

そして、2015年10～11月のイギリス調査を企画いただきました、非営利・協同総合研究所いのちとくらしの中川雄一郎理事長（明治大学教授）をはじめ八田英之副理事長（視察団長）、研究員の石塚秀雄先生、竹野ユキ子さんには、今回も『イギリスの医療・福祉と社会的企業視察報告書』への執筆をお誘いいただき、誠にありがとうございました。本書が、2015年11月の視察調査後1年1か月で著書になったのも、報告書へ執筆したおかげです。お礼申し上げます。

　本書の初出を述べるなら、序章、第1章、2章、3章、終章は書き下ろしです。第4章から9章までが、上述した『イギリスの医療・福祉と社会的企業視察報告書』への執筆が初出です。ただし、第8章の補論は、「イギリスの認知症ケア　アドミラル・ナースの役割と活動」（『文化連情報』No.477、2015年6月号、pp.62-67）が初出です。そして、終章の1と2は、『文化連情報』誌に掲載したインタビュー原稿が初出です。書き直しましたので、書き下ろしとしました（初出一覧表を参照）。

　なお、本書の間違い等につきましては、著者である私に帰することは言うまでもありません。

　最後になりましたが、『ドイツのエネルギー協同組合』、『イタリアの社会的協同組合』に続く海外調査シリーズの3冊目になる本書も、同時代社高井隆氏にお世話になりました。今回は予定の頁数を大幅に超えてしまい、ご迷惑をおかけしました。お許し願いますとともに、心から感謝申し上げます。

初出一覧

「序　章　本書の課題と構成」、及び、「Ⅰ　高齢者福祉と認知症国家戦略」の「第1章　英国の高齢者福祉」、「第2章　英国の認知症国家戦略」、「第3章　認知症国家戦略の評価と開発」、そして「終　章　英国の認知症国家戦略の日本への示唆」と「年表　イギリスのコミュニティケアと認知症に関する主な出来事」は、書き下ろしです。

「Ⅱ　認知症国家戦略の実践」の第4章、5章、6章、7章、8章、9章は、非営利・協同総合研究所いのちとくらしほか『イギリスの医療・福祉と社会的企業視察報告書』（2016年6月）の「補論　2015年9月ロンドン認知症ケアの視察報告」（161-247頁）が初出です。ただし第8章の「補論　アドミナラルナースの役割と活動」は、『文化連情報』が初出です。

本書の作成にあたり、文体は「です・ます」調で統一したことと、第4章から9章までの総説では、初出で記述した文章と写真の一部を、本書では削除・改変したものもあります。

序　章　本書の課題と構成
　書き下ろし

第Ⅰ部　高齢者福祉と認知症国家戦略

第1章　英国の高齢者福祉
　書き下ろし

第2章　英国の認知症国家戦略
　書き下ろし

第3章　認知症国家戦略の評価と開発
　書き下ろし

第Ⅱ部　認知症国家戦略の実践

第4章　サウス・ロンドン・アンド・モーンズリー NHS-FT
　　　――キングス・ヘルス・パートナーズの取り組み――
（原題）「1. サウスロンドン・アンド・モウンズリー NHS-FT（South London and Maudsley NHS Foundation Trust）――キングス・ヘルス・パートナーズ（Kings Health Partners）の取り組み――」『イギリスの医療・福祉と社会的企業視察報告書（2015年10月31日～11月8日）』2016年6月、pp.162-183。

第5章　継続的ケア・ユニット――グリーンベール・スペシャリスト・ケア・ユニット
　（原題）「2. 継続的ケア・ユニット―グリーンベール・スペシャル・ケア・ユ

ニット（Continuing Care Unit ── Greenvale Special Care Unit ──）」『イギリスの医療・福祉と社会的企業視察報告書（2015年10月31日〜11月8日）』2016年6月、pp.184-194。

第6章　クロイドン・メモリー・サービス── Croydon Integrated Mental Health of Older Adults, SLaM NHS-FT ──

（原題）「3. クロイドン・メモリー・サービス（サウス・ロンドン・アンド・モウンズリー NHS-FT）Croydon Memory Service ── Croydon Integrated Mental Health of Older Adults, South London and Maudsley NHS Foundation Trust ──」『イギリスの医療・福祉と社会的企業視察報告書（2015年10月31日〜11月8日）』2016年6月、pp.195-208。

第7章　サットン・ケアラーズ・センターとアドミラルナースの連携

（原題）「4. サットン・ケアラーズ・センターとアドミラルナースの連携」『イギリスの医療・福祉と社会的企業視察報告書（2015年10月31日〜11月8日）』2016年6月、pp.209-220。

第8章　ディメンシア UK ──アドミラルナースの貢献──

（原題）「5. ディメンシア UK ──アドミラルナースの貢献（Dementia UK ── The admiral Nursing Contribution ──）」『イギリスの医療・福祉と社会的企業視察報告書（2015年10月31日〜11月8日）』2016年6月、pp.221-233。

　ただし、「補論　アドミラルナースの役割と活動」は、（原題）「イギリスの認知症ケア　アドミラル・ナースの役割と活動」『文化連情報』No. 477、2015年6月号、pp.62-67が初出。

第9章　認知症診断率の改善

（原題）「6. 認知症診断率の改善── Improving dementia diagnosis rates：lessons learned from London ──」『イギリスの医療・福祉と社会的企業視察報告書（2015年10月31日〜11月8日）』2016年6月、pp.234-247。

まとめ

終　章　英国の認知症国家戦略の日本への示唆
書き下ろし

年表　イギリスのコミュニティケアと認知症等に関する主な出来事
書き下ろし

事項索引

アルファベット

AA 27
ACE 146, 157
ADL 28, 198, 294, 303, 304
All-Party Parliamentary Group on Dementia 44, 328
AMPS 194
ARUK 103, 105, 114, 115, 116, 117, 330, 331
BADLS 193, 302
BPRS 147
BPSD 298, 315
Brexit 14
BSI 77, 91
CAG 132, 135, 138, 184, 292, 295
CCG (CCGs) 36, 205, 207, 229, 241, 247, 248, 266, 267, 268, 270, 271, 273, 275, 278, 284, 285, 312
Champion Group 100, 105
CPA 148
CQC 31, 45, 53, 54, 77, 171, 284, 331
CQUIN 72, 86, 89, 90, 318
Dementia Friends 75, 77
Dementia innovation Envoy 112
DeNDRoN 117
ECG 170, 188
ENRICH 102, 107, 117, 318
ES 86, 87
FTSE 77, 91
HADS 147
ICD10 194
Independent Age 27
IOP 133
Join Dementia research 117, 318
JPND 78, 112
LSE 85, 106
MDT 193
MMSE 146, 157, 203, 207
MRC 331
MSNAP 66, 328
NAO (National Audit Office) 43, 94, 328
National Service Framework for Older People 327
NMC 287
NSF (National Service Framework) 326
NST 178, 182
Phenomics center 103
PIRU 106
PPP 331
QOL 70, 86, 207, 218, 224, 225, 226, 256, 280, 330
SCIE 72, 94, 327
SMMSE 191, 302
Strategy Society Center 27
TR 101
UCL 115, 292, 306, 307
UKIP 15, 22
unpaid care 27, 80, 86
Vote Leave 15
Wellcome Trust 103

索引

あ行

アテンダンス給付金　200
アデンブルクス　191
アドミラルナース　21, 22, 209, 211, 212, 214, 215, 216, 218, 219, 221, 222, 223, 226, 227, 228, 229, 231, 233, 234, 235, 236, 237, 238, 240, 241, 242, 243, 244, 245, 246, 247, 248, 249, 250, 254, 255, 256, 257, 259, 260, 261, 262
アドミラルナース・フォーラム　244
アルツハイマー協会（ソサエティ）　43, 44, 55, 60, 63, 69, 77, 79, 80, 84, 103, 105, 110, 117, 187, 196, 200, 223, 232, 275, 278, 282, 283, 314, 328
アローン・ケアラー・サポート　217
医学研究会議（MRC）　72, 73, 74, 101, 102, 103, 105, 111, 114, 117
医薬品開発機関（Drug Discovery institute）　115
医薬品開発連合（Drug Discovery Alliance）　115
医療およびソーシャルケア法（Health and Social Care Act）　329
医療及び福祉委員会（Health and Wellbeing Board）　36
英王立精神医学会　66
英ケアラー連盟　69, 314
エイジ UK　200, 223
MRC 分子生物研究所　117
OT アセスメント　194
OT セラピー　197
オーバル（Oval）　144
オレンジリング　281

か行

キングス・カレッジ・オブ・ロンドン　60, 133
キングスカレッジ病院　125, 138, 153, 292, 293, 295, 306
キングス・ヘルス・パートナーズ　21, 124, 131, 132, 294, 295
グリーンベール・スペシャリスト・ケア・ユニット　163, 165
クリニカルスーパービジョン　259
クロイドン・メモリー・サービス　21, 183, 184, 205, 207
クロスロード　201
ケア・ビレッジ　238
ケア法（Care Act 2014）31, 32, 331
ケアラーズセンター　21, 22, 223, 228, 229
ケアラーズ・トラスト　210
ケアラーズ・ルイシャム　158
ケアラー法（Carers Act 1995）　69, 314, 325
経済社会研究会議（ESRC）　72, 101, 103, 105
コーネル・スケール・フォー・ディプレッション　192
コグニティブ・ビヘイヴィア・セラピー　280
国民健康保健サービスおよびコミ

337

ユニティケア法（NHS and Community Care Act）　324
国立医療研究所（NIHR）　71, 72, 73, 74, 101, 103, 110, 117
コミュニティケア法　324
コミュニティ・メンタルヘルス・ケアチーム　128, 129, 130, 272
コミュニティ・メンタルヘルス・チーム　141, 142, 143, 152, 161, 187, 189, 205, 208
コミュニティ・メンタルヘルス・ナース　145
コミュニティ・メンタルヘルスナースチーム　127, 131
コンセンサス・クライテリア　194
コンティニューイング・ケア　163
コンピタンシー・フレームワーク　243, 248, 261

さ行

サイコソーシャル・インターベンション　145
サイコソーシャルセラピー　197
サイコダイナミックスセラピー　199
サイコロジー・アンド・サイコセラピー・サービス　199
サイコロジカルセラピー　199
歳入援助交付金（Revenne Support Grant, RSG）　325
サウスサンプトン・モデル　241, 242
サウス・ロンドン・アンド・モーンズリー NHS ファウンデーション・トラスト　21, 124, 133, 165, 168, 293
サットン　22, 210, 213, 219, 221, 223, 229, 248, 249
サットン・ケラーズ　209, 210, 211
サットン・ケラーズ・センター　21, 209, 211, 212, 213, 214, 215, 216, 217
G8認知症サミット　17, 19, 21, 75, 105, 111, 113, 330
シーファス（CFAS）　278
自己管理サポート（Self-directed support）　46
シッティングサービス　201
社会ケア訓練協議会（General Social Council）　326
処方ナース　287
新オレンジプラン　3, 18
シンギング・フォー・ブレイン　196
神経心理学アセスメント　193
神経精神インベントリー　193
神経変性疾患　118
神経変性疾患研究　101, 103
神経変性中核ネットワークセンター（CoEN）　74, 103
診断の扉を開ける　65
スペシャル・インタレスト・グループ　244, 262
スラム（SLaM）　131, 133, 138, 140, 143, 177, 178, 265
成人社会サービス協会　60
世界認知症協議会（World Dementia Council）　116

センター方式　255
セント・クリストファーズ・ホスピス　170
セント・トーマス病院　144, 153, 249, 292, 293, 295, 306

た行

第三の道　33, 325
ダイバージョナルセラピー　255
多施設共同二重盲検無作為割付試験　302
地域看護師　237
長期ケア（long-term care）　51
直接支払い（Direct Payment）　46
ディメンシア・アドバイザー　200, 282
ディメンシア・クレデンス・カリキュレーター　278
ディメンシア・スコアカード　273
ディメンシア・チャンピオン　281
ディメンシア・フレンズ　75, 77, 278, 281, 282
ディメンシア・フレンズ・イニシアティブ　281
ディメンシア UK　22, 229, 231, 234, 242, 243, 245, 246, 247, 248, 249, 250, 254, 255, 261, 263
ディメンシア・リインフォースメント・サービス　279
ディルノット委員会　29, 32, 55
テクノエイド　158, 184, 198
テレフォード・アンド・レキン・モデル　241, 242
ドミノ・トライアル　293, 296, 302, 306, 308, 310
ドロップイン　213, 214

な行

ナイス（NICE）　53, 54, 72, 94, 133, 158, 279, 280, 289, 292, 293, 296, 304, 327
ナショナル・メンタルヘルス・ストラテジー　155
ナショナル・ロードショウ　247
ナマステ　163, 169, 176, 177
ニューロサイコロジカル・アセスメント　199
認知症アドバイザー　236, 237
認知症開発基金（Dementia Discovery Fund）　116
認知症研究プラットフォーム（DPUK）　114, 115, 331
認知症行動連合（DAA）　70, 77
認知症コンソーシアム　330
認知症コンファレンス　247
認知症サミット日本後継イベント　18, 113, 231, 254, 331
認知症指導医　286
認知症初期集中支援チーム　301, 317
認知症に関する報告書　43
認知症にやさしいまちづくり　296
認知症という診断を理解するためのグループ　196, 197
認知症ロンドン戦略クリニカル・ネットワーク・NHS　265
ノーフォーク・モデル　241, 242

は行

パーソナライゼーション（政策）
　33, 34, 35, 55, 330
パーソナルケア　44
パーソナル・バジェット（PB）
　34, 38, 46, 47, 55, 316
パーソンセンタードケア　47, 48,
　255
ピアスーパービジョン　259, 260
100万人キャラバンメイト　282
病態修飾療法　112, 119
ファイブイヤー・フォワード・ビ
　ュー　272
フォー・ゲット・ミー・ノット
　44, 185
プラクティショナル・ディベロッ
　プメント　242
プラクティス・ディベロップメン
　ト　244
ブリストルの社会実験　283
ブリティッシュ・サイコロジカ
　ル・ソサエティ　280, 281
プロフェッショナル・ディベロッ
　プメント　244
分子生物研究所（LMB）　101
ベスレム・ロイヤル病院　166
ベック・アンクシャイティ・イン
　ベントリー　192
ベック・デプレッション・インベ
　ントリー　191
ベッドブロッキング（法）　36
ヘルプライン　245
ポスト・ダイアノグスティック・
　インターベンションズ・アン
　ド・ケア・プランニング
　273

ホスピタル・リエゾン　189

ま行

マーマレードトライアル　305,
　306
マインドケア　158
マネージング・メモリー・グルー
　プ　196, 198
マルチモダルアプローチ
　（Multi-Modal approach）
　305, 306, 307
ムード測定　207
メモリークリニック　38, 187,
　238, 254, 255, 298, 300, 306,
　309, 310, 311, 312
メモリーサービス　21, 65, 66,
　141, 142, 155, 156, 157, 158,
　159, 160, 187, 197, 198, 199,
　203, 204, 205, 206, 207, 208,
　270, 271, 274, 276, 282, 283,
　284, 285, 287, 298, 299, 312
メンタルヘルス・オルダー・アダ
　ルツ＆ディメンション・チー
　ム　132
モーンズリー・ケア・パスウェイ
　133
モーンズリー病院　125, 127, 128,
　131, 132, 152, 166, 194, 284,
　292, 293, 295, 306
モニター（Monitor）　53

や行

UK脳バンク　103
UK脳バンクネットワーク　73
ユマニチュード　255

ら行

ランダマイズ・コントロール・トライアル　199
ランベス・パレス（Lambeth Palace）　144
リードコード　194
ルイシャム病院　153, 158
レビー小体型認知症　111, 311
ロイヤルカレッジ・オブ・サイカイトリスト　284, 285
ロンドン・アイ　144

人名索引

あ行
ウィルダース, ヘルト　16
ウェザーヘッド, イアン　31, 245, 246, 252, 254
ウェルカム, ヘンリー　118
Evans, Ruth　268, 269
江口隆裕　15
オズボーン, ジョージ　15
Owen, Jenny　60

か行
ガードン, ジョン　118
キャメロン, デイヴィッド　15, 16, 22, 30, 32, 70, 111, 265, 266, 299, 330
クイーンズ, アマンダ　209, 210, 211, 215
クリック, フランシス　118
グレッグ, ニック　22

さ行
サッチャー, マーガレット　35, 299, 324
サンガー, フレデリック　118
ジョンソン, ボリス　15
スミス, バネッサ　124
ソンダース, シシリー　182

た行
谷俊輔　72, 75, 81, 84, 88, 91, 100, 114, 316
ダンク, バーバラ　184, 189, 194, 197, 198, 199
辻省次　118
土屋品子　111, 330
ディルノット, アンドリュー　52, 55
ドゥーイ, ハナ　184, 194, 195, 198, 199
トンプセル, アマンダ　163, 165, 170

な行
Knapp, Martin　85, 106
西田淳志　59, 99, 313, 314, 315
ニューマン, クリス　184, 188, 197, 199

は行
ハーウッド, ダニエル　265, 266, 267, 270, 273, 274, 275, 276, 278, 279, 280, 281, 282, 284, 285, 286, 288, 289
Banerjee, Sube　60, 62
Buruns, Alistair　319
バーンズ, アリスター　65
ハウリック, スー　127, 131, 135, 140, 151, 152
パック, ロズ　127, 155, 157, 159
林真由美　51, 55, 72, 124, 292, 293, 294, 307, 311
ハワード, ロバート　22, 162, 292, 293, 294, 295, 296, 297, 298, 299, 300, 301, 302, 303,

304, 305, 306, 307, 308, 309, 310, 311, 319
ハント，ジェレミー　110, 111, 116, 330, 331
ファラージュ，ナオジェル　15, 22
ブライアント，ドーリーン　127, 128, 129, 130, 131, 148, 149, 159
ブラウン，ゴードン　33
ブレア，トニー　33, 325, 326
ブレナー，シドニー　118
ヘイヨー，ヒルダ　231, 232, 233, 234, 235, 239, 240, 241, 242, 251, 252, 253
ペイ，ロニー　164, 169
ペパー，エイミー　209, 214, 215, 216, 217, 218, 222, 223, 224, 226, 227, 228, 229
ペンペンコー，ダニエル　143, 144, 145, 150, 151, 152, 160, 161
細谷雄一　16
堀真奈美　16, 39

ま行
Matthews, David　183
メイ，テリーザ　16

や行
山中伸弥　118

ら行
ラマクリシュナン，ヴェンカトラマン　118
ラム，ノーマン　31
ルペン，マリーヌ　16
レヴィ，ジョセフ　218, 234, 255
レスナー，ヘレン　164

わ行
ワトソン，ジェームズ　118

著者紹介
小　磯　　明（こいそ　あきら）

1960 年生まれ
2008 年 3 月　法政大学大学院政策科学研究科博士後期課程修了
　　政策科学博士（法政大学）、専門社会調査士（社会調査協会）、医療
　　メディエーター（日本医療メディエーター協会）
《現在》
日本文化厚生農業協同組合連合会『文化連情報』編集部編集長
法政大学現代福祉学部兼任講師（医療政策論）
法政大学大学院公共政策研究科兼任講師（社会調査法 1、5、公共政策論文技法 2）
法政大学大学院政策科学研究所特任研究員
法政大学地域研究センター客員研究員
法政大学大原社会問題研究所嘱託研究員（労働政策研究会）
東京都消費生活調査員、災害時緊急調査員
日本医療メディエーター協会首都圏支部理事
非営利・協同総合研究所いのちとくらし理事、ほか
《単書》
『地域と高齢者医療福祉』日本博士論文登録機構、雄松堂出版、2008 年 8 月
『地域と高齢者の医療福祉』御茶の水書房、2009 年 1 月
『医療機能分化と連携』御茶の水書房、2013 年 4 月
『「論文を書く」ということ』御茶の水書房、2014 年 9 月
『ドイツのエネルギー協同組合』同時代社、2015 年 4 月
『イタリアの社会的協同組合』同時代社、2015 年 10 月
『高齢者医療と介護看護』御茶の水書房、2016 年 6 月
《共著》
法政大学大原社会問題研究所編『社会労働大事典』旬報社、2011 年 2 月
平岡公一ほか監修・須田木綿子ほか編『研究道：学的探求の道案内』東信堂、2013 年 4 月
由井文江編『ダイバシティ経営処方箋』全国労働基準関係団体連合会、2014 年 1 月
法政大学大原社会問題研究所・相田利雄編『大原社会問題研究所叢書：サステイナブルな地域と経済の構想—岡山県倉敷市を中心に』御茶の水書房、2016 年 2 月

イギリスの認知症国家戦略
2017 年 1 月 10 日　初版第 1 刷発行

著　者　　小磯　明
発行者　　高井　隆
発行所　　株式会社同時代社
　　　　　〒 101-0065　東京都千代田区西神田 2-7-6
　　　　　電話 03(3261)3149　FAX 03(3261)3237
組　版　　有限会社閏月社
装　幀　　クリエイティブ・コンセプト
印　刷　　中央精版印刷株式会社

ISBN978-4-88683-807-0

同時代社◎小磯 明の本

イタリアの社会的協同組合

2015年10月　A5・208ページ　本体2,000円＋税

高齢者介護、障害者作業所と就労支援職業訓練、知的障害者への支援など、社会的に排除された人たち・社会的弱者への社会福祉サービスを担う地域コミュニティの中で活動するイタリアの社会的協同組合。日本の社会保障制度となにがが違うのか。最新の取り組みをみる。

ドイツのエネルギー協同組合

2015年4月　A5・200ページ　本体2,000円＋税

原発に頼らない、再生可能エネルギーが急拡大するドイツ。フライブルクのヴォーバン地区のような環境とエネルギーの統合政策、ヴァイスヴァイル・シェーナウにおける原発反対運動や電力配電網買取――、エネルギー生産事業を担う「協同組合」の取り組みから学ぶべきこと。現地の貴重な調査報告。